btb

Aus Freude am Lesen

Ketil Bjørnstad & Liv Ullmann · Lebenswege

Ketil Bjørnstad

Liv Ullmann

Lebenswege

Aus dem Norwegischen
von Knut Krüger

btb

Die norwegische Originalausgabe
erschien 2005 unter dem Titel »Liv Ullmann – Livslinjer«
bei Aschehoug, Oslo

FSC
Mix
Produktgruppe aus vorbildlich
bewirtschafteten Wäldern und
anderen kontrollierten Herkünften

Zert.-Nr. SGS-COC-1940
www.fsc.org
© 1996 Forest Stewardship Council

Verlagsgruppe Random House FSC-DEU-0100
Das für dieses Buch verwendete FSC-zertifizierte Papier *EOS*
liefert Salzer, St. Pölten.

1. Auflage

Satz: Uhl + Massopust, Aalen
Druck und Einband: GGP Media GmbH, Pößneck
Printed in Germany
ISBN-10: 3-442-75175-6
ISBN-13: 978-3-442-75175-4

www.btb-verlag.de

Prolog

Wieder ist Fliederzeit. Ich sitze in einem Garten am Bunnefjord, außerhalb von Oslo. Neben mir im Gras steht eine große Tasche. Eine rot-grün-violett-schwarze Damentasche mit Blumenmotiv. Tulpen. Einige von ihnen haben sich geöffnet. Andere sind noch immer geschlossen, als wäre es früher Morgen. Die Tasche gehört Liv Ullmann. Ich habe sie mir für ein paar Monate ausgeliehen. Sie ist voll mit Papieren, Entwürfen, Interviews, Fragmenten, Gedanken, Vorträgen und Tagebüchern.

Es sind die Linien ihres Lebens. Gedanken, die sie hegte, seit sie als kleines Mädchen in Trondheim plötzlich begriff, dass sie mit ihrem Leben etwas anfangen wollte. Seitdem hat sie geschrieben, die ganze Zeit. Sie schreibt immer noch, kann es nicht lassen. In der Tasche liegt ein unvollendetes Manuskript: »Die blaue Stunde«.

Liv schreibt: »Vor meinem Schlaganfall war ich niemals krank. Ich war nie alt, und ich war nie tot. Und wer bin ich jetzt? Ich bin schwerkrank gewesen. Die alternde Frau – das bin ich – durchschaut nun all ihre Verkleidungen, die sie womöglich daran gehindert haben, sie bei ihrem rechten Namen zu nennen. Vielleicht *bin* ich jetzt, zum ersten Mal, diese Frau. Jetzt, da ich das Ende meiner Fantasien und Träume ahne, kann mein Abenteuer als diese Frau beginnen. Diese Stunde der Dämmerung, die mir gehört … Es kann schön sein zu altern. Um den Tod zu wissen und darum, dass ich ein Teil des Universums bin, dass ich weiterexistieren werde; denn falls ich ein Teil des Universums *bin*, ist der Tod nur eine Sache von vielen, die ich erfahren werde. Er ist nicht das Ende. Ich glaube, dass Gott in mir lebt, so wie er auch in anderen Menschen lebt. Als sie mich durch die Korridore zum Operationssaal schoben, war ich ganz ruhig. Ich fühlte mich vollkommen sicher. Erst später bekam ich es mit der Angst zu tun, weil ich mich fragte, ob Gott vielleicht dachte: Jetzt ist sie an der Reihe.

Das alles ist ein paar Jahre her. Es war in Oslo. Ich wachte auf und fühlte mich seltsam: Das Zimmer drehte sich im Kreis. Ich rief meinen Hausarzt an, und er sagte, mir sei eben schwindelig. Er verschrieb mir ein paar Pillen und versicherte mir, dass sie helfen würden, und nach ein paar Stunden verschwand das seltsame Gefühl. Doch im Nachhinein denke ich, dass dies der Moment war, in dem ich den Schlaganfall erlitt.

Kurz darauf flog ich nach Florida, und erneut hatte ich das Gefühl, dass etwas nicht stimmte mit mir. Ich habe immer eine enge Verbindung zu meinen Gefühlen gehabt und versucht, sie zu ergründen, doch jetzt spürte ich etwas, das ich mir nicht erklären konnte. Ich suchte einen Neurologen in Miami auf, der alle möglichen Tests mit mir machte. Danach eine Kernspintomografie. Während der Untersuchung fragte mich einer der Ärzte, ob ich einmal einen Unfall gehabt und eine Kopfverletzung davongetragen hätte. Ich verneinte, obwohl ich ein paar Mal geschlagen worden bin. Das war an einem Donnerstag, und ich wurde gebeten, am nächsten Dienstag wiederzukommen. Ich fuhr nach Hause. Ich war gerade damit beschäftigt, ein Drehbuch über den norwegischen Violinisten und Komponisten Ole Bull fertigzustellen. Haus und Garten waren über und über von Musik erfüllt. Ich bildete mir gar ein, dass sich der Schaukelstuhl wiegte, als säße Ole Bull darin, zufrieden mit meiner Arbeit. Es war einer der Momente, in denen die Inspiration Funken sprüht. Die Worte gewannen Gestalt – geformt von einem Menschen, der mit sich selbst im Reinen war. Mir ging es tatsächlich glänzend! Ich hatte gerade die letzte Seite beendet, da klingelte das Telefon. Es war der Arzt:

›Sie hatten einen schweren Schlaganfall.‹

Das kann nicht sein, dachte ich und begann zu weinen. Der Arzt bestellte mich für den nächsten Tag in seine Praxis, aber davon wollte mein Mann Donald nichts wissen. Er rief meinen Hausarzt in Boston an, der sagte, ich solle das nächste Flugzeug nehmen und mich augenblicklich in sein Krankenhaus begeben. Eine erneute Kernspintomografie bestätigte den Befund: Ich hatte tatsächlich einen schweren Schlaganfall erlitten. Etwas sei in meinem Kopf passiert, sagten sie – an dem Ort also, den ich stets für das Zentrum meiner Gedanken, Träume und Gefühle gehalten habe. Und dennoch hatte ich kaum etwas bemerkt.

Derselbe Arzt wollte sich auch ein Bild von meinem Herzen verschaffen. Er entdeckte darin ein großes Loch. Was war das auf einmal? Das Hirn *und* das Herz? Was mein Gehirn nicht bewältigen konnte, habe ich immer dem Herzen überlassen, meiner Seele, meinem lebendigen Ich. Der Arzt erklärte, mit dem Loch im Herzen sei ich vermutlich geboren worden. Normalerweise behebe man solch einen Defekt in jungen Jahren – in meinem Alter sei er lebensbedrohlich. Ein Blutgerinnsel könne mühelos hindurchwandern und ins Gehirn transportiert werden. Mit anderen Worten: Ich konnte jederzeit sterben.

Am nächsten Morgen wurde ich in den Operationssaal geschoben, wo das Loch geschlossen wurde. Nicht eine Sekunde hatte ich Angst. Ich dachte, Gott hätte mir eine Warnung zukommen lassen und mir Gelegenheit gegeben, etwas zu ändern. Morgengrauen und Abenddämmerung. Diese zeitlosen Augenblicke ätherischen Lichts gaben mir Ruhe.

In der folgenden Woche, zurück in Florida, las ich erneut in meinem Drehbuch. Ich betrachtete den Schaukelstuhl. Der unsichtbare Ole Bull hielt ihn immer noch in Bewegung.

Und dann machte ich eine aufschlussreiche Entdeckung. Als ich einem Freund am Telefon erzählte, dass ich fast gestorben wäre, sagte er: ›Oh, my God, Liv! Aber weißt du was – das erinnert mich an meinen Cousin!‹ Zunächst bekam ich die ganze Krankheitsgeschichte seines Cousins zu hören. Anschließend redeten wir über etwas anderes. Ich begriff, dass ein Schlaganfall und ein Loch im Herzen zwar eine ernste Angelegenheit, aber keinesfalls etwas Sensationelles waren. Zumindest nicht für andere Leute. Nur für mich selbst.

Ich habe stets so gelebt, als würde ich ewig leben, doch jetzt weiß ich es besser. Der Tod kommt. Ich werde die ultimative Stille erfahren. Einen anderen Schlaf. Danach die Ewigkeit. Ich kann damit leben. Ein neues Todesbewusstsein hat einen Teil der Wände eingerissen, die ich unbewusst errichtet hatte, um mich zu schützen.«

Der Flieder duftet. Die Tulpen haben sich geschlossen. Es ist gerade noch hell genug, um Livs zierliche Handschrift zu entziffern.

Ich erinnere mich, wann es geschah. Es war die Zeit, als wir intensiv am Ole-Bull-Drehbuch feilten, fast Tag und Nacht, da sagte sie plötzlich, sie fühle sich so merkwürdig, obwohl ich ihr nichts anmerkte. Ein paar Monate später saß sie mit Arve Tellefsen und mir in einem Osloer Restaurant und zitterte am ganzen Körper. Damals wusste sie noch nicht, dass sie ein Loch im Herzen hatte und operiert werden musste, doch unser großes, phantastisches Filmprojekt war soeben in Scherben gegangen.

Ich blättere in den Papieren. Weiß, dass ich noch etwas finden muss, das ihre Erzählung an dieser Stelle unterfüttert. Ihr Verhältnis zum Tod. Dann stoße ich auf eine Tagebuchnotiz aus dem Jahr 1993:

»Es ist, als könne ich die Liebe zu einem anderen Menschen nur ausprobieren. Sie wirklich kennen zu lernen, würde zu viel Zeit erfordern. Wenn es so kalt ist, dass deine Tränen gefrieren, während sie die Wangen hinabrinnen, und deine Spucke zu Eis wird, ehe sie den Boden trifft… Ich habe dieses Buch über Eskimos gelesen. Die Alten, die sterben werden, müssen eine einsame Insel aufsuchen, zwei Tagesmärsche entfernt, in der kurzen Zeit, ehe das alte Eis dem neuen weicht.

Einen Weg zu beschreiten, von dem du weißt, dass er verschwinden wird... Heißt das nicht, alle Brücken hinter sich abzubrechen?«

Teil 1

Zwei Monate zuvor: Ich bin von Oslo über Frankfurt nach Miami geflogen. Nachdem wir uns geeinigt hatten, dieses Buch als eine Kombination aus persönlichen Gesprächen sowie Livs eigenen Texten und Tagebuchaufzeichnungen anzulegen, sagte Liv: »Du musst mich in New York besuchen.«

»Warum ausgerechnet in New York?«

»Weil ich dort eine Wohnung habe. Florida halte ich nicht aus.«

»Aber du wohnst doch in Florida?!«

»Das spielt keine Rolle. New York ist meine Stadt.«

Drei Tage später klingelt das Telefon. Es ist mein Lektor vom Verlag.

»Liv möchte dich am liebsten in Florida treffen.«

Ich nicke, was er nicht hören kann. Ich habe einen halben Tag damit zugebracht, im Internet das beste Hotel in Livs Nähe an der Upper West Side herauszufinden. Ich habe bereits ein Rückflugticket gebucht. Nun also Key Largo. Florida. Dort lebt sie. Dort gibt es die fantastischsten Sonnenuntergänge. Alles klar.

»Soll ich mich auf Key Largo einquartieren?«, frage ich.

»Nein«, antwortet mein Lektor. »Liv möchte dich in Miami treffen. In Coconut Grove. Sie wohnt im Ritz Carlton. Für dich hat sie das Wyndham Grand Bay vorgeschlagen, das direkt gegenüber auf der anderen Straßenseite liegt.«

Ich nickte erneut. Das erinnert mich an etwas, das Liv in *Wandlungen* geschrieben hat. Sie lebte damals nicht mehr mit

Ingmar Bergman zusammen. Bergman hatte seine Ingrid geheiratet. Doch dann sollte Liv erneut in einem Bergman-Film mitspielen: »Ich wohne in einer alten Wohnung. Auf der anderen Straßenseite befindet sich das Haus von Ingmar und Ingrid. Sie haben es mir zu Ehren renoviert. Jedes Zimmer hat eine fröhliche, kräftige Farbe erhalten. Im Schlafzimmer hängen Gardinen aus *Schreie und Flüstern* – im Wohnzimmer die Möbel aus *Szenen einer Ehe.* An der Wand kleben Filmplakate, und im Zimmer meiner Tochter wartet Spielzeug aus Ingrids Elternhaus. Manchmal stehen wir am Fenster und winken uns zu, während wir telefonieren. Mitunter steht er dort auch, wenn ich am Wochenende von einer kurzen Reise zurückkehre und er besorgt ist, es könne etwas passiert sein. Oder er kommentiert: ›Gestern habt ihr ja Kerzen angezündet…‹ oder ›Ihr wart gestern ja wirklich früh im Bett.‹ Als wäre man wieder ein kleines Mädchen – als Mama stets kontrollierte, wann ich nach Hause kam und mit wem und wie lange ich in der Toreinfahrt stehen blieb.«

Soll ich jetzt etwa der kleine Junge sein?, fragte ich mich. Wird Liv abends auf der anderen Straßenseite am Fenster stehen, nachdem wir unsere Gespräche beendet haben? Wird sie mit dem Fernglas beobachten, was ich schreibe? Sie hat mir enormes Vertrauen entgegengebracht, mir all ihre Papiere, selbst die persönlichsten Tagebücher überlassen. Nun werden wir mehrere Tage miteinander verbringen und unsere Gespräche später in Oslo fortsetzen. Doch die Abende wird jeder für sich allein verbringen.

Bei dichtem Nebel hebt meine Maschine in Frankfurt ab. Ein Flugbegleiter der Lufthansa verfrachtet mich in die Businessclass. Upper Deck. Ein gutes Omen für das Buch, denke ich. Das muss Livs Verdienst sein. Vermutlich ist ihr daran gelegen, dass ich bequem reise. Doch mein Sitz ist defekt, die Lehne lässt sich nicht zurückstellen, außerdem esse ich zu viel. Hoch über dem Atlantik denke ich an die beiden Bücher, die Liv bisher geschrieben hat. Wie sie mich schon damals, nach ihrem Erscheinen, ergriffen haben, und wie sie mich jetzt bewegen, da ich sie wieder lese. Sie liefert sich ganz aus, ist freigebig mit sich selbst, aber auch literarisch. Ihr erstes Buch beschäftigt sich mit Ibsens *Nora (Ein Puppenheim)*, die sie zuerst in Norwegen, später am Broadway spielte, mit der Theatertournee und ihrer Identifikation mit dem Stück. Im zweiten Buch ist die Welt ihre Arena. Ihre Arbeit für UNICEF hat sie mit vielen Menschen zusammengebracht, deren kultureller Hintergrund sich grundlegend von ihrem unterschied und die sie dennoch zuweilen an die Menschen erinnerten, die ihr als Kind etwas bedeutet hatten. Ich kann mich nicht damit brüsten, Liv sonderlich gut zu kennen. Dennoch kamen wir uns im Winter 2001/2002 ziemlich nahe, als wir gemeinsam an einem Drehbuch arbeiteten. Wir wandelten auf denselben Pfaden, hatten plötzlich die gleichen Gedanken. Als Liv nach mehrwöchiger Arbeit nach Florida zurückgekehrt war, ratterte mein Fax oft die ganze Nacht. Mehrmals ging mir das Papier aus. Aus Key Largo kamen ständig neue Ideen, Kommentare, Korrekturen. Die Seiten, die wir gemeinsam geschrieben hatten, sahen mit der Zeit so aus, als seien sie von der Cobra-Gruppe übermalt worden. Damals suchten wir nach dem Mann, der Henrik Ibsen als Modell für seinen *Peer Gynt* gedient hatte. Es handelte sich um den Geigenvirtuosen Ole Bull, der die ganze Welt bereiste und womöglich Schaden an seiner Seele genommen hatte.

Ich spürte damals, dass alles, was Liv tat, von ihrem Drang zur Reflexion geprägt war, von ihrer schonungslosen Ehrlichkeit sich selbst gegenüber. Und wie ich so im Flugzeug sitze, denke ich auch, dass es einundzwanzig Jahre her ist, seit sie das letzte Mal etwas geschrieben hat. Jetzt arbeitet sie an ihrem dritten Buch, und ich darf sie dabei begleiten. Auf der letzten großen Strecke. Viele Menschen und Eckpunkte ihres Lebens existieren weiterhin, andere sind verschwunden, manche neu hinzugekommen. Ihre Rollen haben sich verändert – nicht nur als Schauspielerin, sondern auch als Partnerin und Mutter. Außerdem ist sie inzwischen zur Regisseurin großer preisgekrönter Filme geworden. Als sie *Gezeiten* schrieb, war das noch anders. Und als Schauspielerin ist sie im letzten Jahr rund um den Globus gereist, um *Sarabande* zu promoten, Ingmar Bergmans jüngsten Film.

In Coconut Grove ist es warm und still. Ich betrete das Wyndham Grand Bay Hotel. An der Rezeption sitzt ein groß gewachsener junger Mann, der mich feindselig mustert. Er sieht, dass ich einen schweren Koffer trage, ruft jedoch keine Hilfe herbei. Er steht nicht einmal auf, zeigt nur auf einen Vordruck, den ich, natürlich im Stehen, ausfüllen soll. Dann wirft er mir mit kurzem Nicken einen Schlüssel zu und deutet auf den Aufzug.

Du meine Güte.

Auf dem Balkon meiner Suite, die Livs Mann Donald für mich reserviert hat, spüre ich den Wind, der aus Kuba kommt, und kann die Segelboote und Kabinenkreuzer in der Grand Bay beobachten.

Ich spähe zu dem hohen Hotel hinüber, in dem Donald und Liv ihre Privatwohnung haben. Beobachtet sie mich gerade? Ich gehe mit einem mulmigen Gefühl zu Bett und erwache immer wieder aus meinem Schlaf.

Wir treffen uns am nächsten Morgen, sind beide aufgekratzt und nervös.

K. B.: »Key Largo hast du mir ja leider vorenthalten, obwohl die Lage fantastisch sein muss. Hast du am Morgen schon volle Sonne?«

L. U.: »Ja.«

K. B.: »Und kannst abends den Sonnenuntergang genießen?«

L. U.: »Nein, eigentlich nicht.«

K. B.: »Aber es gibt doch keine Berge, so wie in Norwegen?«

L. U.: » Nein, keine Berge. Früher hatten wir den schönsten Sonnenuntergang der Welt, doch inzwischen hat jemand genau an dieser Stelle ein Hochhaus gebaut, das uns schon in aller Frühe das Sonnenlicht nimmt. Darum wollte ich auch nicht, dass du mich dort besuchst. Vor zwanzig Jahren, als wir dorthin zogen, hatten wir die perfekte Aussicht, doch inzwischen ist alles verbaut. Nicht einmal den Sonnenuntergang, das letzte Wunder des Tages, sehen wir mehr. Wir schauen nur auf große

Betonwände. Außerdem habe ich mich da eigentlich nie richtig zu Hause gefühlt. Nicht auf Key Largo. Ich wohne dort, aber ich bin dort nicht zu Hause.«

K. B.: »Gab es da nicht eine Geschichte mit der berühmten Fotografin Anne Leibovitz, die dich mit einer ganzen Schar von Assistenten besucht hat?«

L. U.: »Ja, sie kamen zu siebt.«

K. B.: »Und wie lange hat es gedauert, bis sie sagte, dass sie dort nicht arbeiten könne?«

»Genau drei Stunden. Sie war einfach nicht in der Lage dazu. Sie packte ihre Sachen zusammen und sagte, dass sie in solch einer Umgebung nichts zustandebringen würde. Übrigens hat sie mich später mit sieben Leuten in meiner Hütte in Sandefjord besucht – die hat sie geliebt. Und all das für ein Foto. Ein einziges Foto!«

K. B.: »Ich habe es genau vor Augen.«

L. U.: »Ach, wirklich? Man sieht mich fast gar nicht. Also im Grunde hätte sie es überall machen können.«

K. B.: »Aber nein, die Aufnahme sagt viel über dich aus. Sitzt du nicht auf einem Felsen am Wasser?«

L. U.: »Ja, das stimmt. Irgendwas ist mit mir und dem Felsen. Als wir an *Gezeiten* arbeiteten, sagte mein Lektor: »Ich glaube, die nächste Welle hätte dich erwischt, Liv.«

In Livs erstem Buch war Nora eine zentrale Figur. Liv hatte diese Rolle auf Tourneen in Norwegen und am Broadway gespielt. Vor wenigen Wochen wurde bekannt, dass Liv von der geplanten Nora-Verfilmung mit Cate Blanchett in der Hauptrolle Abstand genommen hatte, für die sie das Drehbuch geschrieben hatte und Regie führen sollte. Zwei Jahre zuvor hatte sie bereits die geplante Ole-Bull-Verfilmung platzen lassen. Und jetzt, während ich in Miami bin, den geplanten Film über Madre Cabrini.

K. B.: »Ist es nicht merkwürdig, wie dich *Nora* dein ganzes Leben lang verfolgt? Gilt das nicht auch für Noras Entscheidung?«

L.U.: »Das ist ein interessanter Punkt. Ich *bin* ja wie Nora. Wie kommt es, dass ich, eine Frau, die nicht gewohnt ist, um ihr Recht zu kämpfen – nicht in der Liebe, weil sie Angst hat, verlassen zu werden, und es deshalb allen recht machen will –, dass ausgerechnet ich mich so verhalte, wenn es um die Kunst oder die Arbeit geht? Wenn ich mich auf diesen Gebieten eingeengt fühle, dann gehe ich. Das habe ich bis jetzt drei Mal getan. Bei *Ole Bull, Nora* und *Madre Cabrini*. Und ich tue es nur, wenn ich wie Nora entdeckt habe, dass Helmer mit anderen Karten spielt, als ich geglaubt habe. Bliebe ich doch, säße ich in einem Gefängnis, noch dazu einem Gefängnis zu Helmers Prämissen und nicht zu den Prämissen, die ich mir in einem langen Leben erkämpft habe. Also gehe ich.«

K. B.: »Drei Stadien.«

L.U.: »Ja, und Nora habe ich vier Mal gespielt. Ich bin nicht so naiv und gutgläubig, wie die Leute, vor allem die Filmproduzenten, meinen. Aber ich bin kindlich und glaube an meine Träume und meine schöpferische Kreativität. Ich glaube, das tut auch ein Kind. Ich habe das jedenfalls getan. Das kleine Mädchen in mir existiert immer noch, und wenn sie böse oder traurig ist, hat das weniger mit der aktuellen Situation, sondern eher mit etwas zu tun, woran ich mich erinnere. Meine Tochter sagt manchmal zu mir: ›Jetzt musst du versuchen, wieder auf den Boden zu kommen.‹ Nicht, um mich zu kritisieren, aber sie nimmt wohl wahr, dass ich die Neigung habe, ein wenig abzuheben. Als ich jung war, habe ich nicht geglaubt, dass mein Leben eines Tages so reich sein würde, denn ich war enorm schüchtern, konnte nicht tanzen und brachte in Gesellschaft kein Wort heraus. Wenn man mich ansprach, errötete ich. Doch wenn ich mich nicht mehr sozial verhalten musste, wenn ich schrieb oder Theater spielte, da begriff ich: Das hier, das ist Liv. Im ersten Theaterstück, in dem ich mitwirkte, *Das Tagebuch der Anne Frank*, spürte ich: Das ist das Leben! Wenn ich etwas schuf, fühlte ich mich im Einklang mit mir.«

K. B.: »Hattest du nie Hemmungen vor der Kamera?«

L. U.: »Nein, nicht wie sonst im Leben. Keine Hemmungen, keine Ängste.«

K. B.: »Doch außerhalb dieser Sphäre, Produzenten und Zuschauern gegenüber, bist du verletzlich. Ich werde nie diesen Mann vergessen, der dich zum Weinen brachte, nur kurz nachdem das Meeting, an dem wir beide teilnahmen, begonnen hatte.«

L. U.: »Der soll auch in diesem Buch vorkommen!«

K. B.: »Nennen wir ihn einfach H. Er war damals Mitglied des Filmfonds und für viel Geld verantwortlich.«

L. U.: »Das Komische an der Geschichte ist ja, wie er da mit seiner aufgetürmten Frisur auf seinem Chefsessel thronte und uns belehrte, wie man ein Drehbuch schreibt.«

K. B.: »Einen Tag zuvor hatte ich erfahren, dass dein Film *Die Treulosen* von der New York Times zu einem der besten Filme des Jahres gekürt worden war.«

L. U.: »Ja, nicht wahr? Und da saß dieser Harry-Harry, wie ich ihn nenne, hinter seinem gewaltigen Schreibtisch, in seinem übertrieben großen Chefsessel, und wollte uns belehren. Zwischen uns herrschte ein größerer Abstand als zwischen dem amerikanischen Präsidenten einem x-beliebigen Besucher, den er im Oval Office empfängt. Das kannst du bezeugen.«

K. B.: »Aber das Wichtigste an dieser Geschichte, so wie ich sie in Erinnerung habe, war die Art und Weise, wie du deine Ideen präsentiert hast. Du hast ihm fast deine Seele geöffnet, hast ihn in deine innerste Werkstatt blicken lassen, dorthin, wo deine Filme sozusagen geboren werden.«

L. U.: »Aber er hat nicht zugehört, sondern wollte dozieren.«

K. B.: »Woher hat er nur den Mut genommen?«

L. U.: »Und warum haben wir nichts gesagt?«

K. B.: »Jedenfalls hat er dich zum Weinen gebracht. Nora weinte. Und es hat mich schockiert, dass er dich so aus der Fassung bringen konnte.«

L. U.: »Es geht nicht, dass man nur Respekt vor sich selbst und keinen Respekt vor anderen hat, wenn man diesen anderen etwas beibringen möchte.«

K. B.: »Dann stimmt es also wirklich, dass du von Natur aus kindlich bist? Dass du an deine Träume geglaubt hast?«

L. U.: »Nein, ich habe an unseren Film geglaubt.«

Liv schreibt: »Ich habe mich in meinem Beruf zu einer Art Kannibale entwickelt und bin selbst von Kollegen umgeben, die wie Kannibalen sind. Das ist ein Manko des Berufs. Wenn ich anderen Menschen zuhöre, fallen mir Dinge an ihrer Sprechweise auf, die anderen nicht auffallen. Ich höre den Klang der Stimme, der hinter den Worten liegt. Und ich denke: Ach, das ist es also, was du wirklich empfindest! Ich behalte das für mich, das ist mein Job. Ich höre ein Lachen und verstehe, dass jemand weint. Oder umgekehrt.

Ich erinnere mich, wie ich vor vielen Jahren auf einem Bett saß und ein Mann mir sagte, dass Schluss mit uns sei. Ich schluchzte und war am Boden zerstört. Die Tränen strömten aus meinen Augen. Da sah ich ihn im Spiegel. Und was sah ich? Während er so tat, als ob er weinte, befeuchtete er seine Hand und ordnete sich die Haare. ›Es tut so weh, dich zu verlassen, Liv‹, sagte er. ›Ich liebe dich so sehr!‹ Ich schluchzte weiter, während ich es kaum erwarten konnte, meine beste Freundin Bibi anzurufen, um ihr davon zu erzählen.«

K. B.: »Du hast eine Menge Erinnerungen.«

L. U.: »Ich glaube nicht, dass ich mich sehr verändert habe, obwohl die Jahre natürlich ihre Spuren hinterlassen haben. Ich bin nicht mehr so narzisstisch wie früher, weniger verletzlich, wenn die Anerkennung ausbleibt. Ich glaube auch nicht mehr, dass es die Leute sonderlich interessiert, wenn ich etwas Dummes getan habe. Ich habe wohl gelernt, dass sich die Leute genauso wenig mit mir beschäftigen wie ich mich mit ihnen – falls wir nicht näheren Kontakt haben und ich weiß, dass sie ein Problem haben.«

K. B.: »Aber du stellst ständig dein Licht unter den Scheffel. Du liebst es, Geschichten zu erzählen, in denen du eine schlechte Figur abgibst oder gedemütigt wirst, wie von Harry-Harry.«

L.U.: »Tue ich das?«

K.B.: »Ja, und jetzt ist es soweit gekommen, dass du behauptest, nicht mehr schreiben zu können.«

L.U.: »Doch, ich kann noch schreiben, aber ich bekomme das dritte Buch einfach nicht fertig. Außerdem dürfte es meiner Tochter kaum gefallen, was ich da schreibe.«

K.B.: »Weil sie eine zentrale Figur in deinen beiden ersten Büchern ist?«

L.U.: »Ja, vielleicht. Verständlicherweise will man nicht von jemand anderem hören, wie die eigene Kindheit gewesen ist.«

K.B.: »Aber du schreibst doch so literarisch. Edvard Munch schrieb sein Leben lang über seine Bilder, und es scheint mir, als wolltest du, im übertragenen Sinne, dasselbe tun. Ich habe deinen impressionistischen Stil, der Gefühle und Empfindungen ganz unmittelbar zum Ausdruck bringt, immer bewundert. Die Bilder und Geschehnisse des Augenblicks bahnen sich ihren Weg ins Innere. Deswegen habe ich doch all das Material von dir und außerdem freie Hand bekommen, dieses Buch zu schreiben. Du versuchst keinesfalls, dich der Verantwortung zu entziehen. Wenn das Projekt scheitert, ist es meine Schuld.«

L.U.: »Vielleicht. Ich weiß nicht. Es ist wohl in erster Linie der Wunsch, meine Tochter sagen zu hören: ›Gut gemacht, Mama.‹ Weil ich ihren Blick bewundere, ihre ungeheuren Fähigkeiten als Schriftstellerin. In dieser Hinsicht bin ich wohl wie viele andere Mütter auch: eine Frau, die sich in ihren Kindern wiedererkennen möchte.«

Liv schreibt: »Wenn ich mich im Spiegel sehe, sehe ich Veränderungen, aber auch viel Bekanntes, viel von meinem alten Aussehen. Mein Spiegel ist sehr schön, aber ich schaue nie lange in ihn hinein. Wenn ich mir Fotos ansehe, bekomme ich manchmal einen regelrechten Schock. Kulturen, in denen sich die Menschen nicht fotografieren lassen möchten, haben Recht. Was man auf einem Foto sieht, gehört immer der Vergangenheit an. Ich befinde mich auf einer Reise und kann nicht einfach an einem x-beliebigen Punkt sagen: Hier ist es!

Stopp! – Damit würde ich meine Reise beenden. Brauche ich die Fotos, um von der Vergangenheit berichten zu können? Die Eindrücke bewahre ich tief ich meinem Innern. *Dort* sind sie wirklich… Oh, ja, eine Reise ist Bewegung. Während ich schreibe, befinde ich mich in Bewegung. Neue Gedanken verändern mich. Die Stille, die mich umgibt, verändert mich. Die Zeit läuft. Die Uhr hinter mir bleibt stehen. Ich erinnere mich an etwas und ändere die Richtung. Die Geschwindigkeit tut mir gut. Sie hilft meinen Wünschen auf die Sprünge. Sie sagen, dass ich gestresst bin. Aber das bin ich nicht. Ich laufe im Haus herum, will etwas zustandebringen – doch keine häuslichen Dinge. Ich will auf Ideen kommen, Briefe schreiben, Telefongespräche führen, mich meinen Büchern und Papieren zuwenden. Notizen müssen gemacht und Drehbücher fertiggestellt werden. Nein, ich bin nicht gestresst. Es ist wie ein Tanz. Ich mag es, wenn es etwas los ist. In der nächsten Stunde ist es bereits zu spät. ›Lauf doch nicht ständig herum‹, sagt meine Schwester. ›Sitz doch nicht herum!‹, entgegne ich.«

Ich halte ein kleines Buch in der Hand. Es ist blau und abgenutzt und hat ein winziges Schloss. Es heißt *Five Year Diary.* Liv hat es zu Hause in Oslo in einem Schrank gefunden. Auf der ersten Seite steht: »Ich hoffe, du liest nicht auch meine Tagebücher, Mama!« Und danach: »Dieses Tagebuch gehört Liv Ullmann. Es ist nicht für fremde Leser bestimmt! Denk daran – lieber neugieriger, unbekannter Freund! Liv Ullmann, August ’54.«

Noch nicht einmal sechzehn Jahre alt, denke ich. Sie hat ein rosafarbenes Selbstporträt gezeichnet, das mit blauem Kugelschreiber durchgestrichen ist. Dann einen blauen Mund, die Andeutung eines Frauengesichts. Eine Hausfrau mit Tablett und Schürze. Auf der nächsten Seite ein weiterer Mund, mit Bleistift gezeichnet; ein blaues Auge. In roter Schrift: »Meine Freuden und Sorgen und meine Begegnung mit den jungen Männern, die mir etwas bedeutet haben.« *Five Year Diary,*

1954–1959. Property of Erik Viggo Ullmann, Norway, übernommen von Liv Ullmann, Juli 1954. Made in USA.

September/Oktober/November 1954:

»Samstag: Soll ich heute Abend tanzen gehen? –

Ja!!! Das Tanzen war so eine Freude. Insgesamt waren wir 18 Leute. Ein bisschen viel ›paarweises Verschwinden in anderen Räumen‹, aber so ist es immer. Ich *mag* Gunnar.

Freitag: Habe Norwegischaufsatz zurückbekommen, Note 3, befriedigend. Meine Schilderungen seien etwas Besonderes, nur ein wenig übertrieben – so das Urteil des Lehrers. Am Abend war ich zu Hause.

Samstag: War auf einer Gesellschaft bei Anne-Ruth. Am Vormittag mit Oma bei Eriksen – später mit meinen Freunden zusammen. Kari getroffen. Sie will sich verloben.

Sonntag: Den ganzen Vormittag in Bett geblieben, später saß ich im Wohnzimmer und habe Lieder gesungen. Wahrscheinlich werde ich verrückt.«

Januar/Februar 1955:

»Sonntag: Gunnar hat heute angerufen und mich ins Kino eingeladen, aber irgendwas ist schiefgelaufen. Meine Hand hat er nicht gehalten, nur auf dem Hin- und Rückweg zur Straßenbahn. Er ging auch nicht mehr mit in den Flur, sondern blieb draußen stehen, bis seine Straßenbahn kam. Jetzt bin ich sehr traurig.

Montag: Mit Lise im Sentrum-Café zu Abend gegessen. Trafen später Ingar Fossum, die uns Geld fürs Kino geliehen hat. Haben Gunnar und seinen Bruder Helge gesehen. Ach.

Donnerstag: Kam erst um halb sechs Uhr morgens ins Bett. Bin um halb sieben wieder aufgestanden, um den Zug nicht zu verpassen. Konnte den Gedanken nicht ertragen, Gunnar einen ganzen Tag nicht zu sehen.

Freitag: War den ganzen Abend zu Hause. Habe heute auf der Schule angefangen. Weiß nicht, was ich tun soll, weil es so scheint, als würde sich G. nicht mehr für mich interessieren.

Samstag: Wollte Kari und Trine vor dem Kino treffen, kam aber zu spät. Wusste, dass Kirsten, Sverre und Gunnar im *Sam-*

*fundet** waren, hatte aber nicht den Mut, alleine dorthin zu gehen. Allein nach Hause.

Sonntag: Mit Trine in die Stadt. Gunnar getroffen. Kirsten hat erzählt, dass er gestern betrunken war. Er hat nicht getanzt. Vielleicht vermisst er jemanden …? War hinterher im *Samfundet,* aber Gunnar war nicht da.

Montag: Gunnar benimmt sich immer noch seltsam, wenn ich ihm begegne. Lieber Gott, lass uns wieder zusammenkommen. Ich bin nicht glücklich, wenn ich keinen Freund an meiner Seite habe. Werde zu Hause bleiben.

Mittwoch: War gestern Abend mit Eva Høiseth in der Stadt. Haben Gunnar getroffen, aber er ging nach Hause, als Sverre W. und ein Freund zu uns kamen. Muss ich die Hoffnung begraben?

Mittwoch, eine Woche später: Bin zu Hause geblieben, weil ich sehr müde war. Ich bin alles so leid. Jetzt ist Gunnar endgültig verschwunden, und ich weiß, dass ich ihn nie zurückgewinnen kann.

Freitag: Wie ich mich ärgere, dass ich Gunnar nicht zum Ball eingeladen habe! Sein Bruder war da, und Karl-Erik erzählte, dass Gunnar draußen war und nach mir gefragt hat. Ach, hätte ich ihn doch nur gefragt!

Montag: Mein Kopf ist voll von Gunnar. Uff, er ist es zwar nicht wert, aber trotzdem.

Mittwoch: Bitten erzählt mir immer, dass ihre Freunde sich so schmeichelhaft über mich äußern. Ich wünschte, G. würde das hören. War heute zu Hause. Dachte eine Weile an Jan Bech.

Freitag: SIND GUNNAR UND ICH EIN PAAR? Habe am 4. Februar 1955 mit Trine gewettet, dass wir es sind!«

Dezember 1955:

»Samstag: Der schönste Abend meines Lebens. Fritz sagte, dass er mich liebt. Darum sollten wir uns nicht mehr treffen.«

Liv schreibt: »Als ich sechs Jahre alt war, hatte ich schon in Japan, Kanada und New York gewohnt und befand mich an

* Eine Art studentisches Kulturzentrum

Bord eines der ersten Frachtschiffe, die nach dem Krieg den Atlantik überquerten. So landete ich in Trondheim, Norwegen, um die nächsten zehn Jahre gar nicht mehr zu reisen, weil Mama Witwe geworden war und das Geld für andere Dinge brauchte. Doch als ich siebzehn war, machte sich erneut meine Reiselust bemerkbar – und seitdem war es mir kaum möglich, länger an einem Ort zu bleiben. Ich bin wohl eine Art Nomade. Doch wenn ich an die zehn Jahre meiner Kindheit in Trondheim denke … den Heimweg von der Schule, wir Freundinnen immer dicht beisammen, flüsternd, unter hohen Bäumen, sodass wir uns von einer verzauberten Burg umgeben glaubten. Trolle hatten uns geraubt, doch eines Tages würde ein Prinz auf einem weißen Pferd kommen und uns befreien.

Und all die Tiere in meinem Bett: Bären, Zebras, Affen und Pferde – noch dazu all meine Puppen –, es war fast kein Platz mehr für mich. In der Nacht segelten wir aus dem Fenster, flogen durch die Luft und grüßten meinen toten Papa – wie schön er war. Er ritt auf einem Pferd, mit einer Feder auf dem Kopf, und glich mehr einem Indianer als einem Prinzen. So jemand brauchten wir in meinem Bett – jemand, der klug war und uns beschützen konnte. Prinzen waren eher zum Küssen da.

Ich erinnere mich an den Frühling, an die ersten Blumen am Wegesrand, die zwischen zwei Buchdeckel gepresst wurden – und manchmal herausfielen. Ich weiß, dass ich mit jeder Biegung meines Schulwegs eine neue Erfahrung machte. Heute betrachte ich ihn mit Verwunderung, weil er so öde und grau wirkt. Märchen auf der Bettkante, Kakao und Butterbrote mit Banane. Mama saß gebeugt über dem Buch. Manchmal blickte sie auf und lächelte.«

K. B.: »Du bist also in Japan zur Welt gekommen. Hast eine Weile in Amerika und Kanada gewohnt, deinen Vater früh verloren, lebtest mit deiner Mutter und deiner zwei Jahre älteren Schwester zusammen. Dann kamst du nach Norwegen.«

L. U.: »Weil ich von Anfang an so viel unterwegs war, habe ich früh die Freiheit und das damit verbundene Glücksgefühl erlebt, dass ich überallhin reisen, Grenzen überschreiten und die Wirklichkeit der Fantasie entdecken kann. Den Raum der Fantasie.«

K. B.: »*Deinen* Raum?«

L. U.: »Genau! In einigen Räumen auf der Welt brauche ich keine Wände einzureißen, um mich zu finden. Ein kleiner Raum auf Key Largo, ein kleines Zimmer in New York, die Bücherregale in Oslo und die alten Teetassen im Schrank. Die Zuckerschalen meiner Mama. Die Likörgläser meines Großvaters.«

K. B.: »Das muss ein großes Freiheitsgefühl vermitteln.«

L. U.: »Ja, und dieses Freiheits- oder Glücksgefühl, das durch das englische Wort *serenity* am besten beschrieben wird, ist das Bewusstsein zu existieren. Im Hier und Jetzt. In diesem Augenblick, der nichts mit den Millionen von Eindrücken zu tun hat, denen ich stets ausgesetzt bin. In diesem Zusammenhang denke ich an die vielen Momente, in denen ich mich früher ausgestoßen fühlte. Das hatte nichts mit dem Verhalten anderer zu tun, sondern mit meiner mangelnden Fähigkeit, mit mir selbst im Einklang zu sein. Das führte zu der Illusion, von mir selbst und der Umwelt abgeschnitten zu sein. Ich wünschte, ich hätte damals schon begriffen, dass es nicht darum geht, besonders hübsch oder klug zu sein oder rote Wangen zu haben, sondern das eigene lebendige Ich zu finden, das bereits alles weiß, was es zu wissen gibt. Schau dir ganz kleine Kinder an, Säuglinge. Die wissen das, bevor wir damit beginnen, sie zu beeinflussen. Jetzt habe ich die Gewissheit wiedergefunden, dass ich *bin*, dass ich lebe. Wenn ich erwache und den Vögeln zuhöre, ist es, als lausche ich Diamanten – falls diese denn singen könnten. Das erfüllt mich mit tiefer Freude, denn genauso habe ich es empfunden, als ich noch sehr jung war – und mein Verstand sich nicht dauernd einmischte.«

K. B.: »Wer war damals wichtig für dich?«

L. U.: »Viele waren wichtig, doch meine Großmutter, die Mutter meines Vaters, brachte mir bei, in Gegenwart anderer zu schweigen, und diese Stille gab mir mehr als Worte. Jetzt frage ich mich, warum ich heute, als Großmutter, ständig bemüht bin, andere zu unterhalten. Da ist sie wieder – die Gefallsucht. Warum kann ich mir und den Kindern nicht ermöglichen, gemeinsam zu schweigen?«

Liv schreibt: »Großmutter verstand nichts von Musik, glaube ich. Jedenfalls kann ich mich nicht daran erinnern – doch, plötzlich fällt es mir wieder ein: Sie hat mich auf Konzerte mitgenommen, die oft im Sommer unter freiem Himmel stattfanden. Jetzt erinnere ich mich auch an das Radio, dem sie lauschte, wenn ich schlafen sollte. Dann lag ich auf meiner Matratze und betrachtete sie. Ich denke auch an meinen Enkel. Er sollte bei mir im Gästezimmer schlafen, doch er wollte seine Matratze in meinem Zimmer haben. Warum glaube ich nur, dass alle anders sind als ich selbst? Um ihnen zu gefallen, überlege ich mir, was ihnen gefallen könnte, anstatt das Natürlichste zu tun. Großmutter brachte mir bei, dass der Sonnenaufgang einen bestimmten Gesang hat – dass Blumen singen können. Eigentlich habe ich mein Leben lang ›Gesang studiert‹. Ich habe nur die Noten nicht zusammensetzen können. Doch das lerne ich jetzt. Das Wissen, dass ich *hier und heute existiere*, ist die einzige Wahrheit, die ich besitze.«

L. U.: »Du hast mich vorhin gefragt, ob ich schon immer wusste, was ich werden wollte. Ich sollte dir davon erzählen, wie ich in die Welt der Kunst hineinwuchs. Wenn ich darüber nachdenke, weiß ich, dass meine Entscheidungen nie von großer Klarheit bestimmt waren. Einige habe ich aus Angst, andere aus Gefallsucht getroffen. Doch aus irgendeinem Grund wusste ich immer, dass ich mich auf einer Art Reise befand.

Meine Pläne bezogen sich nie auf das nächste Jahr oder die Zukunft. Solche Ambitionen habe ich nicht. Ich fühlte nur, dass ich unterwegs war. Schon als ganz junger Mensch hatte ich ein ausgeprägtes Bewusstsein dafür, dass es auf den Schritt ankommt, den ich in diesem Augenblick tue. Und bei den kleinen Entscheidungen hörte ich wohl vor allem auf mich selbst.«

K. B.: »Im blauen Tagebuch schreibst du: ›Lange geschlafen – so lange, wie man nur kann, wenn die Schulferien gerade begonnen haben und am nächsten Tag der letzte Schultag ist. Falls ich sitzen bleibe, dann Friede meinem Angedenken, wenn die Reste von mir an Ufer des Nidelv angeschwemmt werden.‹«

L. U.: »Ja, so habe ich es wohl empfunden. So intensiv. Übrigens bin ich nicht sitzen geblieben.«

K. B.: »Doch um Weihnachten herum, du warst gerade siebzehn geworden, hast du dich entschlossen, ins Ausland zu gehen.«

Five Year Diary, Januar/Februar 1955:

»Dienstag: Alle Reisevorbereitungen sind abgeschlossen. Ich fahre am Freitag, 17.1., nach Oslo und am folgenden Mittwoch weiter nach England. Ich werde die Kingsley School in Leamington besuchen, ganz in der Nähe von Stratford.

Mittwoch: An einem windigen, eisigen Tag habe ich Norwegen zum ersten Mal verlassen. Hatte eine nette Kabinengefährtin und bin später noch zwei anderen netten Mädchen begegnet.

Freitag: Newcastle eine große Enttäuschung. Und jetzt: London.

Samstag: Madame Tussauds, Museen, Westminster etc. War mit einem norwegischen Mädchen unterwegs. Trafen später einen Griechen, der uns die Stadt zeigen wollte.

Sonntag: Mit dem Griechen durch die Stadt gezogen. Zug nach Leamington. Mein Abteil voller Soldaten! Die Mädchen auf meiner Schule sind jünger als ich, kindisch.

Montag: Mir gefällt diese Schule überhaupt nicht. Habe Mama schon einen Brief geschrieben, dass ich es hier nicht aushalte.«

L. U.: »Ich muss einen Menschen erwähnen, der damals in England sehr wichtig für mich war. Irene Brent. Doch zunächst war ich also vierzehn Tage lang auf diesem Internat. Wir mussten Schuluniformen tragen, und alles war schrecklich. Als ich meine

Mutter vom Lehrerzimmer aus anrief und ihr sagte, dass ich es nicht länger aushielte, machte sie etwas Großartiges: Sie rief den CVJF (Christlicher Verein junger Frauen) und ihre Freunde in London an. Von denen hörte sie von der Schauspielerin und Pädagogin Irene Brent, und binnen 24 Stunden war alles organisiert. Wenn ich meiner Mutter gegenüber also nicht mehr Dankbarkeit gezeigt habe, liegt das ausschließlich an meiner fehlenden Sensibilität und meinem mangelnden Verständnis für sie. Aber alles kommt im Leben auf einen zurück – heute habe ich das Gefühl, dass meine Tochter nicht erkennt, was ich alles für sie tue. Aber man erkennt es einfach nicht, weil man sich selbst als denjenigen empfindet, der aktiv ist und Entscheidungen trifft. Dass sich irgendwo die schützende Hand der Mutter befindet, dafür hat man keinen Blick. Dann kam ich also nach London und log, was mein Alter betraf, denn ich war ja erst siebzehn, sagte aber, ich sei neunzehn. Ich gab vor, verlobt zu sein. Alle anderen waren schließlich auch verlobt. Außerdem sagte ich, dass ich die Schauspielschule besuchte. Aufgrund dieser Lüge war ich gezwungen, den CVJF um acht Uhr morgens zu verlassen und erst um fünf Uhr nachmittags zurückzukehren. Eine künstlerische Ausbildung genoss ich dennoch, weil Irene Brent mir Unterricht gab – im Grunde eine wundervolle Schauspielausbildung. Gleichzeitig freundete ich mich mit vielen Mädchen des CVJF an. Wir hielten auch später lange noch Kontakt zueinander. Alle wussten, dass ich erst siebzehn war. Alle wussten, dass ich nicht verlobt war. Alle wussten, dass ich nicht die Schauspielschule besuchte. Sie waren sehr rücksichtsvoll und nett zu mir.«

K. B.: »Doch dann bist du nach Norwegen zurückgegangen?«

L. U.: »Ja, weil ich die Schauspielschule in Oslo besuchen wollte.«

Five Year Diary, August, 1956:

»Dienstag: War im Nationaltheater und habe mir *Drei Frauen* angesehen. Was für ein Gedanke – auf dieser Bühne zu stehen. Wird es je dazu kommen?

Mittwoch: Erstes Vorsprechen auf der Schauspielschule. Die *Julia* ging ganz wunderbar, habe hinterher viel Lob bekommen. Wird das nächste Vorsprechen klappen?

Donnerstag: War mit Großmutter in der Fünf-Uhr-Vorstellung.

Freitag: Habe mit Großmutter *Komödie der Liebe* gesehen. Später zu Tante Nan, wohin auch Mama kam.

Samstag: Beginne ich heute auf der Schauspielschule – oder bin ich einfach verzweifelt? / Ich bin einfach verzweifelt. Das Vorsprechen ist missglückt.

Sonntag: Bin krank nach dem Schock.«

K. B.: »Das ist ja eine sehr wichtige Seite an dir – der frühe Wunsch, etwas zustandezubringen, ein anständiger Mensch zu sein. Ich sehe dich förmlich vor mir, in diesem schwierigen Herbst und Winter. Du warst von der Schauspielschule abgelehnt worden und musstest eine Beschäftigung finden, um die Tage auszufüllen. Du hast damals Tagebuch geschrieben. Hast du auch Romane gelesen?«

L. U.: »Ich hatte das Bedürfnis, mich mitzuteilen. Darum hätte ich auch ebenso gut Schriftstellerin oder Malerin werden können. Zur Malerin fehlt mir allerdings die Begabung. Schreiben wäre vielleicht möglich gewesen... hätte ich rechtzeitig damit angefangen. Ich war ständig in der Deichmann-Bibliothek. Dieses Jahr war so einsam und sonderbar. Ich denke an meine Tochter. Ich möchte, dass sie weiß, wie es damals war, was ich las und was ich dachte. Ich möchte, dass sie sich darin wiedererkennt. Es war ein gutes Jahr, obwohl ich kaum einen Menschen kannte. Ich kann mich noch genau an das Restaurant oder Café erinnern, das gegenüber der Bibliothek auf der anderen Seite der Akersgate lag. An die Frau, die mich einmal anlächelte. Jeden Tag bin ich dort hingegangen, um zu sehen, ob sie da war. Vielleicht hätten wir Freundinnen werden können. Doch eines Tages war sie verschwunden. Ich war ziemlich einsam.«

K. B.: »Weiß du noch, welche Bücher du damals gelesen hast?«

L.U.: »All die großen Russen: Dostojewski, Tolstoi … und Malamud. Irgendwo habe ich noch eine lange Liste darüber.«

K. B.: »Hast du auch Filme gesehen?«

L.U.: »Ja, an den Vormittagen. Abends bin ich nie ausgegangen. Dann traf ich einen jungen Mann, an einem Ort, an dem ich ihn vielleicht nicht hätte treffen sollen. Ich verlor meine Unschuld, und Mama durfte davon nichts wissen. So war es eben damals.«

K. B.: »Aber war das nicht auch eine Befreiung? Nach all den Jahren voller Träume und Erwartungen.«

L.U.: »Nein, so habe ich es nicht empfunden. Denn er war nicht der Richtige, weißt du. Es läuteten keine Glocken, und nett zu mir war er auch nicht.«

K. B.: »Im Tagebuch schreibst du, er hätte dich schlecht behandelt und noch ein anderes Verhältnis gehabt. Dass du die Nähe deiner Großmutter gesucht hast, aber vernarrt in ihn warst. Du hast dich gefragt, ob man so einen charakterlosen Mann lieben kann.«

L.U.: »Er liebte die Frauen, und er liebte den Alkohol. Mein Problem war, dass ich einfach nicht loskam von ihm.«

K. B.: »Gibt es ihn immer noch? Und weiß er, dass er dein erster Mann war?«

L.U.: »Ja, es gibt ihn immer noch.«

K. B.: »Und er zweifelt nicht daran?«

L.U.: »Nein, er weiß es genau.«

K. B.: »Bist du ihm später noch mal begegnet?«

L.U.: »Nein, aber als ich vor gar nicht langer Zeit einmal mit dem Taxi unterwegs war, hatte ich ein merkwürdiges Erlebnis. ›Entschuldigen Sie‹, sagte ich zum Taxifahrer, ›heißt ihr Vater zufällig Ø.?‹ – ›Ja‹, antwortete er. Da wusste ich, dass ich bei seinem Sohn im Auto saß. Was für ein sonderbares Gefühl. Jedenfalls dankte ich Gott dafür, dass sein Vater in meinem Leben keine Rolle mehr spielte. Im Grunde sollte man Gott dafür danken, dass es so viele Menschen gibt, deren Gegenwart einem erspart bleibt.«

Five Years Diary, Herbst 1956:

»Mittwoch: Habe begonnen, in der Riksmålforeningen* zu arbeiten. Sehr nett und gut bezahlt.

Freitag: War den ganzen Tag in der Riksmålforeningen. Abends bei Inger Johanne Friis, die ein Kleid für mich näht.

Samstag: Sitze allein in meiner Wohnung und fühle mich schrecklich einsam. Was ist eigentlich aus mir geworden? Kein Abitur, keine Schauspielschule.

Sonntag: Frühstück und Mittagessen bei Tante Nan. Später mit der ganzen Familie ins Kino. Früh nach Hause. Was soll nur aus mir werden?

Mittwoch: War auf der Mannequinschule. Später in der Riksmålforeningen, wo ich abends gearbeitet habe. Habe mir einen wunderschönen Mantel bestellt.

Donnerstag: Tore Foss, bei dem ich Unterricht nehme, sagte, ich sei die beste Schülerin, die er je gehabt habe.

Samstag: Habe es mir zu Hause gemütlich gemacht. Unterhaltsames Radioprogramm. Bin vielleicht ein wenig einsam. Vermisse jemanden, den ich lieb haben kann.

Dienstag: Wie üblich in der Riksmålforeningen. Sie ziehen mich auf, weil ich so jung bin, aber sie scheinen mich zu mögen.

Donnerstag: Den ganzen Tag in der Riksmålforeningen. Zur Zeit passiert gar nichts. Bald muss etwas Großes geschehen.

Dienstag: War mit Ernst Sørensen in Moss. Wir hatten Erfolg. Bekam von ihm und anderen viel Lob für meine Gedichtinterpretation.

Mittwoch: Las Gedicht auf einer schrecklichen Parteiversammlung der Konservativen. Etwas Schlimmeres habe ich noch nie erlebt. Die Leute haben während der ganzen Lesung geredet und ihr Geld gezählt.

Freitag: Fest der Riksmålforeningen. Zum zweiten Mal in meinem Leben bin ich von einem verheirateten Mann geküsst worden, N.N. Er sagte, er sei nicht betrunken. Das zeigt, wie erbärmlich er ist.

* Verein zur Pflege der norwegischen Sprache

Samstag: Mit Kjell Aa in Ås. Er ist nett, aber keine Gefahr für meinen Seelenfrieden. Ich finde, er sollte sich die Haare schneiden lassen. Langweilige Revue.

16.12: War Lucia-Mädchen beim großen Umzug. Später beim Riksmålfest, wo ich u.a. mit Øistein Parmann und André Bjerke geflirtet habe.«

Bunnefjord: Mainacht. Ich lese weiter im kleinen blauen Buch, dem ersten, in das sie geschrieben hat. Weiß, dass sie immer noch darin schreibt. *The Blue Hour*. Die blaue Stunde. Sie seziert sich selbst. Will Zeugnis ablegen. Das hat sie immer getan. Damals hat sie die Schule abgebrochen, enttäuschte die Erwartungen ihrer Familie, ging ihren eigenen Weg.

Über ihren persönlichen Hintergrund schrieb sie nur wenig: Ihr Vater, Viggo Ullmann, war Soldat in »Little Norway«, einem Ausbildungszentrum für norwegische Flieger in Kanada. Es existiert ein Foto von Liv mit Oberst Reistad, Prinzessin Astrid, Prinz Harald und ihrer Schwester Bitten. Ihre Mutter Janna schrieb im März 1945 an ihren Mann: »Ich folge dir bis ans Ende der Welt – ich und die Kinder.« Viggo Ullmann starb drei Monate später. Liv hat vor dem Einschlafen stets ein Foto von ihm unter ihr Kopfkissen gelegt.

L.U.: »Meine Großmutter väterlicherseits hat in meinem Leben damals eine zentrale Rolle gespielt. Und meine Mutter … Ich wünschte, ich wäre um einiges älter gewesen, als meine Mutter noch lebte. Denn heute verstehe ich so vieles. Ich verstehe so vieles von dem, was sie sagte, aber nicht meinte. Sie wollte uns durch diese unwahren Worte etwas zu verstehen geben. Damals verstand ich sie nicht, doch heute verstehe ich sie. Wer mein Vater war, weiß ich nicht. Er ist nur ein Wort, eine Art Fantasie, nach der ich all die Jahre gesucht habe, während ich mit anderen Männern zusammen war. Dann bin ich Ingmar Bergman begegnet. In ihm sah ich eine Art Vater, doch er war der schlechteste Vater, den ich mir hätte aussuchen können. Aber das ist eine andere Geschichte.«

K. B.: »Das Verhältnis zu Ø. hatte Konsequenzen…«

L. U.: »Ja, die Abtreibung, die ich damals vornehmen ließ, ist ein trauriges Kapitel in meinem Leben. Ich war so jung und wusste ja, dass es gegen die Religion meiner Mutter und gegen meine eigenen Überzeugungen verstieß. Es ist eine Entscheidung gewesen, die ich bis an mein Lebensende bereuen werde. Sie ist fast unverzeihlich.«

K. B.: »Du hast versucht, es geheimzuhalten?«

L. U.: »Ja, aber als mich meine Mutter in Lillehammer in der Klinik besuchte, hat sie es natürlich erfahren. Doch sie hat nie darüber gesprochen. Dafür bin ich ihr dankbar. Auch dies war eine wichtige Entscheidung meiner Mutter, die eigentlich sentimental war, gern redete und stets willig die Opferrolle einnahm. Darin erkenne ich mich wieder. Was sie aber weder zu einer schlechteren Mutter noch zu einem schlechteren Menschen macht. Das habe ich erst jetzt, auf meine älteren Tage, begriffen. Ich wünschte mir ihre Liebe so sehr, dass ich sie gekauft habe. Ja, ich habe sie mir immer wieder erkauft. Als ich Geld zu verdienen begann, schon in Stavanger, habe ich für ihre Liebe bezahlt.

K. B.: »Eine schmerzliche Erkenntnis.«

L. U.: »Ja. Und meiner Tochter gegenüber habe ich es wohl genauso gemacht, wenn auch weniger bewusst. Und das in einer Zeit, in der ich für ihre Liebe nicht hätte bezahlen müssen. Sie sagt selbst, dass sie mich bis ins elfte, zwölfte Lebensjahr hinein für einen perfekten Menschen hielt. Das hat sie wirklich gesagt. Doch weit vor dieser Zeit erkaufte ich mir das, was ich für Liebe oder Hingabe hielt. Dabei war viel schlechtes Gewissen im Spiel. Ich weiß ja, dass ich mental nicht immer präsent war, wenn wir zusammen waren. Ich war mit anderen Dingen beschäftigt. Musste eine Rolle lernen oder ein Drehbuch lesen. Also sagte ich rasch ja, wenn sie mich um etwas bat. Doch sie hatte schließlich nicht darum gebeten, verzogen zu werden. Ich war es, die sie verzog. Das hätte ich nicht tun sollen. Wenn ich mir etwas vorwerfen muss, dann ist es dies. Ich erkaufte mir Liebe. Das habe ich getan, seit ich ein kleines

Mädchen war. Meiner Freundin in Trondheim gab ich Geld, damit sie mit mir ins Kino ging. Ich weiß eigentlich nicht, worin mein Problem bestand. Doch aus irgendeinem Grund war ich ein sozialer Außenseiter. Die anderen beachteten mich nicht, nahmen mich überhaupt nicht wahr. Ich war nicht dick, aber das Soziale lag mir nicht.«

K. B.: »Im Entwurf zu *The Blue Hour* schreibst du: ›Ich weiß noch, wie ich als junges Mädchen in Oslo mit ein paar Freundinnen beisammen saß. Alle erzählten, was sie einmal mit ihrem Leben anfangen wollten, doch meine Meinung war nicht gefragt, weil ich so vollkommen uninteressant war. Ich weiß auch gar nicht, was ich geantwortet hätte, wäre ich gefragt worden. Ich glaubte schließlich nicht daran, in meinem Leben mal etwas zustandezubringen, weder beruflich noch privat.‹«

L. U.: »So war meine Situation, als ich die Abtreibung hatte. Ich war ängstlich und unsicher. In der Liebe war ich gescheitert. Und ich wollte die Erwartungen anderer erfüllen.«

K. B.: »Hast du nicht damals auf einer Tournee Viggo Ullmann, den Cousin deines Vaters getroffen, der als Arzt am Krankenhaus in Lillehammer gearbeitet hat? Du kanntest ihn gar nicht, aber er hat dich und deine Kollegen zu sich nach Hause eingeladen.«

L. U.: »Das stimmt, aber an diesem Tag ging es mir gar nicht gut. Mein physisches und psychisches Gleichgewicht war gestört. Einerseits wünschte ich mir ein Kind, andererseits hatte ich Angst, ein Kind zu bekommen, um das ich mich alleine hätte kümmern müssen. Ich wusste ja, dass der Vater des Kindes seiner Verantwortung nicht gerecht werden würde. Außerdem wäre ich nicht in der Lage gewesen, diese Schande auf mich zu nehmen. In meiner Familie kamen weder eine Abtreibung noch ein uneheliches Kind in Frage. Das alles stürzte in Lillehammer auf mich ein. Allein der Gedanke, was Tante Ruth wohl sagen würde, jagte mir eine panische Angst ein. Also blieb ich an diesem Abend im Hotel, krank und verängstigt, ohne zu wissen, was ich tun sollte. Doch dann, nach einer Weile, klopfte es an der Tür. Es war der Cousin meines Vaters, der mich in so vielem an ihn erinnerte. Ich begann zu weinen. Und er sagte nur: ›Ich hatte das Gefühl, dass du mich brauchst.‹«

K. B.: »Und dann hast du die Abtreibung vornehmen lassen?«

L. U.: »Ja. Meine Mutter kam aus Trondheim und setzte sich an mein Bett, ohne irgendwelche Fragen zu stellen. Das werde ich ihr nie vergessen. Und ich lag da und wusste, dass etwas Unumkehrbares geschehen war, dass ich ein Leben beendet hatte, weil ich es nicht wagte, die Verantwortung dafür zu übernehmen.«

K. B.: »Das Fürchterliche ist doch, dass deine Entscheidung von dem Willen geprägt war, es *anderen* recht zu machen.«

L. U.: »Ja. Das war furchtbar für mich. Deshalb reden wir auch so viel von Entscheidungen im Leben. Wir müssen unablässig Entscheidungen treffen. Viele meiner Entscheidungen entsprangen nicht meinen Überzeugungen, sondern den Erwartungen anderer Menschen. Es waren teilweise Erwartungen, die ich heute nicht mehr akzeptieren würde. Die nichts mit den Erwartungen zu tun haben, die ich an mein eigenes Leben stelle. Tante Ruths Erwartungen waren nicht meine.«

K. B.: »Versuchst du noch heute, den Erwartungen deiner Tochter gerecht zu werden, wie eine Mutter zu sein hat?«

L. U.: »Ja, absolut. Was nicht einfach ist. Sie hat sich nie zu dieser Abtreibung geäußert, doch es wäre kein Wunder, wenn sie dächte: dass ich existiere, ist also reiner Zufall. Vielleicht zweifelt sie an meiner Liebesfähigkeit, wenn ich doch scheinbar so leicht zwischen Leben und Tod entscheiden konnte. Vielleicht glaubt sie, einfach nur Glück gehabt zu haben, dass sie existiert.«

Liv schreibt: »Papa lag im Dom unter einem kalten, weißen Stein begraben. Ich konnte nie verstehen, dass *er* das sein sollte. Da stellte ich ihn mir schon lieber als Indianer vor.

Einmal sind meine Schwester und ich zum Friedhof gefahren und haben meine Puppen mit allen kirchlichen Ritualen beerdigt. Ich fand es naheliegend, meine Puppen dort zu begraben, wo auch Papa begraben lag. Sie ruhen dort noch immer. Jedenfalls haben wir sie nie wiedergefunden.

Jetzt liegt auch Mama dort. Meine Schwester hat Maiglöckchen gepflanzt – sie duften gut. ›Ich vermisse euch‹, sage ich zum Grabstein. Heute ist er wirklicher für mich als in meiner Kindheit. Der Grabstein. Nachdem so viele meiner Lieben nicht mehr dem Leben angehören, das ich kenne.

›Ich liebe dich, Mama.‹

›Weißt du, was mich geschmerzt hat?‹, fragt sie.

›Nein.‹

›Wie kannst du mich lieben, wenn du nicht weißt, was mich schmerzte?‹, fragt sie mich.«

K. B.: »Tore Foss war wichtig für dich?«

L.U.: »Er saß bei meinem ersten Vorsprechen auf der Schauspielschule in der Jury. Er gab mir Unterricht. Das war mein Glück.«

K. B.: »Hat er dir die Möglichkeit verschafft, nach Stavanger zu kommen?«

L.U.: »Nein, aber er hat dafür gesorgt, dass ich nach Weihnachten am Neuen Theater in Oslo als Statistin anfangen konnte. Er hatte meinen Namen wohl Gisle Straume, dem Intendanten des Rogaland Theater, gegenüber erwähnt. Er rief mich im Frühjahr nach meinem 18. Geburtstag an und bat mich, ihm vorzusprechen. Er kam nach Oslo. Im Grunde war es gar kein richtiges Vorsprechen. Wir haben uns einfach unterhalten. Vielleicht rezitierte ich *Se Norges blomsterdal* oder einen anderen Text, den ich mit Tore Foss geübt hatte – all diese Nationalgedichte, die Tore liebte und die zu rezitieren er mir beibrachte. Olaf Bull. Obstfelder. Ich hatte damals viele Gedichte in meinem Repertoire. Und Gisle sagte: ›Du kannst an mein Theater kommen und die Rolle der Anne Frank spielen.‹ Das war natürlich phantastisch.

Noch vor meinem 19. Geburtstag ging ich nach Stavanger. Ich spielte die Anne Frank und hatte einen Riesenerfolg. Ich bewohnte ein Zimmer im Dachgeschoss einer Villa. Die Familie hieß Pedersens. Liebe, altmodische Menschen. Dass ich Schauspielerin war, verstanden sie gar nicht. Doch der alte, gutmütige Mann kam jeden Morgen zu mir nach oben, um mir ein Frühstück und ein Glas Milch vor die Tür zu stellen. Manchmal baten sie mich in ihre Stube; dann fragten sie, wie es mir ginge. In diesen drei Jahren ging es mir glänzend, obwohl ich nur wenig Geld hatte. In den ersten beiden Jahren erhielt ich 2500 Kronen und im letzten Jahr 3000 Kronen Jahresgage. Ich bekam eine Rolle nach der anderen und hatte viele nette Kollegen. *Das* war das Leben! *Das* war das Theater, wie ich es mir erträumt hatte! Und es waren diese Momente, als ich die Anne Frank spielte, in denen ich zum ersten Mal in meinem Leben das Gefühl hatte, wirklich wahrgenommen zu werden. Ob als Anne oder als Liv, das weiß ich nicht. So oder so war es eine Befreiung. Meine Arbeit nahm mich vollkommen gefangen. Früh morgens kam ich ins Theater und blieb dort bis spät am Abend.«

K. B.: »Waren deine älteren Kollegen eifersüchtig, weil du dir so schnell deinen Platz erobert hast?«

L. U.: »Nein, da gab es keine Eifersucht, weil ich so jung war.«

K. B.: »Aber es mag doch Schauspieler gegeben haben, die dir nicht wohlgesonnen waren.«

L. U.: »Nein. Joachim Calmeyer war bereits seit einem Jahr da. Der brauchte nicht eifersüchtig auf mich zu sein. Und dann gab es da Brett Borgen und Sonja Lied. Sie waren mit mir gekommen, hatten aber auch nichts gegen mich. Es herrschte allgemein ein großer Optimismus. Und ich selbst hatte das Glück, dass die Intendanten bedingungslos an mich glaubten. Erst Gisle, dann Bjarne Andersen. Wenn der neue Spielplan bekannt gegeben wurde, gab es für mich immer mehr als genug zu tun.«

K. B.: »Musstest du in dieser Zeit auch Widerstände überwinden? Gab es Rollen, mit denen du nicht zurechtkamst?«

L. U.: »Nein, daran kann ich mich nicht erinnern. Ich war wie in einem Rausch.«

K. B.: »War es so phantastisch, endlich wahrgenommen zu werden?«

L.U.: »Ja, wahrgenommen zu werden und gleichzeitig nicht von dieser Welt zu sein. Dieses Gefühl habe ich immer noch. Ich mag es nicht, wenn die Leute mir zu nahekommen – bei Abendessen und anderen gesellschaftlichen Anlässen. Aber wenn ich auf der Bühne stehe, kann mir niemand etwas anhaben.«

Liv schreibt: »Sie war klug, meine Mutter. ›Was nützt es, die ganze Welt zu gewinnen, wenn du Schaden an deiner Seele nimmst?‹, zitierte sie in meiner Gegenwart. In Anbetracht aller E-Mail- und Internet-Konsumenten müsste man es anders formulieren: Was nützt es, die ganze Welt zu erobern, eine unsichtbare Telegrafenleitung um die Erde zu spannen, wenn du damit eine Abkürzung nimmst, die an deiner Seele vorbeiführt, diese regelrecht kurzschließt?

Mama verstummte allmählich. Ich glaube, sie hat irgendwann die Hoffnung aufgegeben, dass sich jemand für ihre Meinung interessieren könnte. Vielleicht hatten wir Jüngeren ihr zu oft mit einer Attitüde der Überlegenheit zugehört oder an ihr vorbei geredet, sie unsichtbar gemacht. Ja, darin erkenne ich mich wieder – wenn ich selbst, mit über sechzig Jahren, immer noch an den Diskussionen der Jüngeren teilhaben und Gemeinsamkeit spüren möchte. Manchmal glaube ich, dass altern schwerer ist als sterben. Vielleicht weil es leichter fällt, sich ein für alle Mal von der Erde zu verabschieden, als Tag für Tag den Verlust dessen zu erfahren, was einmal war.

Immer neue Augenblicke zu erleben, in denen man sich herabgesetzt und wertlos fühlt, ist wohl schwieriger und bitterer, als dem Tod zu trotzen – ihm *ein einziges Mal* zu begegnen.«

Liv hat mich an die Rezeption begleitet. Wir wollen eine Pause einlegen.

»Du musst mir eine Hausaufgabe stellen«, sagt sie.

Sie steht da wie eine gehorsame Schauspielerin, aber ich will nicht ihr Regisseur sein. Mir ist klar, dass dies nur ein Trick von ihr ist, um mich zu testen und sich selbst zur Mitarbeit zu zwingen, statt einfach nur dazusitzen und all meine Fragen zu beantworten.

»Du könntest vielleicht versuchen, dir die ersten entscheidenden Jahre ins Gedächtnis zu rufen«, entgegne ich. »Herausfinden, was für dich das Wichtigste war.«

»Ja, das werde ich tun«, sagt sie eifrig, zufrieden mit ihrem Auftrag.

Dann gehe ich zu meinem Hotel hinüber. Unter dem Arm einen Haufen neuer Manuskripte und alter Interviews, Papiere und Bögen, die sie mir mitgegeben hat.

»Schau einfach, was du davon gebrauchen kannst«, hat sie gesagt.

Der Mann an der Rezeption starrt immer noch unbeteiligt vor sich hin.

Ich nehme den Lift in den achten Stock, setze mich mit einem Teller Essen auf die Terrasse von Zimmer 817 und beginne zu lesen. Doch plötzlich spüre ich ihren Blick in meinem Rücken. Beobachtet sie mich von der anderen Straßenseite aus? Sie ist so freundlich, offen und vertrauensvoll. Doch ich spüre auch ein leises Misstrauen. Schließlich weiß sie nicht sicher, ob ich wirklich lese, was sie mir gegeben hat und was so wichtig für sie ist. Die Geschehnisse der Vergangenheit, die inneren Zwiegespräche mit ihrer Mutter, Großmutter und Tochter. Sie will davon sprechen, wie es ist, Tochter und Mutter zu sein. Will die Ereignisse der Vergangenheit entwirren, die heute eine größere Bedeutung als damals haben. Tote Menschen werden plötzlich wieder lebendig.

Die Liv Ullmann von früher. Sie betont, wie jung sie war. Wie naiv. Es gab da einen Autor und Redakteur namens Nils Johan Rud, eine der großen Persönlichkeiten der Arbeiterbewegung, aber auch ein Frauenliebhaber. Unter seinen Büchern finden sich Titel wie *Jagd nach der Frau* oder *Eros spielt*. Auch einen Roman hat er geschrieben, *Die Gesuchte ist 18*, der unter dem Titel *Junge Flucht* verfilmt wurde. Die Hauptrolle spielte Liv Ullmann. Er bot ihr die Herausgeberschaft seiner Zeitschrift

Magazin für alle an. Er genoss den Ruf eines seriösen Autors und Journalisten, muss jedoch auch ein ausgefuchster Medienstratege gewesen sein.

Liv schreibt (Magazin für alle, 17. Februar 1960): »Ich finde alles so merkwürdig. Was um mich herum geschieht, berührt mich nicht mehr. Nicht mehr so wie früher. Damals unternahm ich lange Spaziergänge und erfreute mich an dem, was ich sah – einem Sonnenuntergang oder einer Blume am Wegesrand. Jetzt beschäftigt mich das, was in meinem Inneren vor sich geht – in meinem Körper und in meinen Gedanken.

Ein anderer Mensch kann mich zwar erziehen, doch nur für kurze Zeit. Was ich tue, ist von dem Drang bestimmt, zu nehmen – nicht zu geben. Liebe ist ein Tauschgeschäft geworden. Ich will Wärme zurückhaben…

Haben Sie schon mal darüber nachgedacht, was Sie machen würden, wenn Sie für einen Tag tun könnten, was Sie wollen?

Ich wäre gern in der Lage zu lieben – so zu lieben, dass meine Liebe die ganze Welt umspannte. Ich möchte mit klopfendem Herzen umherlaufen und wissen, dass ich lebe, weil ich liebe.

Jeden kleinen Kinderkopf würde ich tätscheln und mich zu jedem kleinen, warmen Kindernacken hinunterbeugen, um seinen reinen Duft einzuatmen.

Ich würde mit dem Finger über jeden traurigen Zug eines jungen Mundes streichen und über alle tiefen Falten einer alten Stirn.

Einer alten Jungfer würde ich Lachen und Nachsicht eingeben, und ein zerstreuter Professor würde wahrhaftig lächelnd innehalten, weil er eine Blume am Wegesrand entdeckt hat.

Ich würde die ganze Welt zum Lachen bringen. Wir würden einander um den Hals fallen, weil wir zu fröhlich sind, um allein zu bleiben…«

K. B.: »*Junge Flucht* wurde ein Skandal.«

L. U.: »Man war auf mich aufmerksam geworden und wusste um meinen Erfolg in Stavanger.«

K. B.: »Stimmt es, dass die Regisseurin Edith Calmar dich gefragt hat, ob du noch Jungfrau bist, und du mit Nein geantwortet hast, weil du sonst die Rolle nicht bekommen hättest?«

L. U.: »Ja, das stimmt.«

K. B.: »Ich bin ihr vor zwei, drei Jahren in einem Restaurant begegnet. Sie muss weit über achtzig gewesen sein. Sie lächelte mich an wie eine junge Frau.«

L. U.: »Ihr Tod kam sehr plötzlich. Ich glaube, sie wollte nicht mehr. Sie gehörte zu der Sorte Menschen, die sich die Kanüle sofort selbst herausziehen würden. Bei den Dreharbeiten zu *Kristin Lavranstochter* habe ich das letzte Mal mit ihr zusammengearbeitet. Sie wollte bei mir in die Regieschule gehen, weil sich handwerklich so viel verändert hat, seit sie in den fünfziger Jahren ihre großen Filme drehte. Sie wollte direkt hinter mir sitzen und zuschauen. Nachdem sie das vierzehn Tage lang gemacht hatte, sagte sie: ›So, jetzt habe ich nichts mehr zu lernen. Mach's gut.‹ Sie war wirklich toll. Und robust. Aber ich hatte auch Angst vor ihr. Ich war schließlich so jung, als ich sie kennen lernte.«

K. B.: »War das, als du die Nacktszene gespielt hast?«

L. U.: »Ja.«

K. B.: »Und das in einer Zeit, in der du unglaublich schüchtern und verzweifelt darüber warst, Schande über deine Familie gebracht zu haben.«

L. U.: »Das stimmt. Allerdings glaube ich heute – ich bin mir aber nicht ganz sicher –, dass sich die Kamera nicht da befand, wo ich glaubte, sie würde sich befinden.«

K. B.: »Was hast du an jenem Morgen empfunden, als du mit dem Wissen ins Studio gegangen bist, gleich eine Nacktszene drehen zu müssen. Kannst du dich daran erinnern?«

L. U.: »Ja, ich hatte wirklich Angst davor. Aber ich machte mir auch klar, dass ich schließlich eine Hure spielte. Die Nacktszene wurde aus einigem Abstand und von hinten gedreht. Am nächsten Tag war dann eine neue Szene an der Reihe.«

K. B.: »Wie war es, als du dich das erste Mal auf der Leinwand gesehen hast?«

L.U.: »Das war zuerst bei *Fjols til fjells* (Dummkopf zu Berge) der Fall. Wegen meines kurzen Auftritts habe ich ihn mir oft angesehen.«

K. B.: »*Fjols til fjells* war ein Riesenerfolg.«

L.U.: »Stimmt, aber das hatte nichts mit mir zu tun. Ich war Statistin und musste nur einen einzigen Satz sprechen, den ich inzwischen vergessen habe.«

K. B.: »Kamst du nicht eine Treppe hinunter?«

L.U.: »Doch, ich kam eine Treppe hinunter. Leif Juster schnappte sich meinen Gürtel und benutzte ihn als Springseil. Wenn ich den Film heute sehe, denke ich, was für eine tolle Figur ich doch hatte. Aber das war mir damals nicht bewusst.«

K. B.: »Hast du dir *Junge Flucht* ebenso oft angeschaut?«

L.U.: »Nein, das habe ich nicht. Der Film war so ein Skandal. Der berüchtigte Pastor Møll hat damals Anzeige erstattet. Und auch meine Familie hat versucht, ihn zu verhindern.«

K. B.: »Wer in deiner Familie?«

L.U.: »Die ganze religiöse Seite. Papas Familie.«

K. B.: »Also die Ullmanns.«

L.U.: »Ja, sie riefen den Kinodirektor Engh an und forderten ihn auf, den Film abzusetzen. Sie bezogen sich dabei auf den alten Viggo Ullmann, meinen Großvater, der Politiker war und sich für die norwegische Volkshochschulbewegung eingesetzt hatte. Was hätte *er* dazu gesagt, fragten sie Engh.«

K. B.: »Aber der war doch schon lange tot.«

L.U.: »Das spielte keine Rolle. Sie fanden es schlichtweg unmöglich, dass solch ein Film gezeigt wurde. Doch verhindern konnten sie es auch nicht.«

K. B.: »Und das alles nur wegen der Szene, in der man dich und Atle Merton kurz von hinten sieht, bevor ihr baden geht? Eine angeschnittene Brust? Ein halber Hintern?«

L.U.: »Ja, es war fürchterlich.«

K. B.: »Warst du nicht wütend, dass sie sich in deine Angelegenheiten mischten?«

L.U.: »Aber nein, ich habe mich doch so geschämt.«

K. B.: »Hast du es bereut, die Szene gedreht zu haben?«

L.U.: »Ja, das ist doch kein Wunder. Ich *war* eben so. Ich wollte weiterhin so sein, wie die anderen mich sehen wollten. Die Einzige, die sich den Film angeschaut hat, war Großmutter. Und den gesamten Flur ihres Altersheims hat sie mit eingeladen. Danach hat die Familie kein Wort mehr mit ihr gesprochen. Doch am schlimmsten war die Anzeige von Pastor Møll. Darüber wurde viel in den Zeitungen berichtet. Und dann beging ich diese schreckliche Dummheit. In einem Interview sagte ich: ›Ich wusste nicht, dass ich gefilmt werde.‹«

K. B.: »Eine ziemlich verwegene Aussage.«

L.U.: »Ja, ziemlich verwegen. Aber das waren meine Worte. Das *Dagbladet* hat mich daraufhin in seine Liste der größten Dummköpfe aufgenommen, was ganz schön peinlich war. Doch gerettet hat mich die geistig unabhängige, couragierte Edith Calmar. Dieselbe, die mich damals gefragt hat, ob ich noch Jungfrau sei. Als sie in einem Interview auf mich angesprochen wurde, sagte sie: ›Ich verstehe Liv Ullmann sehr gut. Wäre ich in ihrer Situation gewesen, hätte ich genau dasselbe gesagt.‹ Das werde ich ihr nie vergessen.«

Liv schreibt: »Ich habe eine gute Freundin, unsere große norwegische Schauspielprimadonna, die – gleichgültig, mit welchen Plagen und Schmerzen sie in ihrem dreiundachtzigsten Lebensjahr morgens erwacht – von ungebrochener Energie ist und stets eine Möglichkeit findet, aktiv zu sein, etwas für andere Menschen zu tun. Denn Wenche *will* das Leben, will, dass es bis zum allerletzten Tag etwas Besonderes bereithält. Sie hat mich gelehrt, dass das Leben eigene verborgene Kräfte hat. Wenche will ihre Seele jung halten. Sie sagt ja zum Leben und hat auf ihre eigene merkwürdige Weise Gedanken und Pläne, als hätte ihr Leben gerade erst begonnen. Vielleicht ist das ihr Weg, sich die Lebensfreude zu bewahren – auch wenn ihre Lebensumstände nicht immer die reine Freude sind. Sie ist warmherzig und vital. Man sieht es an ihren Augen. Sie will das Leben auskosten und in ihm Wurzeln schlagen. Sie arbeitet und lernt weiter, unterrichtet und verliebt sich – hört nicht auf, sich

Gedanken zu machen und danach zu handeln. ›Das Beste, was wir tun können, ist, unser Bestes zu geben‹, sagt sie.«

Aus dem Tagebuch für Liv und Jappe (Hans Jacob) Stang:

»Als Jappe nach Stavanger fuhr, war er: um ein Auto reicher, um ein Zelt reicher, um ein Mädchen reicher.

Das Foto von uns, aufgenommen im Vergnügungspark Gröna Lund. Jappe und ich sind an vielen sonderbaren Orten in Schweden gewesen, haben viel gesehen und erlebt. Aber ich habe keine Lust, einen Reisebericht zu schreiben – das bedeutet mir nicht viel. Was ich von Schweden gesehen habe, ist nicht so wichtig. Das Entscheidende ist, dass ich Jappe so lieb habe.

Dieses Buch ist nur für Jappe und Liv bestimmt. Vielleicht lassen wir unsere Kinder einmal darin lesen, wenn sie richtig nett sind. Ich darf zuerst darin schreiben, weil Jappe sagt, dass die ganze Verlobung meine Idee war und er nur die Regeln befolgt, die ich aufgestellt habe. Weil ich eine Frau bin, lasse ich ihn in dem Glauben. Die Männer meinen immer, dass wir uns genauso leicht täuschen lassen wie sie, und das ist doch süß.

Wir haben uns also am 10.6.1960 verlobt. In unseren Ringen steht 11.6, aber wir haben sie einen Tag früher abgeholt, weil wir es nicht abwarten konnten. Im Geschäft war Jappe sehr unromantisch. Er flirtete mit der Verkäuferin, fragte, ob die linke Hand die richtige sei – er hatte keine Ahnung, welchen Finger er benutzen sollte.

Am Nachmittag – bei Jappe zu Hause – haben wir uns die Ringe dann an die Finger gesteckt. In dieser Situation war er romantischer als ich, weil mir alles so schrecklich peinlich war.

Jetzt sind wir seit genau zwei Wochen verlobt. Doch es sieht nicht so aus, als würde sich Jappe daran erinnern. Also gehöre ich wohl bereits zu diesen tapferen, frustrierten Frauen, die trotz der Gleichgültigkeit der Männer gute Miene zum bösen Spiel machen.«

K. B.: »Ihr seid noch immer gute Freunde?«

L. U.: »Ja, aber damals hatte ich das Gefühl, dass etwas vorbei ist, noch bevor es begonnen hat. Wir waren so jung. Aber wir sind immer noch gute Freunde.«

K. B.: »Du warst damals schon berühmt?«

L. U.: »Ja, und die Kunst hatte mich damals wirklich in Besitz genommen, ohne dass ich es richtig realisierte. Ich dachte nur: Das kann ich. Das bin ich. Ich habe meinen Platz im Leben gefunden. Es war unglaublich. Denn das hieß ja, dass ich weiterhin Kind sein durfte und in der Welt der Fantasie leben konnte. Und wer kam zu allen Premieren? Meine Großmutter. Und Mama. Und wer saß unbemerkt ganz oben auf der Galerie? Papa. Inzwischen habe ich schon lange auf keiner Bühne mehr gestanden. Doch früher dachte ich immer daran, dass Papa irgendwo dort oben sitzen würde.«

K. B.: »Du hast damals viele große Rollen gespielt. Ich war erst neun Jahre alt, als ich dich in Schillers *Die Jungfrau von Orleans* sah.«

L. U.: »Nein, das war *Die heilige Johanna* von Bernhard Shaw im Nationaltheater. Plötzlich wurde ich erwachsen. Die Zeitungen schrieben so viel über mich. Es war ein neues, ein sonderbares Gefühl. Die Intendanten schrieben mir lange Briefe. Engelstad wollte mich ans Nationaltheater binden, während Skagestad mich an das Norwegische Theater holen wollte. Die Leute verhielten sich plötzlich anders, wenn sie mir begegneten. Sogar Odd Eidem, der gefürchtete Kritiker, kam zu mir. Ich weiß noch, wie angetan er war, dass ich mir vor der Vorstellung die Zeit nahm, mit ihm zu plaudern. Wir haben so viel Kaffee getrunken, dass mir während der Vorstellung ganz schwindelig war und ich nicht wusste, wie ich sie hinter mich bringen sollte. Auf der Bühne geschah etwas mit mir, das sich später beim Film wiederholte. Dass die Leute mich für anders hielten, als ich war, gab mir eine ungeheure Stärke. Vielleicht hat das auch mit meiner Neigung zum Alkohol zu tun, auf die wir noch zurückkommen werden. Mit der plötzlichen Angst: Oh, Gott, was ist, wenn sie plötzlich herausfinden, wer ich wirklich bin? Denn vor einem Jahr war ich noch ein Niemand, und jetzt stand ich auf einmal im Rampenlicht. Also hielt ich es für das Beste, mit ihnen zu trinken, wenn es in Odd Eidems Fall auch nur viel Kaffee war. Im Grunde war ich ja immer noch dasselbe Mädchen wie zuvor.«

K. B.: »Welcher Intendant hat gewonnen?«

L. U.: »Skagestad hat gewonnen. Ich wollte zu ihm. Und Engelstad sagte: ›Du machst einen großen Fehler.‹ Ich ging also zu Tormod, und es war wunderbar. Ich bekam sofort eine Rolle in *Der kaukasische Kreidekreis*. Ich probte unter Peter Palitzsch, der damals dem Berliner Ensemble den Rücken gekehrt hatte. Doch eines Tages verließ er die Probe und blieb tagelang verschwunden. Als er zurückkam, hatte er alle Brücken hinter sich abgebrochen. Er verliebte sich in mich – doch eigentlich nicht wirklich in mich, Liv, sondern in Grusche, die Figur, die ausschließlich auf der Bühne existierte. In ihre wechselnden Zustände. Ihren unglaublichen Humor. Ihre Poesie.«

K. B.: »Hattet ihr ein langes Verhältnis?«

L. U.: »Wir hatten überhaupt kein Verhältnis! Außerdem war ich verheiratet, ziemlich frisch verheiratet sogar. Doch an einen Kuss, einen einzigen Kuss kann ich mich erinnern. Peter hatte mich nach der Probe nach Hause begleitet. Und ich weiß noch, wie er mich anstarrte. Seine Augen. Er war ein Aussteiger. Wohnte in einem Hotelzimmer. Wollte nichts mehr besitzen. Nur ein paar Bilder und Karten hatte er, Picasso und so was. Und er sollte tatsächlich nie wieder etwas besitzen, weil das Berliner Ensemble durch eine Zeitungsanzeige den Tod eines guten Freundes bekannt gegeben hatte. Gemeint war Peter. Dann haben sie alles verbrannt, was ihm gehörte. Doch zu diesem Zeitpunkt wollte er doch etwas besitzen, und zwar mich.«

K. B.: »Wie ist es ihm weiter ergangen?«

L. U.: »Er hat viel in Deutschland gearbeitet. Dann kam er wieder, und wir machten *Herr Puntila und sein Knecht Matti* zusammen, doch ich war nicht mehr diejenige, die er in mir sehen wollte. Ich spürte seine Enttäuschung. Er schrieb mir Briefe. Er habe geglaubt, schrieb er, ich sei eine Berliner-Ensemble-Person. Ein Mensch auf der Flucht, der sich stets heimatlos fühle. Jetzt begriff er wohl, dass ich anders war. Ich kann es nicht erklären. Dann kam er das dritte Mal zurück, vor fünfzehn Jahren, um *Mutter Courage* am Norwegischen Theater zu inszenieren. Inzwischen war ich weltberühmt und er fast vergessen. Es bestand eine wortlose Passion zwischen uns.«

K. B.: »Und du hast dein Leben in der Stortingsgate in Oslo fortgesetzt?«

L.U.: »Ja. Doch nach drei Jahren haben Joachim Calmeyer und ich beschlossen, ans Nationaltheater überzuwechseln, weil wir so empört über die Vorgänge rund um die *Peer Gynt*-Inszenierung waren.«

K. B.: »Was geschah während der *Peer-Gynt*-Inszenierung?«

L.U.: »Wir wollten mir dem Stück auf Europatournee gehen und hatten zwei Peer Gynts zur Auswahl: Rolf Søder und Lasse Kolstad. Beide wollten natürlich dabei sein. Tormod Skagestad, der Intendant und Regisseur des Stücks, entschied sich für Rolf Søder. So fuhren wir also mit Rolf nach Kopenhagen. Da der Erfolg aber zu wünschen übrig ließ, wurde Rolf sofort gegen Lasse ausgetauscht. Lasse stieß dann in Deutschland zu uns. Das war eine heikle Entscheidung.«

K. B.: »Du meinst, man hätte die Tournee einfach fortsetzen sollen, ohne die Hauptrolle umzubesetzen?«

L.U.: »Ja, man hätte sie so zu Ende spielen sollen. Lasse war großartig, aber das ist Rolf auch gewesen. Plötzlich saß Lasse neben uns im Bus, während Rolf allein auf dem Bürgersteig zurückblieb. Das konnte ich nicht vergessen. Mein Verhältnis zu Tormod Skagestad war dadurch eine Zeit lang erheblich belastet. Da Joachim und ich schon so lange dieselben Wege gegangen waren, beschlossen wir in dieser Situation, gemeinsam ans Nationaltheater zu wechseln, das uns ohnehin ständig neue Angebote machte. Dort hatten wir mit *Romeo und Julia* einen fulminanten Start. Nur Odd Eidem war zu dem Schluss gekommen, dass diese Kaffeetrinkerin doch nicht so genial war, wie er anfangs geglaubt hatte. In seiner Kritik schrieb er, die Inszenierung hätte hundert Kilogramm Ballast mit sich herumgeschleppt.«

K. B.: »Das hat er geschrieben?«

L. U.: »Ja, mit dem Ballast meinte er mich. Und meine Kollegen.«

Sie sitzt mir gegenüber auf dem Sofa. Die Erinnerung an Kindheit und Jugend scheint ihr viel zu bedeuten. Als liege darin der Schlüssel zum Verständnis ihrer Persönlichkeit. In der Grand Bay bilden die Surfer mit dem Horizont eine Linie. Das Wetter ist unbeständig. Plötzlich trommelt Regen gegen die Scheiben, um im nächsten Moment der Sonne zu weichen. Die Stimmungswechsel in Livs Gesicht sind nicht weniger abrupt. Sie lacht viel, auch wenn sie mit schonungsloser Aufrichtigkeit von ernsten Dingen erzählt, als bereite es ihr Freude, andere zu schockieren. In manchen Interviews hat sie gesagt, sie lüge gern. Solche Aussagen sind es, denke ich, mit denen ehrgeizige Nachwuchsschriftsteller auf sich aufmerksam machen wollen. Doch Liv hat das nicht nötig. Ich glaube auch nicht, dass sie es so meint. Über Koketterien dieser Art ist sie in jedem Fall erhaben. Über Lügen ebenfalls, sollte man meinen. Was sollte sie auch erfinden? Dass sie *noch* berühmter ist? Das sie eine bessere Mutter ist? Eine bessere Schauspielerin? Eine bessere Liebhaberin? Im Gegenteil – sie demaskiert sich unentwegt. Vielleicht ist das eine Rolle, die sie gern spielt, um dem Fragesteller einen Gefallen zu tun. Wie oft hat sie mich während unserer Gespräche schon angelogen? Bisher habe ich keinen Grund, daran zu zweifeln, dass sie mir die Wahrheit erzählt hat. *Ihre* Wahrheit.

K. B.: »Da gibt es eine Geschichte, die mich beschäftigt. Als du damals durchgebrannt …«

L. U.: »Darüber will ich nicht reden. Auf gar keinen Fall!«

K. B.: »Aber das stand doch sogar auf der Titelseite von *VG*, Norwegens größter Tageszeitung.«

L. U.: »Darüber rede ich nicht! Einer hat diese Geschichte in einem Buch über mich verbreitet, aber er hatte sie nicht von mir.«

K. B.: »Er schrieb, du wärst einmal mit einem berühmten Mann durchgebrannt.«

L.U.: »Ich hab doch gesagt, dass diese Geschichte tabu ist!«

K. B.: »Versuchst du damit, jemand zu schützen?«

L.U.: »Natürlich. Ein Mensch ist damals verletzt worden. Außerdem ist das schon so lange her. Ich will nicht darüber reden, und damit basta!«

So endet unser erster gemeinsamer Tag.

Sie begleitet mich zur Rezeption, umarmt mich flüchtig. Wir haben viele Stunden miteinander gesprochen. Ich bin erschöpft. Wie erschöpft muss *sie* erst sein? Doch sie lässt sich nichts anmerken.

»Du musst mir eine Hausaufgabe für morgen stellen«, sagt sie.

Ich denke nach.

»Ich finde, wir sollten bald über deine Begegnung mit Ingmar Bergman sprechen«, entgegne ich.

Sie nickt wie eine gehorsame Schülerin.

Dann verabschieden wir uns voneinander.

Ich setze mich jetzt nicht auf die Terrasse. Es ist zu warm. Stattdessen lasse ich mir etwas zu essen aufs Zimmer bringen, bleibe dort sitzen und lese. Blättere alle Papiere durch, die sie mir gegeben hat. Finde die geheimen Stellen, die ich finden soll. Denke vermutlich, was ich denken soll. Dennoch erinnere ich mich an ihre Worte, ehe wir begannen: »Sei nicht zu nett zu mir.«

Doch welchen Widerstand sucht sie, den sie sich nicht selbst entgegensetzt?

Vier Stunden später brennt immer noch Licht in meinem Zimmer.

Ich schaue über die Straße zu ihrem Gebäude hinüber, versuche ein weiteres Mal, die Etagen zu zählen. Ja, dort, im 18. Stock, brennt noch Licht.

Das muss Liv sein, denke ich. Liv, die Tee oder Red Bull trinkt und ebenfalls nicht schlafen kann.

Liv schreibt: »Erinnerung. Wie sonderbar, dass ich mich inzwischen so rasch verändere. Nicht nur mein Aussehen, sondern auch mein Benehmen. Plötzlich – vielleicht liegt es am Alter, an der Krankheit oder woran auch immer – begreife ich, dass es gewisse Dinge gibt, die ich nicht mehr tun kann. Dass dies unversehens zu meiner Realität geworden ist. Und dass es diese oder eine noch spätere Erinnerung an mich ist, die meiner Tochter im Gedächtnis bleiben wird. Unser Gedächtnis ist so kurz. Ich denke an meine Hündin Kirr, die jetzt 16 Jahre alt ist. Ich habe sie als Welpen bekommen, doch plötzlich wurde sie alt – lange vor mir. Sie ist senil und will vor die Tür. Nun steht sie da an der Wand und versteht nicht, warum die Tür sich nicht öffnet. Auf einmal war sie so. Vor ein paar Monaten hat das angefangen. Doch so werde ich sie in Erinnerung behalten. Alles andere, ihr früheres Wesen, habe ich bereits vergessen. Und je länger ich noch mit ihr zusammenleben werde – auch wenn dies nur ein kurzer Abschnitt ihres Lebens ist –, desto mehr wird dies meine Erinnerung an Kirr bestimmen.

Es erstaunt mich, dass unsere Erinnerung an Menschen und Tiere so sehr vom letzten Jahr, von den letzten gemeinsamen Erlebnissen geprägt wird. Das Leben an sich – meine Erinnerungsreise – kann ich mit niemandem teilen. Ich denke an die Dinge, an die vielleicht nur *ich* mich erinnere – an meine Tochter, die, als sie noch klein war, sagte, ihr Mund sei voller Küsse. Damals fühlte ich mich als ihre engste Vertraute. Oder als wir einen Fantasieausflug machten und die Fahrräder mit ins Haus nahmen, damit sie sich nachts vor der Tür nicht fürchten mussten. Diese Erinnerungen teile ich mit niemandem. Sie erinnert sich bestimmt an vieles andere.

Wem gehört die Kindheit? Ich denke an meine eigene. Das Beste in meiner Kindheit lebte allein in mir und wurde von meiner Mutter nicht erkannt. Ich frage mich heute, was ihr von meiner Kindheit überhaupt gegenwärtig war. Wir haben nie darüber gesprochen. Und ich, ich erinnere mich am besten an ihr letztes Jahr. Ich weiß nicht, warum. Obwohl sie da nicht mehr sie selbst und oft schwierig war. Sie schlug nach mir und erkannte mich nicht mehr. Warum erinnere ich mich ausgerechnet daran, obwohl so viele Wunder mit ihr verbunden waren?

Sie war so stark und voller Fantasie. War eine hochgeachtete Person in der Stadt. Sie las gern, unternahm viel und liebte einen Menschen – meinen Vater.

Doch wollte sie stets mehr wissen als andere und bereiste mehr Länder als irgendwer. Während ich *Die Emigranten* drehte, saßen wir eines Abends beisammen und machten uns einen Spaß daraus, ein Land zu erfinden. Meine Mutter prahlte damit, in diesem Land gewesen zu sein, und erzählte uns, wie sehr sie es liebte. So ließen wir sie eine Weile gewähren. Doch plötzlich begriff sie, dass wir sie zum Narren hielten. Wenn ich diese Episode doch nur rückgängig machen, ihre Hand nehmen und sagen könnte: »Du hast die wunderbarste Fantasie auf der ganzen Welt, Mama. Du hast uns alle zum Besten gehalten.« Doch das sagte ich damals nicht. Ich verstand es nicht. Ich ließ es zu, dass sie ausgelacht wurde.

Auch an folgende Nacht erinnere ich mich: Sie lag im Zimmer neben mir, und ich hörte, dass sie weinte. Warum bin ich nicht zu ihr gegangen? Warum erinnere ich mich nicht an die junge und hübsche Mutter, die mit ihrem neuen Kleid durch das Wohnzimmer tanzte? Ich habe sie doch tanzen gesehen. Warum steht mir das nicht lebendiger vor Augen? Ich muss es trainieren. Denn ich bin durchaus in der Lage, mich weit zurückzuerinnern, wenn ich nur will. An damals, als Mama noch Janna war. Als sie Hoffnungen und Träume hatte. Wann wurden sie begraben? Hätte ich ihr helfen könne, die Lebensfreude länger zu bewahren?

An die letzten Jahre, als sie mich nicht mehr erkannte… an die kann ich mich am besten erinnern. Meine Mama. Aber sie war so viel mehr. Vielleicht können wir uns deshalb so schlecht an vieles erinnern, weil wir früher selbst anders waren als heute. Was für eine traurige Erinnerungsreise – sich nicht mehr vorstellen zu können, dass die Alte einst jung war. Das ist es wohl auch, was geschieht, wenn junge Menschen uns Ältere erleben. Sie erleben uns nicht so, wie wir waren und in vieler Hinsicht – im Innern – noch sind. Und das ist traurig.

Teil 2

K. B.: »Heute Nacht habe ich gelesen, was du über deine Mutter geschrieben hast.«

L. U.: »Ich kann dir noch viel mehr zu lesen geben.«

K. B.: »Die Mutter-Tochter-Beziehung scheint dir sehr wichtig zu sein.«

L. U.: »Das stimmt, aber wenn wir von mir als Mutter sprechen wollen, und das sollten wir, wenn wir uns schrittweise Ingmar Bergman nähern – wir sollten uns hier nicht übereilen –, dann empfinde ich heute sehr stark, dass ich keine Schuldgefühle mehr habe. Gestern hast du gesagt, dass Kinder ihre Eltern nicht verunglimpfen sollten, indem sie behaupten, dass sie die Schuld an ihrer Entwicklung trügen.«

K. B.: »Davon bin ich überzeugt. Wenn man fortwährend anderen die Schuld gibt, nimmt man ja nicht einmal sich selbst ernst.«

L. U.: »Das ist wahr! Nehmen wir Chaplin. Im Buch über seine Jugend schreibt er von seinen vielen Problemen, seiner Armut und den Konflikten mit seinen Eltern. Doch er sagt auch, dass ihn erst diese Schwierigkeiten haben reifen lassen und das Beste in ihm zum Vorschein gebracht hätten, weil er so viele Hindernisse überwinden musste. Womit wir bei der *Herbstsonate* wären, Ingmars Film, in dem eine vierzigjährige Frau, die ich spiele, ihre Mutter für ihr gescheitertes Leben verantwortlich macht. Wie kann man nur so wenig Verantwortung für sein eigenes Schicksal übernehmen?«

K. B.: »Die Tochter hätte, wie ihre Mutter, Pianistin werden können, zog es aber vor, sich ihrer kranken Schwester anzunehmen, sich ihrem Mann zu widmen und die Erinnerung an ihren Sohn zu pflegen, der nur vier Jahre alt wurde.«

L.U.: »Ingrid Bergman und ich hatten beide Probleme mit dem Drehbuch. Zum einen fanden wir, dass Ingmar so unglaublich negativ über die Mutter schrieb, die sich entschieden hatte, nicht ausschließlich zu Hause zu bleiben, sondern ihre künstlerische Karriere zu verfolgen. Andererseits spürten wir, dass die Tochter kein Recht hatte, der Mutter ihr missglücktes Leben in die Schuhe zu schieben. Wir fragten Ingmar, ob er das Drehbuch nicht modifizieren könnte. Das wollte er nicht, also fragten wir ihn, ob wir nicht ein wenig gegen den Text anspielen könnten. ›Nun, ihr seid Schauspieler‹, sagte er. Das klang wie eine Erlaubnis. Ich trug schmale Zöpfe, war immer noch das kleine Mädchen und versteckte mich hinter einer Brille, obwohl ich eigentlich keine Brille brauchte.

Es gibt eine Szene im Film, in der die Tochter ihrer Mutter die ganze Nacht hindurch Vorwürfe macht. Ihr vorhält, wie grausam sie gewesen sei und wie sehr sie versagt habe. Zum Schluss sagt die Mutter, Ingrid Bergman, zwei Sätze: ›Halt mich fest! Hab mich lieb!‹ Da dachte ich: Oh, wie rührend! Das hätte *ich* gerne gesagt! Das hätte die Leute zum Weinen gebracht! Doch wir haben zuerst meine lange Szene gedreht, den großen Monolog, während dessen ich unentwegt zittere und sage, dass meine Mutter an allem Schuld ist. Und während die Kamera zu Ingrid schwenkt, sagt sie zu Ingmar: ›Ich will diese Sätze nicht sagen! Ich will ihr eine Ohrfeige geben und dann aus dem Raum gehen!‹«

K. B.: »Sehr verständlich.«

L.U.: »Und es ist wahr! Doch Ingmar wurde ganz blass vor Zorn. ›Nein, nein!‹, rief er. Dann gingen die beiden auf den Flur, wo es ziemlich hochherging. Dieser Drehtag ist gelaufen, dachten wir, während wir dem Genie und der Frau lauschten. Endlich öffnete sich die Tür, und sie kamen wieder herein. Das Genie hatte sich natürlich durchgesetzt, und die Frau sprach den vorgeschriebenen Text: ›Halt mich fest! Hab mich lieb!‹

Doch in ihr Gesicht standen all der Hass und Zorn geschrieben, den wir Frauen oft empfinden, weil wir sagen müssen: ›Es tut mir leid. Alles ist meine Schuld.‹ Aber im Innern rasen wir vor Wut. Und Ingrids Gesicht brachte das Gegenteil von ›Halt mich fest! Hab mich lieb!‹ zum Ausdruck. Ich schaute ihr voller Bewunderung zu, weil diese Worte so gut zu mir gepasst hätten. Ich hätte mich leicht in die Opferrolle fügen können, um Mitleid zu erregen. Doch Ingrid Bergman, die mutiger war als ich, wenn es um Kinder und Schuldgefühle ging, ließ sich nicht zum Opfer machen, obwohl sie die Worte sprechen musste, die der Regisseur und die Gesellschaft von einer Mutter verlangten. Daraus lernte ich eine Menge.«

K. B.: »Was war das Wichtigste?«

L. U.: »Dass ich ein für alle Mal damit aufhören wollte, die Rolle des Opfers zu übernehmen.«

K. B.: »Ist das eines der wichtigsten Ziele in deinem Leben?«

L. U.: »Ja.«

K. B.: »Hast du deiner Tochter jemals deinen Zorn gezeigt?«

L. U.: »Das habe ich zweifellos. Doch meistens habe ich mich geschämt, ihn zu zeigen. Natürlich habe ich mich hin und wieder verletzt und missachtet gefühlt – als Mensch und als Mutter. Wohl vor allem als Mensch. Und nicht nur von ihr. Doch weil ich Angst habe, über meine Gefühle zu reden, zeige ich sie auf andere Art und Weise. Mache Andeutungen oder ein trauriges Gesicht. Du weißt schon … das klassische Opfer eben. In solchen Situationen schäme ich mich für meinen fehlenden Mut. Denn *sie* würde meinen Mut zu schätzen wissen. Glaube ich zumindest. Sie ist anders. Geradeheraus. Das bewundere ich an ihr. Doch dann rufe ich meine Schwester an. Die versteht mich. Ich habe mir oft Geschwister für meine Tochter gewünscht. Geschwister erleben ja viel gemeinsam und können sich – im Guten wie im Schlechten – als Korrektiv dienen. Sie hat Halbgeschwister, die jedoch nicht im selben Haushalt aufwuchsen wie sie und ihre Erfahrungen nicht teilen. Ich glaube, das wäre für meine Tochter eine große Stütze. Und manchmal denke ich, dass es auch für mich eine große Stütze wäre. Meine

Schwester Bitten machte mir einst klar, dass unsere Mutter zu ihr eine andere Beziehung hatte als zu mir. Bitten sprach mit einer der Krankenschwestern, als unsere Mutter ins Pflegeheim kam. Die Krankenschwester sagte zu ihr, es sei keine Seltenheit, ›dass eine Mutter ein Kind lieber mag als das andere. Vielleicht steht sie Ihnen näher als Liv.‹ Anschließend haben Bitten und ich darüber gesprochen, und Bitten sagte: ›Ich glaube, die Krankenschwester hat Recht.‹ Das war für mich wie ein Schock. Schließlich hatte ich das schon mein Leben lang vermutet. Doch als meine eigene Schwester diese Vermutung als Tatsache hinstellte, war das fürchterlich für mich. Andererseits half es mir, vieles zu verstehen. Außerdem konnte ich die Erfahrung mit jemand teilen, der mir nahestand.«

Wir sitzen in dem kleinen Appartement im 18. Stock des Ritz Carlton und reden miteinander, wie am Tag zuvor. Das Aufnahmegerät surrt. Kaffee und Wasser. In der Bucht reiten die Surfer auf den Wellen. Liv hat mir einen weiteren Stapel mit Papieren anvertraut. Ihre Hausaufgaben hat sie gemacht. Bergman ist kein Problem. Vor Bergman weicht sie nicht aus. Und wer wollte ihr die eigenen Erfahrungen streitig machen? Manches, das sie erzählt, ist mir neu. Oft überrascht es mich auch. Anderes habe ich früher schon gehört oder gelesen. Es sind Bilder, die sie mit sich durchs Leben trägt. Episoden und Ereignisse, mit denen sie einfach nicht fertig wird – so wie ein Maler oder Komponist, der stets zu denselben Motiven zurückkehrt. Sie schreibt ihr Leben, bearbeitet ihr Leben. Was sie über die Erinnerungsreise gesagt hat, stimmt eigentlich nicht, denke ich. Sie erinnert sich nämlich sehr gut an ihre Kindheit, sogar in zunehmendem Maße, weil sie die Ereignisse aus einem neuen Blickwinkel betrachtet, sich spätere Erfahrungen zunutze macht. Sie scheint weniger über ihre Karriere als über ihre innere Entwicklung sprechen zu wollen – über ihre Rolle als Mutter, Tochter und Ehefrau. Als würde sie lieber über den Arbeitsprozess sprechen als über die Arbeit selbst.

K. B.: »Wer ist das, über den du schreibst, er sei Schauspieler geworden, weil er keine Lust habe, ständig angerufen zu werden. Auf der Bühne könnte ihn schließlich niemand erreichen.«

L. U.: »Das würde zu mir selbst passen. Du kennst mich doch. Wir kommunizieren am besten über den Anrufbeantworter.«

K. B.: »Stimmt. Und wenn unvermutet jemand den Hörer abnimmt, erschrickt der andere und weiß nicht, was er sagen soll.«

L. U.: »Genau.«

K. B.: »Es geht doch darum, für die Welt unerreichbar zu sein, einen festen Rahmen zu finden. Haruki Murakami schreibt in seinem letzten Roman, *Kafka am Strand*, über jemand, der die Begrenzungen des Lebens mehr liebt als alles andere. Über das Wohlgefühl in den eigenen vier Wänden. Auch Hans Scherfig hat in *Der verschwundene Kanzleirat* darüber geschrieben. Erst als die Hauptperson verhaftet und inhaftiert wird, ist sie glücklich.«

L. U.: »Ach, das kenne ich gut! So bin ich auch! Und du wirst bald verstehen, dass Bergman ganz genauso ist. Darum wollte ich nicht, dass du Key Largo siehst. Dort gibt es keine Begrenzungen. Aber ich habe dort einen wunderschönen kleinen Raum, mein Arbeitszimmer – mit Flickenteppichen und jeder Menge Bilder an den Wänden. Nur dort bin ich glücklich.«

K. B.: »›Glücklich, wer ein Zimmer besitzt‹, schreibt Jens Bjørneboe in *Stille*.«

L. U.: »In der 15 West 81st Street hatte ich ein rotes Zimmer. Dort haben wir gewohnt, als meine Tochter auf die Highschool und Universität ging.«

K. B.: »Und jetzt sitzen wir hier in diesem kleinen Raum, innerhalb dieser vier Wände, und reden …«

L. U.: »Ja, obwohl ich mit dem Bild hinter dir und diesen Farben niemals leben könnte.«

K. B.: »Dennoch ist es ein Raum.«

L. U.: »Es ist ein Raum. Ach, könnten wir doch nur in meinem kleinen Zimmer auf Key Largo sitzen!«

K. B.: »Du wolltest doch nicht, dass ich dorthin komme.«

L. U.: »Das wäre auch gar nicht gegangen. Donald wäre auch da gewesen.«

K. B.: »Dein früherer Ehemann und jetziger Partner. Versteht er dein Bedürfnis nicht, solch einen Raum zu besitzen?«

L. U.: »Nein, so ein Denken ist ihm fremd. Donald will immer *mehr* haben. Hat er erst mal ein Boot gekauft, muss rasch ein zweites her. Und hat er sich für ein Auto entschieden, werden es bald fünf sein. Er weiß nicht, was es heißt, sich zu beschränken und durch diese Beschränkung zu sich selbst finden zu können. Darüber müssen wir mehr reden! Das Zusammenleben kann ja kompliziert sein. Manchmal habe ich Lust, in diesem Raum zu schlafen, aber das darf ich nicht. Selbst wenn wir streiten, erlaubt er es mir nicht, weil er will, dass wir zumindest im selben Bett streiten.«

K. B.: »Aber er hat verstanden, dass du hier in deinem Appartement in Miami sein wolltest?«

L. U.: »Das hat er verstanden. Was du sagst, lässt mich an Virginia Woolf denken, du weißt schon, *A Room of One's Own*. Ein eigener kleiner Raum. Eine Art zu leben.«

K. B.: »Man denke an all die Verbrecher, die neue Verbrechen begehen, weil sie mit einem Leben außerhalb des Gefängnisses nicht klarkommen.«

L. U.: »Genau. Deshalb fehlt mir das Drehen manchmal – nicht als Regisseurin, denn als solche bist du ja immer in der Verantwortung, sondern als Schauspielerin. Weil es einen absolut verbindlichen Zeitplan gibt. Alles geschieht nach diesem Plan, und abends gehst du nach Hause und machst deine Hausaufgaben für den nächsten Tag.«

K. B.: »Deshalb willst du also, dass auch ich dir welche aufgebe?«

L. U.: »Ja, ich brauche diesen Rahmen. Dieses Wissen, dass ich für den nächsten Tag etwas zu lernen habe. So habe ich jahrelang gelebt. Mein Leben ist äußerst kontrolliert. Ich bin immer pünktlich. Das gibt mir eine enorme Sicherheit und Freude. Dagegen werde ich unsicher, wenn ich auf Menschen treffe, die unpünktlich sind oder tausend Dinge zur selben Zeit erledigen oder mich ansprechen, wenn ich eine Fernsehsendung anschaue. Bist du auch so?«

K. B.: »Ja, absolut. Aber was wollen wir mit unserem Verhalten eigentlich erreichen? Spielen wir Gott? Glaubst du, dass unterschwellig so etwas mitschwingt?«

L. U.: »Ja, vielleicht weil wir beide so harmoniesüchtig sind. Wir sind so sehr auf die Meinung anderer bedacht, wenn wir uns in Gesellschaft befinden. Aber in diesem Raum sind wir unter uns. Hier erobern wir die Kontrolle zurück, die uns im sozialen Leben fehlt, weil wir so viel Rücksicht nehmen.«

K. B.: »Der Kontrolle kann aber auch der Wunsch zugrundeliegen, das Alltägliche hinter sich zu lassen und mehr zu sein als ein vegetierendes Wesen.«

L. U.: »Da hast du völlig Recht.«

K. B.: »Auch weil wir spüren, dass Reflexionen und Kontrolle die Voraussetzung für unser persönliches Glück sind.«

L. U.: »Um ehrlich zu sein, bin ich eigentlich nur glücklich, wenn ich…«

K. B.: »Wenn du arbeitest.«

L. U.: »Ja, wenn ich arbeite.«

K. B.: »Das hast du mir schon einmal erzählt.«

L. U.: »Für einen flüchtigen Moment kann ich sehr glücklich mit einem Menschen sein, der mir etwas bedeutet. In der Liebe gibt es diese Momente. Doch nur wenn ich arbeite, bin ich vollkommen frei. Die Zeit vergeht, ohne dass ich irgendetwas anderes wahrnehme als meine Arbeit.«

K. B.: »In dieser Hinsicht scheint mir der Wunsch nach Kontrolle eine Überlebensstrategie zu sein. Ich denke an deine witzige Beschreibung, als du mit Ingmar Bergman in Rom warst und er jeden Tag im selben Restaurant essen wollte. Das erinnert mich an meinen früheren Plattenproduzenten. Wenn der in Oslo ist, geht er jeden Tag in dasselbe lausige Restaurant, das in der Nähe seines Hotels liegt, und isst seine Penne Arrabiata.«

L. U.: »Penne Arrabiata? Das beste Gericht, das ich kenne! Das könnte ich auch jeden Tag essen!«

K. B.: »Jetzt nähern wir uns wirklich deiner Zusammenarbeit und deiner Beziehung mit Ingmar Bergman. So vieles ist schon darüber geschrieben worden, manches aber auch nicht. Als Bibi Andersson, die mit Bergman zusammengelebt hatte, dich sah, dachte sie sofort: Sie wird größer als ich, ich hasse sie.«

L. U.: »Ich habe Bibi während der Dreharbeiten zu Hamsuns *Pan* kennen gelernt. Natürlich wusste ich um ihr Verhältnis zu Ingmar. Wir haben uns sofort angefreundet. Nacht für Nacht lag ich neben ihr und lauschte ihren Erzählungen über den ›dämonischen Regisseur‹.«

K. B.: »In vieler Hinsicht wart ihr euch ja sehr ähnlich, du und Bibi. Und dann hast du die Stumme in *Persona* gespielt und wurdest weltberühmt, indem du ›Au‹, ›Nein, lass das!‹ und ›Nichts!‹ sagtest.«

L. U.: »Ingmar war anders, als alle mir erzählt hatten. Ich hatte ihn 1964 während meines Stipendiums in Stockholm kennen gelernt. Er hatte bereits *Das Schweigen* gedreht, das für enorme Furore sorgte. Doch wir jungen Schauspieler begegneten ihm im Dramaten, seinem Theater, wo er ein Stück von Harry Martinson inszenierte. Wir durften in sein Büro kommen, doch niemand von uns hat gewagt, den Mund aufzumachen.«

K. B.: »Und wenige Tage später kam es zu dieser denkwürdigen Begegnung an einer Straßenecke in Stockholm?«

L. U.: »Ja.«

K. B.: »Du warst mit Bibi Andersson unterwegs, aber *dich* hat er permanent angeschaut. Dann hat er gefragt, ob du eine kleine Rolle in *Die Menschenfresser* übernehmen möchtest. Und du hast sofort zugesagt, obwohl der Mann zwanzig Jahre älter war als du und als dämonischer Regisseur bekannt.«

L. U.: »Nein, es gab keinen Zweifel in meiner Seele.«

K. B.: »Ein Jahr später lag Bergman plötzlich mit einer beidseitigen Lungenentzündung und Penicillinvergiftung in einem Stockholmer Krankenhaus.«

L. U.: »Ja. Damals bereiteten wir uns auf *Persona* vor. Bibi sollte die Krankenschwester spielen, die sich einer psychisch gestörten Frau annimmt. Es wurde ein großartiger Film. In vielerlei Hinsicht sehr traurig und düster. Nichts lässt ahnen, wie es uns während des Sommers auf Fårö erging.«

K. B.: »Wie erging es euch?«

L. U.: »Wir waren wie Kinder. Wir spielten. Und aus diesem Spiel ist *Persona* erwachsen. Ich war so jung und habe wohl nicht ganz verstanden, wovon der Film handelte. Doch ich benutzte meine Intuition, und Ingmar vertraute mir, saß da mit dem Zeigefinger an der Schläfe und seinem vagen Lächeln, während ich mich vorwärtstastete. An den Abenden spielten wir das Wahrheitsspiel. Das war Ingmars Erfindung, aber das wusste ich damals nicht. Denn wenn seine Karten aufgedeckt wurden, sagten sie immer: ›Ingmar, pass auf Liv auf.‹ Und wenn meine Karten aufgedeckt wurden, sagten sie: ›Liv, pass auf Ingmar auf.‹ Dann gingen wir spazieren: der Kameramann Sven Nykvist, Bibi, Ingmar und ich. Bibi verstand, was los war, und rief: ›Wer zuerst beim Stein da vorne ist!‹ Sven wusste zwar nicht, warum er plötzlich laufen sollte, tat es aber trotzdem. Ingmar und ich gingen hinter ihnen her und redeten. So hat alles angefangen.«

K. B.: »Und so bist du einfach geblieben, in seinen Filmen und in seinem Leben?«

L. U.: »Ich habe Ja gesagt, wurde ein Teil seines asketischen Lebens. Er baute ein Haus auf Fårö. Nach *Persona*. Er baute sogar eine Mauer, damit niemand zu uns hineinsehen konnte.«

K. B.: »Eine bemerkenswerte Maßnahme.«

L. U.: »Ich durfte nicht reisen, nur hin und wieder nach Hause. Das habe ich auch nie in Frage gestellt. Es gefiel mir nicht, aber so war es eben. Einmal sagte er mir: ›Heute Nacht habe ich geträumt, wie wären schmerzlich miteinander verbunden.‹ Und das waren wir. Ich durfte keinen Besuch empfangen, nur einmal von meiner Mutter und einmal von meiner besten norwegischen Freundin. Inzwischen hatten wir ein Kind zusammen. Dann kam der Film *Emigranten*, zu dessen Dreharbeiten ich meine Tochter mitnahm. Ingmar schickte mir einen Campingwagen und einen Aufpasser hinterher. Aber der Weltruhm kam erst, nachdem Ingmar und ich uns getrennt hatten.«

Aus *Livs Erlebnissen während der Osterwoche 1968*:

»Mit dem Privatflugzeug nach Fårø. Ein unglaublicher Luxus. Ingmar will es so. Ich habe mein Kind und meinen Hund Pet dabei. Mir ist warm, und ich bin erschöpft, weil das Kind und Pet unterhalten werden wollen. Ich komme direkt von den Dreharbeiten zu *An-Magritt*, die auf Røros stattfanden. Arne begleitet mich, so wie immer. Um mir zu helfen, sagt Ingmar. Um auf mich aufzupassen, denke ich.

Die letzte Stunde: Plötzlich schläft das Kind auf meinem Schoß ein. Mein Arm und mein Fuß werden ganz taub, weil ich etwas verdreht sitze, doch wage ich nicht, auch nur einen Finger zu rühren – sie schläft so ruhig, als wäre es das Natürlichste auf der Welt.«

K. B.: »Jetzt ging es nicht mehr allein um dich. Jetzt hattest du ein Kind.«

L. U.: »Ich wollte mich von Jappe scheiden lassen. Als ich von meiner Schwangerschaft erfuhr, waren Ingmar und ich in Schweden. Und ich dachte: Ich kann das nicht. Er ist mir zu schwierig. Wir befanden uns in einem Hotel. Ich weiß nicht, warum. Ich ging in die Lobby, rief Jappe an und erzählte ihm von der Schwangerschaft. Er wusste ja, dass ich ihn verlassen hatte, doch jetzt stand ich da und sagte: ›Ich bin schwanger und weiß nicht, was ich tun soll!‹ Doch Jappe sagte nur: ›Komm nach Hause. Ich werde der Papa sein.‹«

K. B.: »Doch Ingmar Bergman war außer sich vor Freude, habe ich gelesen. Er nannte das Kind ein Kind der Liebe.«

L. U.: »Das war es auch. Wir haben sie uns gewünscht. Ich wusste nur nicht, wo sie und ich leben sollten. Dann verließ ich Ingmar und fuhr nach Hause. Alle glaubten ja, dass Jappe und ich noch eine Beziehung hatten und verheiratet waren. Doch dann kam Ingmar nach Norwegen und redete mit Jappe. Er wollte mich haben.«

K. B.: »Er sprach mit Jappe? Nicht mit dir?«

L. U.: »Nein, er sprach mit Jappe.«

K. B.: »Was hat er ihm gesagt?«

L. U.: »Das weiß ich nicht, denn er fuhr nach Gaustad, wo Jappe arbeitete. Danach kamen sie beide zu mir nach Hause. Sie waren sich darin einig geworden, dass die Sache mit Jappe und mir keinen Zweck hatte. Und Ingmar war ... oh, mein Gott, ich muss ja vollkommen ...«

K. B.: »Und was Jappe und du beschlossen hattet, das war ...?«

L. U.: »Wir wollten miteinander verheiratet bleiben und erzählten es Jappes Mutter. Sie hatte im April 1940 ihren Mann verloren, voller Stolz allein ihre vier Jungen großgezogen und liebte ihre Schwiegertochter. Die Familie ging ihr über alles. Jappe und ich hatten uns vorgenommen, ihr einfach die Wahrheit zu sagen, doch wir waren nicht in der Lage dazu. Ich kann mich noch so gut daran erinnern, wie wir bei ihr auf dem Sofa saßen. Sie wusste natürlich nichts von meinem Verhältnis zu Ingmar. Als wir ihr sagten, dass ich ein Kind erwarten würde, fing sie an zu weinen. Sie war überglücklich. Denn zu diesem Zeitpunkt waren Jappe und ich schon seit fünf Jahren verheiratet. Sie hatte sich wohl schon Gedanken gemacht. ›Oh, wie schön!‹, sagte sie. Wir trauten uns nicht, irgendetwas zu entgegnen. Wir wollten sie nicht enttäuschen. In diesem Moment beschlossen wir, verheiratet zu bleiben. Es hielt ein paar Monate ...«

K. B.: »Was hat Ingmar Bergman dazu gesagt?«

L. U.: »Er rief mich an. Ich weinte. Ich sagte, nein, ich trau mich nicht. Ich kann nicht. Ich hatte vor allem eine schreckliche Angst.«

K. B.: »Und dann ist er zu dir gekommen?«

L. U.: »Ja. Und wenn ich mich recht erinnere – aber eigentlich kann das nicht sein –, fuhr er zuerst nach Gaustad. Die beiden wurden sich einig und kamen danach zu mir, um mir ihre Entscheidung mitzuteilen. Aber ich kann doch wirklich nicht so verrückt gewesen sein. Doch! Jetzt erinnere ich mich! Er war ja auch gewitzt. Er änderte das Drehbuch, an dem er gerade arbeitete, *Die Stunde des Wolfs*, und sagte: ›Jetzt habe ich eine Rolle für dich geschrieben, die du auch schwanger spielen kannst.‹«

K. B.: »Er hat das Drehbuch geändert?«

L.U.: »Ja, er hat es umgeschrieben. Der Künstler Johan Borg, gespielt von Max von Sydow, hatte plötzlich eine schwangere Frau – Alma. Er sucht die Wahrheit in der Kunst, kann sie jedoch nicht finden. Sie sucht die Liebe, aber die reicht nicht aus, um ihren Mann zu retten. Dann fuhr ich nach Schweden zu den Dreharbeiten von *Die Stunde des Wolfs*. Wir waren uns also einig geworden – Jappe, Ingmar und ich –, dass ich mit Ingmar zusammenleben würde und Jappe und ich unseren wirren Plan aufgaben, denn er war ja vollkommen irrsinnig.«

K. B.: »Wie habt ihr das Jappes Mutter beigebracht?«

L.U.: »Ich habe ihr einen Brief geschrieben und dachte, ich würde sie niemals wiedersehen. Ich habe sie wirklich so sehr geliebt. Sie war sehr altmodisch und sehr moralisch. Das war einer der Gründe, warum ich Jappe geheiratet habe. Bei meinen Besuchen habe ich vorher immer das Make-up entfernt. Auf der Hochzeit saß sie neben mir. Wie meine Mutter war sie ja verwitwet. Und dann habe ich ihr erklärt, warum ich Wimperntusche benutzte. Wie die Erklärung lautete, weiß ich nicht mehr. Ich schämte mich auf meiner eigenen Hochzeit, weil ich Wimperntusche trug. Wie meine Mutter hatte sie ihren Mann früh verloren. Jappe hatte sich damals wirklich bemerkenswert verhalten. Er war ja noch ein kleiner Junge, aber der älteste von vier Brüdern. Ich habe gehört, dass er damals Brot im Wald vergrub, damit sie im Notfall immer etwas zu essen hätten. Es bestand ein großer Zusammenhalt in der Familie, und ich war sehr froh, ein Teil von ihr zu sein. Sie war auf eine Art und Weise moralisch, die mir gefiel; ein bisschen so wie meine Tante Ruth. Es verging eine ganze Weile, bis ich einen Antwortbrief von ihr erhielt. Sie schrieb: ›Als Jappe dich geheiratet hat, habe ich eine Tochter bekommen. Und meine Tochter soll Kinder haben.‹ Später hing ein Foto meiner Tochter bei ihr an der Wand, neben den Bildern ihrer wirklichen Enkel. Jappes Tante, eine alte Jungfer, war ebenfalls sehr nett zu meiner Tochter. Wir waren die besten Freundinnen, worüber ich sehr glücklich war. Dabei habe ich mich so blamiert. Ich tat alles, was ich, die aus einer christlichen Familie kam, nicht hätte tun sollen. Den Brief von Jappes Mutter werde ich nie vergessen. Dann kam all das andere, die Zeit mit Ingmar, die ein großer Skandal wurde, es stand so viel in den Zeitungen …«

K. B.: »Was war denn daran so skandalös?«

L. U.: »Vergiss nicht, dass alles achtunddreißig Jahre her ist.«

K. B.: »Schon, aber trotzdem. Es war doch auch die Zeit der Emanzipation.«

L. U.: »Aber es gab damals niemand, der … man konnte zu dieser Zeit nicht einfach so zusammenleben. Man bekam auch kein Hotelzimmer, wenn man nicht verheiratet war.«

K. B.: »Ja, das stimmt. Zwei Jahre zuvor hatte ein Filmvorführer in Sognal seinen Job verloren, weil er *Blow Up* von Antonioni zurückgespult hatte, um noch einmal einen Blick auf die Brüste von Vanessa Redgrave zu erhaschen. Damals war die Tugend noch intakt.«

L. U.: »Also konnte auch mein Verhalten nicht akzeptiert werden.«

K. B.: »Doch obwohl du hochschwanger warst, ließ dich Bergman die Alma in *Die Stunde des Wolfs* spielen – einem Film über die Zeit zwischen Nacht und Morgengrauen, die Angst und Verzweiflung hervorruft.«

L. U.: »Ja, die Zeit des tiefsten Schlafs, in der die meisten Menschen sterben, in der Albträume entstehen und wir von Geistern und Dämonen beherrscht werden. Aber du darfst auch nicht vergessen, dass die Zeit des Wolfs diejenige ist, in der die meisten Kinder zur Welt kommen.«

K. B.: »Das Universum E.T.A. Hoffmanns. Man muss sich wirklich fragen, wie du das alles empfunden und durchgestanden hast.«

L. U.: »Ich habe mich von allen Männern und Regisseuren stets herumdirigieren lassen. Und ich bin es gründlich leid, herumdirigiert zu werden. Neulich sagte eine Freundin zu mir: ›Weißt du noch, dass Ingmar deine Kleider anfangs überhaupt nicht gefielen?‹ Er nahm mich mit zu einem Schneider, ich war erst fünfundzwanzig, und ließ zwei Kostüme für mich anfertigen.

Sie hatten die falschen Farben, doch ich traute mich nicht, Nein zu sagen. Ich sah einfach absurd darin aus, aber das wusste ich nicht, weil ich glaubte, dass Ingmar Recht hatte.«

K. B.: »Warst du wirklich so folgsam?«

L. U.: »Ja, aber vergiss nicht, dass ich auch wütend werden kann, obwohl ich so gutmütig aussehe. Wenn ich Nein sage, nehmen manche Leute das nicht ernst. Sie glauben, dass ich sehr nachgiebig bin, mich in große Affekte hineinsteigere und nicht meine, was ich sage, aber da irren sie sich. Auch Ingmar sagte und schrieb einmal über mich, dass ich ›wie aus einem Stück‹ gemacht sei. Doch nachdem wir zusammengezogen waren, begriff er, dass ich aus tausend Stücken bestehe, was ihn sicherlich überrascht hat. Auch er war nicht der fürsorgliche, gütige Vater, für den ich ihn gehalten habe. Wir lernten also neue Dinge voneinander, deshalb hatte unsere Beziehung keinen Bestand.«

K. B.: »Du warst noch so jung.«

L. U.: »Trotzdem glaube ich, dass Ingmar eine Fünfundzwanzigjährige gefunden hatte, die ihn verstand. Ich begriff, dass das, was ich im Film darstellte, nichts mit mir, sondern mit seinen Neurosen und Ängsten, mit seiner Lebenssicht zu tun hatte. Er hat vielleicht ein wenig biografisches Material von mir für *Szenen einer Ehe* verwendet, aber es ging nicht um mich. Die Frau im Film hat nichts mit mir zu tun. Ich greife in jeder Rolle auf mein Wissen und meine persönlichen Erfahrungen zurück, aber die Rollen sind nicht identisch mit mir. Es gibt Schauspieler, die sich hinter ihren Masken verstecken, und dann gibt es diejenigen, die sich ihrem eigenen Erfahrungsschatz öffnen und diesen in der Rolle sichtbar machen. Die können auch Dinge sagen, die ihnen eigentlich fremd sind, weil sie auf ihr Inneres hören.«

K. B.: »In Bergmans Filmen geht es zentral um die Vergangenheit. In *Persona* ist vieles schon geschehen, bevor das Drama beginnt – so wie bei Ibsen.«

L. U.: »Ja, *Persona* ist ein gutes Beispiel. Bibi hat nichts mit der Figur gemein, die sie spielt, doch sie haucht ihr Leben ein, weil sie alle inneren Kräfte mobilisiert, die ihr zur Verfügung stehen. Ich sollte eine reife Schauspielerin verkörpern, die verstummt ist, weil ihr die Sprache abhanden kam. Sie fand sie falsch und verlogen. Ich verstand meine Rolle nicht, doch eines war mir klar: Ich bin Ingmar. Ich benutzte das, was ich an ihm beobachtete und weder damals noch heute in Worte fassen kann. Erst als ich mit vierzig *Persona* wiedergesehen habe, begriff ich es, weil ich selbst an einen Punkt im Leben gelangt war, an dem man all den Worten, Erklärungen und falschen Zusammenhängen nicht mehr traut und deshalb lieber verstummen möchte. Den Mund schließen. Sich vor den Gefühlen abschotten. Wenn du tausend Mal ›Ich liebe dich!‹ gesagt hast, obwohl du nicht liebst, und wenn du weißt, was du als Schauspieler zu leisten imstande bist, obwohl du es in dir nicht spürst, dann kapselst du dich ab. Aber davon verstand ich damals noch nichts. Dass sich Ingmar von uns inspiriert fühlte, bedeutete nicht, dass er uns darstellen wollte, wie wir sind, sondern uns nutzte, um *seine* Lebensgeschichte zu verdeutlichen. Er hatte gesehen, wie sehr wir einander ähnelten und wie erstaunlich es war, dass zwei so grundverschiedene Menschen aus demselben Holz geschnitzt waren.«

K. B.: »Dann hast du deine Tochter zur Welt gebracht.«

L. U.: »Ja. Ingmar war in Schweden und stellte *Die Stunde des Wolfs* fertig, während ich nach Norwegen reiste, weil ich dort mein Kind bekommen wollte. Ich war vollkommen auf mich allein gestellt. Meine Schwester war in Trondheim. Auch sie stand kurz vor der Entbindung und bekam ihr Kind zwei Tage vor mir.«

K. B.: »Du hattest keinen Kontakt zu Jappes Familie?«

L. U.: »Nein, natürlich nicht. Ich wohnte aber in unserer früheren Wohnung, Drammensveien 91.«

K. B.: »Und hast das Kind ganz allein zur Welt gebracht?«

L. U.: »Ich habe ein Taxi zur Klinik genommen, ich glaube, es war das Aker-Krankenhaus. Ich bestellte ein Taxi, als ich spürte, dass es bald soweit sein würde. Ich weiß gar nicht, ob ich das meiner Tochter mal erzählt habe. Allein im Auto zu sitzen, war wirklich nicht leicht für mich. Auch meine Tochter berichtet hin und wieder von den Belastungen in ihrem Leben. Das verstehe ich. Aber Kinder wissen oft nichts von den Belastungen, denen ihre Eltern ausgesetzt sind. Und für mich war das wirklich eine harte Zeit. Diese einsame Taxifahrt zum Krankenhaus werde ich nie vergessen. Außerdem wagte ich nicht, mich dem Taxifahrer anzuvertrauen. Ich war so harmoniesüchtig und hatte Angst, er würde mich nicht fahren, wenn er die Umstände erführe. So war das. Dann brachte ich meine Tochter zur Welt und wurde in ein Doppelzimmer verlegt, und plötzlich kam Jappe in seinem weißen Kittel herein. Auch das werde ich nie vergessen. Ich liebe diesen Mann. Und ich dachte, er würde kein guter Vater sein! Wohl niemals habe ich einen besseren Vater und Großvater als Jappe erlebt. Meine Zimmergenossin dachte natürlich, Jappe sei mein Mann und der Vater des Kindes. Doch am nächsten Tag kam ein anderer Mann. Das war Ingmar. Er hatte ein Privatflugzeug von Stockholm nach Oslo genommen. Da bekam ich ein Einzelzimmer, weil es offenbar etwas verwirrend war, dass kurz nacheinander zwei verschiedene Väter erschienen. Doch die Nacht, in der ich meine Tochter zur Welt brachte, war die schönste Nacht meines Lebens. In dieser Situation konnte mich niemand mehr behelligen – weder Tante Ruth noch meine eigene Scham. Die Existenz meiner Tochter löste in mir eine unbändige Freude aus. Ich hielt mich viel auf dem Flur auf, weil man sein Kind damals nachts noch nicht bei sich behalten durfte. Ich schaute durch die Scheibe in den Säuglingsraum. Noch nie war ich so glücklich gewesen wie in diesem Moment. Vielleicht hat es mir also doch gefallen, dass ich allein war, obwohl ich stets traurig werde, wenn ich an die einsame Taxifahrt denke. Es gab nur mein Mädchen und mich. Um *uns beide* wollte ich mich kümmern. Vielleicht hätte ich alles besser bewältigt, wenn ich weiter allein geblieben wäre. Weißt du noch, wie wir vom eigenen Selbst gesprochen haben, dem Erfahren der eigenen Identität? In dieser Nacht auf dem Flur war ich ganz bei mir. Die Freude, die ich empfand, hatte nichts damit zu tun, dass sie aus meinem Bauch gekommen war. Sie hatte damit zu tun, dass meine kleine Tochter in meinem Leben existierte, unabhängig davon, woher sie gekommen war. Alles hatte sich auf einen Schlag verändert. Sie war ein Geschenk. Vielleicht habe ich als Mutter viele Fehler gemacht. Doch niemand kann mir die Gefühle dieser Nacht nehmen, und niemand kann in mein Herz hineinsehen und wissen, was ich für mein Kind empfinde.«

Pause. Ich gehe über die Straße zu meinem Hotel hinüber. Unter dem Arm trage ich neue Papiere. Erneut setze ich mich auf die Terrasse und spüre ihren Blick in meinem Rücken. Als wollte sie fragen: Erkennst du, wie ich *war*? Siehst du das junge Mädchen mit den großen naiven Gedanken vor dir, wie es zu Ostern 1968 auf Fårø umhergeht? Auch das bin ich. Du darfst ihr nicht böse sein. Aber begreifst du den Hintergrund dessen, was ich geschrieben habe?

Warum sollte ich ihr böse sein? Ich denke daran, was ihr ein Wahrsager einst prophezeit hatte: »Sie werden stets Probleme mit Männern haben. In Ihrem Liebesleben werden Sie immer große Konflikte austragen. Sie werden die Männer, denen Sie begegnen, verherrlichen. Sie werden sie nie so sehen, wie sie wirklich sind, sondern so, wie Sie sie sehen möchten.«

Nächstes Mal wollen wir über ihr Zusammenleben mit Ingmar Bergman sprechen. Sie kokettiert damit, am Tag seines Todes die Wahrheit schreiben zu wollen. Das lässt mich daran denken, dass ich sie fragen muss, was sie bei seinem Tod wohl empfinden würde, sofern sie ihn erlebte. Denn einerseits hat Bergman so viel Großes und Befreiendes in ihrem Leben ermöglicht, andererseits hat er sie aber auch behindert und eingeengt.

Liv lädt mich in ihre eigene Jugend ein. Ein Ringhefter mit karierten Din-A-4-Blättern. Betitelt mit dicker schwarzer Tinte: *Livs Erlebnisse während der Osterwoche 1968.* Ein so genannter Collegeblock in hellroter Farbe mit dünnen weißen Streifen. Und ein rotes ausgemaltes Herz mit Trauerrand. Als könnte ich für eine kurze Zeit in diesem Tagebuch leben, gemeinsam mit ihr und den Menschen, die sie liebt.

Ich betrachte die Wolkenkratzer hinter South Beach. Die Szenerie hat nichts mit dem Norden gemein, schon gar nicht mit Fårö. Doch mit Livs Stimme im Kopf und ihrer Schrift auf dem Papier wird Fårö lebendig, während die Surfer in der Grand Bay im Nebel verschwinden.

Aus *Livs Tagebuch während der Osterwoche 1968*:

»Samstag: Ingmar hat mich gebeten, dieses Tagebuch zu führen – und ihm zu geben, wenn ich auf Reisen bin. Es ist Frühling und Sonne und vielversprechend. Dort steht das Haus, und auf dem Weg steht Ingmar und wartet auf uns. Ein wenig verlegen und ein wenig ängstlich. Wie hat er sich das vorgestellt?

Vielleicht fühlt er so wie ich, ist voller Hoffnung und doch beklommen.

Es wird Abend. Mein kleines Mädchen schläft – Pet, unser Hund, fühlt sich wie zu Hause. Ingmar fährt Siri heim. Ich fühle mich wohl, bin glücklich.

TV. Martin Luther King ermordet. Die Welt kommt einem bedrohlich vor… Es gibt heutzutage so wenige große Menschen… wer hinausgehen und Mitmensch sein könnte.

Wenn Ingmar wollte, könnte er Menschen für eine gute Sache gewinnen, aber es gibt so vieles, das ihn daran hindert. So viele persönliche Anforderungen an das Leben. Doch er kann die Menschen durch seine Kunst erreichen, denn auch in Filmen kann man sie direkt ansprechen. Einen warmherzigen, trostspendenden Film drehen. Er ist so gütig, trägt so vieles in sich. Dann legen wir uns hin, und ich fühle eine große, lange Freude… Wir küssen uns, es ist Schlagerfinale, wir vergessen den Rassenkrieg und sehen uns irgendeinen Blödsinn an und haben ein gutes Gefühl in Bauch und Kopf. Dann ist plötzlich Nacht, und ich falle sofort in Schlaf.«

L.U.: »Gestern hast du darüber gesprochen, dass man im Leben bewusste Entscheidungen trifft, Ketil. Eigentlich habe ich keine Entscheidungen getroffen. Das Leben hat so enorm viel für mich ausgewählt – und sich eigentlich für einen ganz anderen

Weg entschieden, als ich dachte. Ich war davon ausgegangen, dass ich denselben Weg wie Kristina – nicht Kristin Lavransdatter, sondern Kristina Johansdotter – nehmen würde.«

K. B.: »Kristina aus *Emigranten* und *Das neue Land*?«

L.U.: »Ja.«

K. B.: »Erinnerst du dich, dass ich dich gestern, gleich zu Beginn unseres Gesprächs, fragte, ob es mal einen Punkt in deinem Leben gab, einen künstlerischen Punkt, an dem alles stimmte, an dem alles gut und richtig erschien, sodass du womöglich dachtest: Jetzt soll es genügen, nun kann ich sterben? So wie Henrik Ibsen einst dachte, er wolle noch einmal etwas Außerordentliches leisten und sich dann auf den Tod vorbereiten?«

L.U.: »Natürlich, und ich habe geantwortet: ›Ja, und zwar nachdem ich die Kristina in *Emigranten* gespielt hatte. Vilhelm Moberg sagte damals zu mir: ›Du spielst Kristina nicht. Du bist Kristina.‹ Und es gab wirklich Tage, an denen ich Kristina nicht spielte, sondern eins war mit ihr, wo ich alles verkörperte, wofür sie stand und was sie sich wünschte im Leben: ein liebevolles Zusammenleben, Fürsorge für ihre Familie. Damals spürte ich zum ersten Mal, dass meine Entscheidung, Schauspielerin zu werden, vielleicht richtig gewesen war. Aber dann müssen wir auch über *Sophie* sprechen, denn während ich an *Sophie* arbeitete, spürte ich plötzlich: Ich kann ja tatsächlich ein Drehbuch schreiben! Ich bin wirklich in der Lage dazu! Dann wurde ich gebeten, die Regie zu übernehmen, und machte erneut die Erfahrung, dass ich das Leben einer Frau schildern konnte, die ganz anders war als ich. Jetzt kommen mir gleich die Tränen. Denn das sind ja die Frauen, die mir zeigten, was *nicht* aus mir wurde, obwohl ich sie vielleicht in mir trage und das auch der Grund ist, warum es mir heute so gut geht und warum ich langsam zur Ruhe komme – gleichgültig, was um mich herum geschieht, gleichgültig, was andere Menschen meiner Meinung nach von mir verlangen. Dass die Kristina und die Sophie in mir auf ihre Weise weiterleben dürfen.«

Aus *Livs Tagebuch während der Osterwoche 1968*:

»Sonntag: Lange geschlafen – wie wunderbar. Essen im Bett... lesen... und wieder einschlafen. Als hätte mein Körper nie zuvor geschlafen – er saugt Ruhe und Erholung auf wie ein durstiges Kamel das Wasser in der Wüste. Wie eine weiche Welle werde ich umhergehen, ohne von irgendjemand aufgehalten oder dirigiert zu werden. Darum habe ich Angst, wenn Ingmar mich zurechtweist; wenn er das, was ich tue, infragestellt. Lasst mich in Frieden – und spüren, dass ich allein über diesen Körper bestimme. Niemand soll mich mehr herumdirigieren, weder meine Mutter noch irgendwelche Männer oder meine törichte Rücksichtnahme auf die Meinung anderer Leute. Lasst mich ein freies Leben führen, und ich werde zu Ingmar kommen – mit all meiner überfließenden Wärme und aller Freude der Welt. Nur mein Streben nach Unabhängigkeit dürft ihr nicht verletzen – denn dann werde ich auf alles reduziert, was ich nicht sein will. Wir sitzen und reden. Das heißt, ich rede – über meinen Film (*An-Magritt*), über Kollegen und Regisseure. Ingmar tut so, als höre er zu, doch ich weiß genau, dass er in einer anderen Welt lebt, derjenigen, die er gerade in seinem neuen Drehbuch erschafft und nach der ich mich nicht erkundigen darf, weil sie ihm allein gehört. Also spreche ich weiter von meinen Dingen, und er scheint wirklich zuzuhören – das ist vielleicht das Wichtigste, wenn das, was ich zu sagen haben, schon unwichtig ist.

Später spiele ich ein wenig mit meiner Tochter, und Ingmar widmet sich seinem Drehbuch. Doch dann ist er plötzlich wieder da und will fernsehen. Er schnurrt wie eine Katze, ist gesellig und ausgelassen. Will Nähe und Liebe geben – mit Händen voller Wärme und Wünsche.

Unsere Tochter war so froh, als du zu uns kamst. Das Fernsehtheater, das wir sehen wollten, wurde von einem kleinen Menschen gestört, der einen Stuhl herumträgt und überall sitzen will – dir zeigen will, dass sie lebt, dass sie existiert. Das ist Papa! – ihre Entdeckung. Jetzt existierst du als gute, sichere Erfahrung in ihr – eine Erfahrung, die sie vielleicht immer wieder machen wird. Das ist mein Papa! In dieser Welt existierst du, Ingmar. Mehr, als wenn du auf dich allein gestellt bist. In der Welt deiner Tochter bist du der wichtigste Begriff – du bist ihr Papa. Und sie fragt nicht nach dir, nach deinen Gefühlen, deinen Ängsten – sie fragt nach Papa, nach dem, was Papa repräsentiert und nur er repräsentieren kann. Auch du könntest durch sie neue Erfahrungen machen. Und denke nicht daran, dass es dich aufregen oder dir ein schlechtes Gewissen bereiten könnte – all diese Dinge. Sie fragt nicht danach. Sie will nur deine Hand, deine Wärme, dein Lächeln. Damit sie weiß, dass es dich gibt – dass sie zu dir kommen kann, wenn sie dich braucht –, auch wenn du nicht mit ihr zusammenlebst. Vielleicht hat man Kinder gerade deswegen – um zu lernen und sich Dinge abzugewöhnen. Ich weiß es nicht. Es ist eine Chance, die eigene Schale zu durchbrechen. Zu erfahren, dass die Welt, die dich umgibt, lebt und atmet. Dass sich niemand um dich kümmert – und du doch gebraucht wirst. Ich wünschte, ich hätte mehr über Martin Luther King gelesen. Ich nahm zur Kenntnis, dass er ein Idealist war. Warum habe ich keine Möglichkeit gesehen, mich selbst zu engagieren? Wo sind all die Pubertätsträume von einem guten Menschen geblieben? Ich befinde mich in einer Welt voller Not und Bedürfnisse und sitze hier auf Fårö und versuche mich an guten Gedanken, ohne etwas Praktisches zu unternehmen.

Am Nachmittag unternehmen wir eine lange Autofahrt, um Zeitungen zu kaufen, und am Abend begraben wir uns in Fernsehen und Zeitschriften. Ein wenig Platz für gegenseitige Hingabe bleibt auch noch. Heute muss es ein Herz mit einem Lächeln sein. Denn es war nicht gerade die große Leidenschaft, die große Zärtlichkeit. Doch alles war sanft und weich und friedlich. Danke für einen guten Tag.«

K. B.: »Du wolltest von Rom erzählen.«

L. U.: »Ja, Rom… dort waren wir drei Wochen lang. Etwas musst du wissen über Bergman. Man liest nicht einfach seine Texte und fragt hinterher: ›Was meinst du damit?‹ Man liest seine Texte und versucht, sie so gut wie möglich zu verstehen. Er fragt seine Schauspieler niemals: ›Möchtest du auf diesem oder jenem Stuhl sitzen? Willst du hierhin oder dorthin gehen? Ist das in Ordnung für dich?‹ Er sagt: ›Du sitzt da, und dort gehst du hin!‹ Doch weil er ein großartiger Regisseur ist, merkt er sofort, wenn eine Regieanweisung nicht funktioniert, und gibt niemals den Schauspielern die Schuld daran. Wenn er spürt, dass eine Regieanweisung falsch ist, ändert er sie sofort. Aber er würde niemals sagen: ›Oh, mein Gott, ich habe euch da wirklich eine falsche Regieanweisung gegeben!‹ und die Schuld auf sich nehmen, so wie ich es tue. Er würde sagen: ›Ach, nein, du solltest lieber stehen bleiben. Ich will, dass du dich so hinstellst!« Er sagt den Schauspielern nie, welche Gedanken seinen Entscheidungen zugrundeliegen. Und das ist auch gut so. Ich will mir auch nicht immer all die Reflexionen anhören. Ich will eine klare Anweisung bekommen. Oder wie ich zu dir gesagt habe: Gib mir Hausaufgaben! Doch Ingmar stellt seine Schauspieler nie bloß. Er ist ein phantastischer Zuschauer. Er sitzt neben der Kamera. Bei *Sarabande* war das nicht möglich, weil dieser Film digital und technisch anders produziert wurde. Er gibt dir eine Szene, sagt jedoch nie, was du dabei denken sollst. Er sagt auch nie, was eine Szene zum Ausdruck bringen soll. Wenn ihn Elliot Gould und diese Amerikaner, mit denen er manchmal gedreht hat, nach dem Sinn fragen, wird er nervös. Er will nichts erklären. Er meint, alles stehe im Drehbuch, und jeder solle daraus seine eigenen Schlüsse ziehen.«

K. B.: »Seine Autorität entsteht also vor allem durch seine Kunst? So beschreibst du ihn zumindest in deinen Büchern: Der unsichere Mann in New York. Derjenige, der in Rom drei Wochen lang Tag für Tag dasselbe Gericht isst.«

L. U.: »Ja, drei Wochen in ein und demselben Restaurant. Und ich werde nie vergessen, wie ich nach einem Restaurantbesuch fragte: ›Oh, können wir nicht in diese Bar gehen und einen Orangensaft trinken?‹ Für mich war das eine große Sache, denn in Norwegen bekam man damals keinen frisch gepressten Orangensaft.«

K. B.: »Und er blieb in der Tür stehen?«

L. U.: »Er stand in der Tür und machte ein finsteres Gesicht. Und ich dachte: Oh, mein Gott, immer diese Kontrolle. Wie schrecklich. Aber ich begriff auch, dass mir sein finsteres Gesicht sagen wollte: Jetzt ist mein Plan zum Teufel. Ingmar ist nur dann glücklich, wenn alles nach seinem Plan geht, und seine Pläne kann man nicht ändern. Das konnte man noch nie. Und du ahnst ja nicht, wer uns alles treffen wollte. Keine bekannte Persönlichkeit in Italien, die sich nicht gemeldet hätte. Alberto Moravia, Antonioni… Ich wundere mich eigentlich, dass der Papst sich nicht auch gemeldet hat. Seit meiner Jugend in Trondheim hatte ich eine Schwäche für italienische Filme. Deswegen war es auch so aufregend für mich, nach Italien zu gehen. Doch das Italien oder das Rom, das ich sehen wollte, bekam ich nicht zu sehen, weil wir voll und ganz nach Ingmars Plan lebten.«

K. B.: »Warum seid ihr überhaupt dorthin gefahren? Wolltet ihr einfach Urlaub machen?«

L. U.: »Nein.«

K. B.: »Irgendwelche Filmfestspiele?«

L. U.: »Nein. Es ist ein schmerzliches Thema, zu dem ich mich noch nie geäußert habe. Unsere Tochter war damals drei Monate alt. Und Ingmar sagte: ›Du kannst sie nicht weiter stillen. Deshalb müssen wir verreisen.‹ Und wenn man davon redet, dass man manchmal keine Wahl hat oder nicht weiß, dass man eigentlich wählen könnte, oder nicht begreift, dass eine Wahl falsch war, dann hat das mit meiner damaligen Situation zu tun. Ingmar war der Papa. Ingmar entschied. Und er sagte: ›Hör auf zu stillen.‹«

K. B.: »Warum hat er das gesagt?«

L. U.: »Ich weiß nicht. Vielleicht war er eifersüchtig. Jedenfalls sagte er: ›Wir werden nach Italien fahren. Es ist wichtig für mich. Ich will mit Fellini über einen Film diskutieren, und wir müssen zusammen fahren.‹ Ich ließ also mein Kind zurück, als es drei Monate alt war. Für fast drei Wochen! Und als ich mit meiner Tochter sechs, sieben Jahre später in Rom war, da wollte ich ihr erzählen, dass ich mit Papa schon einmal dort gewesen war, kurz nach ihrer Geburt, dass wir die Peterskirche und das Forum Romanum besucht und auf jenem Stein gesessen und von ihr gesprochen hätten. Da hielt ich mich immer noch für eine gute Mutter, weil wir doch an sie gedacht und von ihr geredet hatten. Ich habe das damals noch nicht so klar gesehen wie heute. Doch meine Tochter sagte bloß: ›Ja, ja, seitdem haben bestimmt viele Popos hier gesessen.‹ Diese Geschichte habe ich jahrelang zum Besten gegeben. Sie steht auch in *Wandlungen*, aber dort steht nicht, was ich jetzt sage: dass es keine treusorgende Mama war, die auf dem Stein saß und mit ihrer Tochter geredet hat, denn eine treusorgende Mama wäre zu Hause geblieben.«

K. B.: »Habt ihr später einmal darüber gesprochen?«

L. U.: »Nein, obwohl es schon möglich ist, dass ich die Sache vor vielen Jahren in einem langen Brief erwähnt habe, den ich ihr schrieb, weil ich das Gefühl hatte, ihr gegenüber Fehler gemacht zu haben.«

K. B.: »Wolltest du Ingmar Bergman heiraten? War die Ehe dir wichtig?«

L. U.: »Nein. Was habe ich damals gesucht? Ich war ja siebenundzwanzig und mit diesem weltberühmten Genie auf Reisen, und alle, wirklich alle, waren um uns herum. John Houston, Moravia, Fellini … Doch Ingmar vertrug das soziale Leben nicht. Jeden Abend waren wir zu großen Gesellschaften eingeladen, doch Ingmar hat stets abgelehnt. Ich kann mich an einen bekannten Produzenten erinnern. Er wollte Ingmar unbedingt treffen und lud uns zum Essen ein. Ingmar nahm die Einladung unter der Bedingung an, dass außer dem Produzenten und seiner hübschen Frau keine weiteren Menschen anwesend sein würden. Als die Tür sich öffnete, sahen wir zwanzig, dreißig Gäste an einer festlich gedeckten Tafel sitzen. Da tat Ingmar das, wozu ich selbst nie in der Lage gewesen wäre. Er blieb in der Tür stehen, verbeugte sich kurz, machte auf dem Absatz kehrt und verließ mit mir die Gesellschaft. Heute bewundere ich ihn dafür. Denn ich weiß, wie oft ich selbst so empfunden habe und trotzdem geblieben bin. Es war schon manchmal eine Qual. Etwas stirbt in mir während solcher Essen.«

K. B.: »Dabei hast du dich in der Öffentlichkeit durchaus bemerkbar gemacht. Hast du dem Kinochef in Kristiansand nicht mal ein Glas Wein über den Kopf gegossen?«

L. U.: »Ja, kann schon sein. Solche Episoden gab es viele. Als ich noch Wein trank und so weiter, konnte mein Verhalten schon ein wenig theatralisch sein. Da gab es mal einen bekannten englischen Journalisten, der sich offenbar in mich verguckt hatte. Ich fand das eigentlich ziemlich komisch, weil er auf eine so sonderbare Art mit mir flirtete, während wir das Interview machten. Schließlich schnitt ich ihm einfach den Schlips ab, um seinem zudringlichen Verhalten einen Riegel vorzuschieben.«

K. B.: »Aber die Situation, als Ingmar der Gesellschaft in Rom einfach den Rücken kehrte, muss doch unerträglich für dich gewesen sein – bei deiner Höflichkeit und deinem Verantwortungsgefühl.«

L. U.: »Ja, der gedeckte Tisch, die Kerzen, die Kellner und all die erwartungsvollen Gäste, die eine halbe Stunde zuvor gekommen waren … Es war schrecklich. Ich weiß noch, dass ich zu lachen anfing.«

K. B.: »Lag es an Bergmans Dominanz, dass du die Ehe nicht für wichtig hieltst, obwohl du immer noch deine Tante zufriedenstellen und allen bürgerlichen Moralvorstellungen entsprechen wolltest?«

L. U.: »Ich weiß es nicht. Aber ich hatte Gott ja schon früher einmal versprochen, dass ich mit einem Menschen zusammenleben würde. Dieses Verspechen konnte ich nicht wiederholen. Ich hatte bereits eine Ehe hinter mir, und Ingmar war sogar schon mehrfach verheiratet gewesen.«

K. B.: »Und später hat er dann Ingrid geheiratet.«

L. U.: »Ja, aber ich vermute, dass es vor allem ihr Wunsch gewesen ist. Ingrid war vollkommen anders als ich, sehr bürgerlich. Sie hatte genauso feste Vorstellungen wie Ingmar. Nicht in künstlerischer Hinsicht, denn sie war nicht künstlerisch veranlagt, aber was ihre Lebensführung betraf. Wie sie sich verhalten sollte. Das passte zu Ingmar, denn auch er stammt aus einem sehr bürgerlichen Elternhaus. Ich weiß, dass er das Bürgerliche an Ingrid bewunderte. Denn immer wenn ein Film entstand und eine schöne Tafel gedeckt werden sollte, sagte er: ›Dabei muss Ingrid uns helfen.‹ «

Aus *Livs Tagebuch während der Osterwoche 1968:*

»Montag: Wieder lange geschlafen. Siri kommt mit dem Frühstück. Mit ein bisschen Salz auf der Gurke wäre alles perfekt gewesen. Ingmar bleibt morgens lange im Bett … Vielleicht will er nur das Schreiben noch ein wenig hinauszögern. Es ist sicherlich schwierig, neue Figuren zum Leben zu erwecken. Später kam er herein und sagte, dass *sie* Anna Maria heißen solle. Vermutlich meine Rolle. Er ist sehr froh darüber. Ich glaube, etwas anderes machte ihm noch zu schaffen, doch ich weiß nicht, was. Ein Schaumbad in aller Eile. Er kam wieder herein und meinte, wir sollten nach Visby fahren und eine große Bettdecke für unsere Tochter kaufen. Eine so große Decke, dass man sich keine Gedanken machen müsse, ob ein kleiner Fuß oder ein nackter Bauch herausschaue.

Schöne Autofahrt. Worüber haben wir geredet? Ich weiß nur noch, dass ich mir vorgenommen hatte, darüber zu schreiben. Es ging wohl auch um die Kritiken zu *Die Stunde des Wolfs* – wir hatten sie bei der Post abgeholt. Aber da war noch mehr. Wir sprachen über Treue – ich lebe immer noch mit dem unguten Gefühl, dass mir einiges in Ingmars Leben unbekannt ist. Doch er leistet keine Treueschwüre. Und ich fürchte, dass irgendwann etwas bekannt werden könnte, das neu für mich ist, ein Verrat. Auf der Fahrt nach Visby sagte ich, dass ich ihn sofort verlassen würde, wenn er mir jemals untreu wäre. Denn das wäre eine Kränkung, von der ich mich nie wieder erholen würde. Lieber Gott, lass ihn verstehen, dass er niemals ein doppeltes Spiel mit mir treiben darf, lass ihn das verstehen.

Wir kamen nach Visby, und dieser liebenswerte Mann geht in eine Parfümerie, ohne dass ich es merke, und kauft ein Schaumbad für mich. Wie sehr ich mich darüber gefreut habe! Ich hätte dir meine Freude so gerne gezeigt, aber du hättest das bloß übertrieben gefunden – wegen eines Schaumbads! Dabei weiß ich doch, was für ein großer Schritt es für dich ist, eine Parfümerie zu betreten und mir etwas zu kaufen. Dann haben wir Möbel für mein Arbeitszimmer gekauft – es wird wunderschön werden. Und Ingmar hat genau den richtigen Stuhl ausgesucht – ich spüre, dass er in dieser Frage einen besseren Geschmack hat als ich. Die Heimfahrt verging wie im Flug...

... und wir kamen zu einer glücklichen Siri nach Hause, die unser Kind fütterte. Unser Kind sei fast vom Stuhl gefallen und habe dies und jenes getan, erzählt Siri, und sie selbst habe an einer Stelle die Arbeitsplatte versengt... In Siris Augen ist ein neuer Glanz getreten, sie ist so gut und warmherzig. Ingmar will jetzt jeden Tag mit uns das Abendgebet sprechen. Unser kleines Mädchen kann schon fast die Hände falten. Es ist so bewegend, wenn ihre kleinen, weichen Finger sich umeinanderschlingen wollen. Mein kleines Kind, das bald zu groß für sein Bett sein wird. Es geht so schnell. Bald werde ich dreißig, irgendwann vierzig sein, und die Möglichkeiten zur persönlichen Entwicklung werden immer geringer. Ich habe so wenig Zeit und möchte so gerne ein *richtiger* Mensch werden.

Manchmal frage ich mich, Ingmar, warum du willst, dass ich aufschreibe, wie ich die Tage erlebe. Aber dann bin ich wieder sicher, dass es eine spontane Idee von dir war und du mich jetzt nicht verletzen willst, indem du sagst, dass du mein Tagebuch nicht brauchst. Du bekommst es sowieso, nachdem ich abgereist bin...«

Ich sitze in der Bar des Ritz Carlton. Wir machen Pause. Diesmal habe ich sie an der Nase herumgeführt. Ich bin nicht über die Straße zu meinem Hotel gegangen. Sie kann nicht im 18. Stock stehen und zu mir hinunterblicken. Vielleicht bin ich bloß eingebildet. Warum sollte sie zu mir hinunterblicken? Was ist das für eine jämmerliche Bergman-Kopie, die sich da in meinem Kopf zusammenbraut? In Liv Ullmanns Nähe kann man tatsächlich eingebildet werden, weil sie alle Menschen ernstnimmt. Ich habe das schon früher erlebt und werde es später noch erleben. Sie bleibt stehen und lauscht zufälligen Passanten. Sie ist so interessiert, dass du dir wie der wichtigste Mensch auf Erden vorkommst. Doch wie lange hält ihr Interesse an? Gleich um die Ecke steht ein neuer Mensch. Dennoch: Sie hat mir das Tagebuch gegeben, mich gebeten, es zu lesen, skeptisch zu sein. Wieder muss ich fragen, wozu die Skepsis gut sein soll. Worauf gründet sich diese Ambivalenz?

Aus *Livs Tagebuch während der Osterwoche 1968*:

»Dienstag. Heute kam der erste Dämon. Ist es Eifersucht oder Hass, oder was ist es? Ich fand ein Foto einer seiner früheren Frauen. Es steckte in einem Bücherregal – in dem Haus, das eigentlich mein Zuhause sein sollte. Sie steht für alles, was mir Angst macht und die Welt zu einem unsicheren Ort. Sie gehört nicht zu meiner Vergangenheit, und ich will auch nicht, dass sie ein Teil meiner Gegenwart wird. Aber ich rede zu viel. Über meine Unruhe. Wenn ich doch nur lernen könnte zu schweigen.

Siri und ich haben Kaffee bei Rosa getrunken. Rosa war neugierig und wollte alles über die Taufe wissen – warum müssen die Leute ihre Nase immer in alles stecken? Ob sie Ingmar jemals nach so etwas fragen? Manchmal fühle ich mich so allein, verteidige Standpunkte, die eigentlich nicht die meinen sind, sehe einer Zukunft entgegen, von der ich hoffe, es werde sich schon alles zum Besseren wenden. Was soll sich zum Besseren wenden? Ich würde unsere Tochter so gerne taufen lassen, doch Ingmar sagt, dass wir warten müssen, bis sein Vater es tut. Und das wird niemals geschehen. Habe ich es nicht gut, besser als die meisten? Doch, das habe ich. Nur die Ruhe fehlt, die Sicherheit, ganz ich selbst sein zu können und Fehler machen zu dürfen. Unbefangen von meiner Zukunft sprechen zu können.

Als Ingmar und ich im Wald spazieren gingen, begann es zu schneien. Pet war ständig verschwunden, und es war ein wenig kalt. Doch Ingmar und mir ging es gut. Zu Hause gab es ein leckeres Essen, und wir saßen fast drei Stunden vor dem Fernseher, während Pet auf meinem Schoß lag.

Im Bett lagen Ingmar und ich auf dem Bauch und sprachen von meinem Dämon. Inzwischen hatte er ein lächerliches Äußeres, mit langer, runder Nase und kleinen Schweinsäuglein. Er soll in einem roten Herzen sitzen und selbst rot sein, denn das ist die größte Schmach für einen Dämon.

Mittwoch… Meine Tochter wachte vor sieben auf, saß im Bett und rief nach mir – ihre Beine hatten sich in den Gitterstäben verfangen. Ich komme zu ihr herein, ein wenig müde, weil mein Bett so warm und gemütlich war. Aber sie freut sich, als ich komme. Und ich bin so unendlich glücklich, ich wasche und wickle sie, wir frühstücken zusammen und reden – fast war es schade, als Siri kam. Aber schön, noch mal ins Bett springen zu können, sich in Ingmars Arm zu legen und ein bisschen weiterzuschlafen. Dann lese ich in *Emigranten,* die mir sehr nahegehen – nicht mit dem scheußlichen Gefühl vergleichbar, das sich einstellt, wenn man den Vormittag über in dämlichen Zeitschriften geblättert hat. Schönes Bad genommen, im Waschraum Wäsche gewaschen, was ebenfalls Spaß gemacht hat. Mit meiner Tochter gespielt, dann wieder gelesen. Eine Zeit lang war es etwas langweilig, aber das ist schließlich in allen Ferien so. Ingmar und ich gehen auf gastronomische Jagd. Ich kaufte jede Menge leckeres Essen, denn inzwischen koche ich jeden Tag selbst. Im Auto schien Ingmar schlechter Laune zu sein, und das war er auch – weil er böse wurde, als ich das sagte. Wir hatten über Krankheiten geredet und danach all seine Ehen diskutiert. Die Stimmung war bestens, bis er sich plötzlich vollkommen einigelte – ich glaube, heute steckt ein kleiner Dämon in ihm. Doch plötzlich ist er wieder der Alte und lächelt, und ich wähle meine Worte aus Dankbarkeit mit Bedacht. Wir kaufen ein, kehren vollbeladen nach Hause zurück. Haben ein wunderbares Abendessen, ehe wir unserem Kind noch etwas vorsingen. Dann ist Fernsehzeit, wir plaudern ein wenig, sind etwas besorgt über die Gesundheit unserer Tochter. Dann gehen wir ins Bett. Woran mein Ingmar wirklich denkt, während er neben mir liegt und von ganz anderen Dingen redet, das weiß ich nicht. Doch plötzlich ist es nicht mehr kompliziert ... Wenn du einsam bist, liebster Ingmar, dann ist hier meine Hand. Es muss nicht unbedingt meine Hand sein, doch irgendeine geöffnete Hand muss sich immer in deiner Nähe befinden, sonst kannst du nicht leben, sondern stirbst innerlich. Das weiß ich, denn ich bin genauso. Ich glaube aber, dass du noch viel mehr so bist.

Donnerstag. Ingmar hat in der Nacht nicht geschlafen. Er lag wach und horchte auf seine Tochter. Einmal stand er auf und legte sie im Bett zurecht. Er hatte Angst, weil sie so rot im Gesicht war. Ingmar weiß nicht, dass ein gesunder Schlaf rosige Wangen erzeugt, den Körper warm und feucht hält. Ich bleibe länger im Bett als je zuvor. Lese *Neue Heimat in fernem Land* – was für ein wunderbarer Schriftsteller Moberg doch ist. Wenn ich mit diesem Roman fertig bin, will ich alles lesen, was er geschrieben hat, und mit *Dein Augenblick* anfangen. Wie beglückend, einem richtigen Menschen zu begegnen, einem Dichter. Und wie glücklich diejenigen sind, die schreiben können – welch phantastische Möglichkeit, Menschen nahezukommen. Wenn ich nur wüsste, wie ich anfangen könnte und was ich erzählen will, dann würde ich es auch tun. Jedenfalls will ich es einmal versuchen – allein schon deshalb, um nicht als alte Frau ewig an mein ungeschriebenes Buch denken und meinen kleinen Bekanntenkreis damit langweilen zu müssen. Wenn ich es wirklich versuche und es geht nicht, dann überrascht mich das nicht, aber ich habe es wenigstens versucht ...

Ingmar hat den ganzen Tag das Grammophon laufen lassen, aus seinem Arbeitszimmer erklang leise Musik, geschrieben hat er vermutlich nichts. Schon am Vormittag habe ich mit den Vorbereitungen für unser Abendessen angefangen – dass Kochen so viel Spaß machen kann! So viele Erwartungen, so viel Schaffensfreude. Natürlich verlor ich meine gute Laune sofort, als Ingmar ins Wohnzimmer kam, einen üblen Geruch konstatierte und mich fragte, ob ich was dagegen hätte, wenn er sich ein Kotelett kaufe. Und ich? Warum soll ich mir immer die Laune verderben lassen? Ist es denn so wichtig, was Ingmar von dieser einen Mahlzeit hält – da es dir vor allem darum geht, ein ›Mitmensch‹ zu werden? Ist es leichter, Liv die Laune zu verderben, als sie zu erfreuen? Ja, das glaube ich. Manchmal bilde ich mir sogar ein, dass die Trauer ihr Freude bereitet – dass sie gleichsam bemüht ist, alle Kränkungen ins rechte Licht zu rücken…

Rosa kam zum Essen, und später fuhren wir Frauen zum Basar. Ich gab mir Mühe, es zu genießen, und stellte mir vor, wie es wäre, den Rest meines Lebens auf Fårö zu verbringen. Doch mein Leben hat sich schon so vielen anderen Möglichkeiten geöffnet – ich glaube, es ist zu spät, um mich mit einer Inselgesellschaft und den Gesprächen mit den Insulanerinnen zu begnügen. Wir sprechen nicht immer dieselbe Sprache. Der kauzige, egozentrische Lehrer, der anderthalb Stunden lang die unscharfen Fotos seiner Italienreise zeigte, schien auf Siri und Rosa wirklich Eindruck zu machen. Die Fotos fanden sie spannend, die Reise abenteuerlich. Ich neide ihnen ihre Ruhe, ihren fehlenden Neid und ihre Opferbereitschaft.

Dann wieder nach Hause zu Ingmar. Er wartet am Gartentor auf mich. Was für Gedanken wird er sich heute gemacht haben? Wir waren glücklich miteinander, doch vielleicht nicht ganz ungetrübt. Ich fragte Ingmar: ›Ist heute ein Herztag oder ein Roter-Ring-Tag?‹ Es wurde ein Roter-Ring-Tag… Auch Ingmar hat sich seine Gedanken gemacht.«

Ich sitze in einer Ecke des Ritz Carlton und lese. Es ist ein Tagebuch, doch es ist auch ein Dokument, um das Ingmar Bergman sie gebeten hatte. Sie hat das Tagebuch für *ihn* geschrieben, nicht für sich selbst. Das hat sie mir gesagt, bevor sie im Aufzug verschwand.

Herztag oder Roter-Ring-Tag? Da ging es um die Tür zu seinem Arbeitszimmer. Am Ende des Tages malten sie beide an die

Tür, wie sie den Tag empfunden hatten. Sie mussten sich einig sein. Sie konnten ein Herz malen. Am besten ein gefülltes Herz. Oder ein Auge mit Tränen. Ein schwarzes Kreuz. Einen roten Ring. Einen schwarzen Ring. Daten für alle Ereignisse.

Diese Tür gibt es auf Fårö noch immer. Nichts ist durchgestrichen.

Aus *Livs Tagebuch während der Osterwoche 1968*:

»Beide gut gelaunt aufgewacht. Die Nacht war voller schöner Träume, somit würde auch der Tag schön werden. Das wurde er auch. Diese herrlichen Momente im Bett – mit Frühstück, mit Moberg und dem fernen Geräusch der Konzerte, die Ingmar in seinem Arbeitszimmer hört. Heute ist Karfreitag. Hier weiß man im Übrigen nicht, ob Donnerstag, Freitag oder Samstag ist.

Wir machen einen Spaziergang und entdecken bei dem abgebrannten Hof viele Schafe. Zwei sind so neugeboren, dass ihre Nabelschnüre auf der Erde schleifen. Wie sollen sie nur zurechtkommen? Eisiger Wind mit Schnee und Hagel schlägt ihnen entgegen – und die Mutter scheint nicht genug Verstand zu haben, sie mit ihrem großen, haarigen Körper zu schützen. Ingmar findet den Anblick der Hofruine, der vorzeitlichen Tiere und des Unwetters faszinierend. Er *erlebt* auf eine Art und Weise, die sich unmittelbar mitteilt. Wie viel gibt es nicht zu entdecken für jemand, der offene Augen und wache Sinne hat? Ingmar teilt sich mit, indem er erlebt. Dann ist es Zeit fürs Abendessen… Wir machen uns Sorgen um unsere Tochter, deren Augen ganz matt waren, als wir sie ins Bett brachten. Lieber Gott, lass sie gesund werden, damit ich mit ihr reisen kann. Sonst wird alles wieder so schrecklich kompliziert. Er hat solche Angst davor, krank zu werden.«

Ich denke an ihr Tagebuch. Sie hat mir erzählt, dass es für *Szenen einer Ehe* benutzt wurde. Im Film ist es der Mann, der einschläft, während sie ihm vorliest. Ein Teil ihres Textes kommt im Film vor. Und wo habe ich den abgebrannten Hof und die armen Tiere gesehen? Bilder aus *Schande* kommen mir in den Sinn. Die armen Musiker Eva und Jan, die ans Meer flüchten, aber in einem Morast flüchtender Soldatenleichen stecken bleiben.

Ich denke auch an *Passion*, den dritten Teil der Fårö-Trilogie. Den Film über Anna Fromm und Andreas Winkelman, der dem Künstlerdasein entsagt und stattdessen das Dach seines verfallenen Hauses repariert. Er wohnt auf einer Insel. Als er Anna Fromm begegnet, wohnt sie bei Eva und Elis Vergerus. Anna hat ihren Mann und ihr Kind durch einem Autounfall verloren, bei dem sie selbst am Steuer saß. Sie hinkt. Sie ist moralisch bis zum Destruktiven.

Gleichzeitig verstümmelt und quält ein Verrückter die Schafe der Insel zu Tode. Andreas findet einen Dackel, der an einem Baum erhängt wurde. Alle glauben, der Sonderling Johan sei dafür verantwortlich. Doch der begeht Selbstmord. Danach zündet jemand eine Scheune an. Viele Tiere sterben. Anna und Andreas sehen sich das verkohlte Grundstück an. Andreas will seine Einsamkeit zurück. Ihre Beziehung beruht auf Lügen. Andreas steigt aus dem Auto. Anna fährt davon.

Aus *Livs Tagebuch während der Osterwoche 1968*:

»Samstag. Heute Nacht hat Ingmar wieder schlecht geschlafen, was einen traurigen Osterabend zur Folge hatte.

Ingmar und ich gehen am Strand spazieren. Er erzählt, dass er sich mit seinem Drehbuch abmüht – niemand kann ihm dabei helfen –, und ich glaube, er fordert ein ganz bestimmtes Verhalten von mir; ich soll ausschließlich zu seiner Entspannung da sein, aber das ist eines der schwierigsten Dinge der Welt, Ingmar. Gleichzeitig da zu sein und nicht da zu sein, zu reden und nicht zu reden. Liv Ullmann muss noch einen langen Weg zurücklegen, bevor sie dies meistert. Hier bin ich!, sagt es ständig in ihr. Siehst du mich? Verstehst du mich? Weißt du, wie ich empfinde? Für jemand, der solche Stimmen in sich trägt, ist es schwierig, nicht zu reagieren, sondern einfach nur da zu sein. Aber darüber müsste auch Ingmar Bescheid wissen.

Dann ist es Abend – und dir gefällt es überhaupt nicht, dass Pet auf meinem Schoß liegt, aber das geht dich nichts an! Jetzt lege ich ihn auf das Sofa… Wir gehen ins Bett und sehen uns einen schlechten schwedischen Film an. Ingmars Idee. Als wir das Licht löschen, kommt das Böse zum Vorschein. Ingmar sagt, er habe in den letzten Tagen ein doppeltes Spiel betrieben, in ihm habe es getobt, doch er habe sich nichts anmerken lassen. Ist das etwa ein ehrliches Verhalten? ›Jetzt geht es nicht um Livs Gefühle, sondern um meine!‹ Darin hat er Recht. Wir reden über seine Gefühle – die jetzt ausschließlich negativ sind –, und er wehrt sich. Er ist sehr krank, und Kindergeschrei und Wachen am Kinderbett sind auch nicht seine Stärke. Er wird von furchtbaren Dämonen gejagt und will von allem schreiben, was ihn am Leben ekelt – ein tröstlicher Film ist seine Sache nicht. Sieh, nun sticht ihn der Mond durchs Fenster, und dort ist ein Geräusch… ›Hier ist es so warm im Zimmer.‹ Doch dann schließt er das Fenster. ›Aber du hast doch gesagt, es sei so warm.‹ Keine Antwort. Neben wem liege ich im Bett? Neben jemand, der seine Freude nicht unverhohlen zeigen kann? Ist dies sein wahres Gesicht? Nein, jetzt ist er bloß ein anderer Ingmar. Ein weiteres Geräusch. Ich fürchte mich, setzte mich auf, schalte das Licht an und weine. ›Halt den Mund und sei nicht hysterisch!‹ Sagt er, der eine Stunde lang gequält wach lag und Verständnis verlangt hat. Das Herz schlägt in mir, ich habe nur noch Angst. Vor dem Mond, vor der Nacht, vor ihm. Ich brauche Licht, muss lesen, an etwas anderes denken. Eine halbe Stunde vergeht – dann spüre ich eine Hand. Wir liegen uns in den Armen. ›Ich brauche dich doch.‹ – ›Und ich brauche dich.‹ Habe ich gesagt, dass heute ein düsterer Tag ist?… Dann schlafen wir eng umschlungen ein. Meine Hand in deiner.

Sonntag. Dann kam unser letzter vollständiger Tag, er war ruhig, gut und warm. Wir wurden früh und abrupt von unserer Tochter geweckt. Doch als ich wieder hereinkam, nachdem ich sie versorgt hatte, raschelte ein Papier in meinem Bett. Ingmar sagte ohooh, und ich fand einen Brief mit einer Zeichnung: eine

Sonne und zwei Osterküken, die Ingmar und mich darstellten. Der Brief war so schön. Ich habe ihn zwischen die Buchseiten von Moberg gelegt, zusammen mit der Blume, die Ingmar mir gestern zum Frühstück gepflückt hat.

Heute ist Ingmar mit dem Schreiben gut vorangekommen. Ich habe ihn erst am Nachmittag zu Gesicht bekommen. Zur Entschädigung hatten wir eine wunderbare Zeit oben im Gästehaus mit Wesker im Fernsehen – und miteinander ... Für unser Mädchen haben wir am Abend gemeinsam gesungen, Mama und Papa. Das wird noch oft der Fall sein, geliebtes, kleines Kind und Papa des Kindes. Spaghetti zum Abendessen, wir essen viel zu viel. Dann lesen wir, sehen fern, wechseln zwischendurch ein paar Worte. Das gleicht meinem Jungmädchentraum von einer Ehe. Ein Mann und eine Frau im Schein ihrer Leselampe. Der Raum atmet Ruhe und Frieden – hin und wieder ein schwaches Lächeln, eine kurze Frage, eine rasche Antwort. Glück – das sind solche Momente, in denen die Seele voller Frieden und ohne Wünsche ist. In denen einem das Dasein vollkommen richtig erscheint – weil man sich mit dieser einen Person an genau diesem Ort befindet ... Mehr bedarf es nicht. Denn alles, was früher einmal war, und alles, was man sich für die Zukunft erhofft – es hängt mit diesem Abend zusammen. Was auch immer geschehen wird, heute Abend kann es uns nicht berühren. Denn heute Abend sind Ingmar und Liv zur Ruhe gekommen – und das ist viel für zwei Menschen, die so viele andere Möglichkeiten kennen, einen Abend zu gestalten.

In der letzten Nacht schlafen wir Arm in Arm ein.«

K. B.: »Und jetzt, so viele Jahre später, bist du für ihn auf Reisen, machst Werbung für *Sarabande*, nimmst an Seminaren und Symposien teil.«

L. U.: »Das ist eine Freude. Er hat sich entschieden, auf Fårö zu bleiben. Du darfst nicht vergessen, dass er fast siebenundachtzig Jahre alt ist.«

K. B.: »Wie sieht sein Leben aus?«

L. U.: »Er geht auf der Insel spazieren. Alle Toten sind bei ihm. Die Lebenden ebenfalls, wenn sie auch nicht persönlich anwesend sind. Er lauscht, erkennt Dinge wieder, liest kluge Bücher, manchmal mit seiner Brille, manchmal mit einer Lupe. Das Lesen dieser schwierigen Bücher sei für ihn ein kreativer Vorgang, sagt er. Seit fast zwei Jahren befindet er sich in dieser selbstgewählten Isolation. Er fährt mit dem Fahrrad über die Insel und findet immer noch Plätze, die er nie zuvor gesehen hat. Er entdeckt auch neue Dinge an sich selbst. ›Ich habe doch auch ein Talent für die Liebe‹, erklärt er mir am Telefon. ›Findest du nicht?‹ – ›Doch, doch‹, entgegne ich, ›das finde ich auch.‹ Ein anderes Mal hat er mir erzählt: ›Ich versuche herauszufinden, woher die *Musik* kommt.‹ «

K. B.: »Ich denke daran, wie offensichtlich er sein Leben für sein Werk benutzt hat. Und Fårö taucht ja in einem Film nach dem anderen auf. In Norwegen wird derzeit eine ziemlich lächerliche Debatte geführt, in der eine Reihe junger Schriftstellern darauf beharrt, alles Autobiografische in ihren Büchern zu meiden, obwohl das Material von Freunden und Bekannten mit teils peinlicher Genauigkeit wiedererkannt werden kann. Der Gebrauch des Tagebuchs in *Szenen einer Ehe* war sicherlich problematisch.«

L.U.: »Da Schlimmste war allerdings, dass er Jappes und mein Hochzeitsfoto benutzt hat. Wenn Jappe von der Vergangenheit spricht, kann ich nachvollziehen, dass er oft verletzt wurde. Ingmar hat ja Privataufnahmen verwendet, ohne dass ich davon wusste. Er hat einst alle Bilder von mir bekommen und sie behalten. Ich hatte gar nicht mehr daran gedacht. Jappe saß nichtsahnend vor dem Fernseher. Ich glaube, es ist die dritte Szene, in der Ingmar das Hochzeitsfoto von Jappe und mir benutzt, um zu zeigen, wer Marianne früher war. Jappe hat mir erzählt, er sei aufgestanden und aus dem Zimmer gegangen. Er hat sich den Film nie wieder angeschaut. Das Foto zu sehen, war schrecklich für ihn.«

K. B.: »Hast du mal mit Bergman darüber gesprochen?«

L.U.: »Ich habe es sicher erwähnt. Doch Ingmar verstand nicht, was daran verletzend sein sollte. Vor allem verstand er nicht, warum Jappe sich verletzt fühlte. Aber es war schließlich unser Hochzeitsfoto. Ich meine, wir müssen doch sorgsam mit den Dingen umgehen, die so wesentlich für *andere* sind. Aber natürlich verstehen wir nicht immer, was für andere wesentlich ist.«

K. B.: »Weil man wie im Rausch ist, wenn man ein Kunstwerk erschafft? Weil man glaubt, das Kunstwerk rechtfertige alles?«

L. U.: »Ja, aber das hilft demjenigen nicht, der verletzt wird.«

K. B.: »Hast du selbst schon mal das Gefühl gehabt, jemand komme deinem Privatleben zu nah?«

L. U.: »Nicht auf vergleichbare Weise. Doch im ersten Roman meiner Tochter habe ich so einiges wiedererkannt.«

K. B.: »Allerdings spielt sie in deinen Büchern ja auch eine wichtige Rolle.«

L. U.: »Das stimmt, aber daraus habe ich auch nie einen Hehl gemacht! Ich nenne sie bei ihrem Namen. Schließlich handelt es sich um eine Autobiografie. Ich wollte ihr erzählen, wie ich als Kind war. Dass ich mit einem Fuß auf meinem Fahrradsattel stehen konnte...«

K. B.: »Deine Tochter schreibt, dass diese Mutter namens Anni im Trevi-Brunnen in Rom baden, blauäugige Filmstars auf den Mund küssen, bewundernden und dankbaren Kindern den Kopf tätscheln und ihre Finger durch ihr ›langes, dichtes, rotblondes Haar‹ gleiten lassen wollte, während die Welt zusah und den Atem anhielt...«

L. U.: »Und?«

K. B.: »Und die ganze Welt soll glauben, dass sie nicht Liv Ullmann meint, wenn sie über diese Anni schreibt, die nicht ganz richtig im Kopf ist, die trinkt, um zu vergessen, aufgewachsen in Trondheim, doch geboren in Brooklyn:

›Die kleine achtjährige Anni, die auf ihrem Fahrradsattel stand, während sie die Lexington Avenue in New York hinuntersauste, mit einem Bein in der Luft und einer Hand am Lenker. Hurra, Anni!, rufen alle. *Schaut mich an, schaut mich an!*, ruft die kleine Anni, *schaut mich an, schaut mich an!*‹ Ich möchte dieses Thema nicht vertiefen, obwohl man leicht die

These aufstellen könnte, dass in deinem Buch und dem deiner Tochter das Fahrrad eine Metapher darstellt.«

L.U.: »Das kannst du gerne schreiben.«

K. B.: »Ja?«

L.U.: »Außerdem kannst du schreiben, dass die Geschichte, die ich in *Wandlungen* erzähle, wahr ist: dass mein Fahrrad und das meiner Tochter wirklich miteinander zu sprechen anfingen.«

K. B.: »Als das große Fahrrad dem kleinen erzählte, wie es auf der Welt war, bevor das kleine Mädchen geboren wurde?«

L.U.: »Genau.«

K. B.: »Und dein Fahrrad vom kommenden Winter erzählt und davon, wie einsam es ist, im Dunkeln zwischen all den Gartenmöbeln, der Schubkarre und dem Spaten zu stehen und niemals zu wissen, wann die Kellertür sich öffnen wird?«

L.U.: »Ja, genau das.«

Mittagspause. Wir trennen uns. Ich gehe über die Straße zu meinem Hotel und bin mir diesmal ganz sicher, dass Liv mir nachschaut, doch ich bleibe meiner Gewohnheit treu, mich nicht umzudrehen. Im menschenleeren Restaurant läuft die Klimaanlage auf Hochtouren. Ich bestelle mir einen Caesar-Salat sowie ein Glas Weißwein und lese in den letzten Unterlagen, die Liv mir gegeben hat, über ihr Verhältnis zu Ingmar Bergman.

Liv schreibt: »Wer bin ich also? Ich war seine Schauspielerin. Seine Geliebte. Wir haben ein Kind zusammen. Er hat für uns beide ein Haus auf Fårö gebaut. Wir waren die besten Freunde. Bei zweien seiner Filme habe ich Regie geführt.

Seit fast fünfzig Jahren spiele ich auf der Bühne und im Film. Das ist eine lange Zeit. Dieser Beruf hat mir die Möglichkeit gegeben, Dinge wiederzuentdecken, die Wirklichkeit zu fassen und zu entschleiern. Oft hatte dies nur wenig mit meinem eigenen Leben gemein. Mit meinem Innenleben. Einen Großteil meiner Kenntnisse, meiner Empathie und Einsichten gewann ich, indem ich in einem dunklen Kinosaal saß, das Erlebnis mit anderen Menschen teilte. Menschen, die ich nicht kannte. Die Gesichter, Bewegungen und Stimmen auf der Leinwand waren für mich wirklicher als die Wirklichkeit. Einer der Lieblingsfilme meiner Jugend war *Abend der Gaukler* von Ingmar Bergman. Ich sah ihn viele Jahre, bevor ich Ingmar begegnet bin. Die Erinnerung an all die Menschen, die wie Vögel am Felsen klebten, während sie die Demütigung einer Frau mit ansahen, die aufs Meer hinauswatete – bis ihr Geliebter kam, sie rettete und an Land trug. Und der junge Mann, der sein Gesicht hinter einer Maske verbarg. Ich verstand es nicht. Ich hätte nie darüber diskutieren können – aber ich erkannte etwas wieder.

Wie später, als ich die fünfundzwanzigjährige Elisabeth in *Persona* spielte. Die junge Frau – *ich* – wusste, was *er* fühlte. Sein Schmerz war mein eigener. Ich verstand es nicht, aber ich *erkannte* es. Ich schloss mich ihm an. Seine Einsamkeit lief durch meinen Körper. Seine Furcht ließ mein Herz schneller schlagen. Seine Sehnsucht und seine Trauer – ich wusste, dass ich *ihn* spiele –, das treibt mir immer noch Tränen in die Augen, wenn ich so an ihn denke. In *Persona*. Vor allem heute. *Oh, nicht mehr sprechen. Zu niemandem.* Plötzlich kommt mir ein Bild in den Sinn: Ingmar und ich vor langer Zeit auf dem Flughafen in Kopenhagen. Er hasst und fürchtet das Reisen – die vielen Menschen, all der Lärm. Er wäre am liebsten gleich wieder nach Hause gefahren. Der Flug hat Verspätung, er fährt mit dem Lift nach unten zur Herrentoilette. Ich warte oben direkt vor dem Aufzug. Nach einer Weile öffnen sich dessen Türen, und Ingmar tritt heraus. Er hat seine kleine Kappe auf dem Kopf und ein stolzes, vorsichtiges Lächeln im Gesicht. Hier hat jemand seine Phobie überwunden, einen fremden Aufzug benutzt, eine unbekannte Toilette aufgesucht und ist allein wieder zurückgekehrt. Ein wenig vornübergebeugt tritt er mir entgegen. Das vorsichtige Lächeln ist verschwunden, der furchtsame Ausdruck in seinen Augen schwächer geworden – und ich begreife, dass wir die Reise fortsetzen können.«

K. B.: »In deinen Notizen schreibst du viel über Bergmans Verletzlichkeit. Es gibt da eine Episode in Rom, wo er Fellini zum ersten Mal begegnet. Du schreibst, sie seien vom ersten Augenblick an wie Brüder gewesen. Dass sie einander umarmten und lachten, als hätten sie ihr ganzes Leben gemeinsam verbracht. Dass sie nachts Arm in Arm durch die Straßen geschlendert seien. Fellini mit seinem dramatischen schwarzen Umhang und Bergman mit seiner kleinen Kappe und dem alten Wintermantel. Du schreibst: ›Ich habe mich gefragt, ob Fellini jemals ahnte, wie unendlich verletzlich Ingmar war.‹ War es in New York eigentlich genauso, als er Woody Allen begegnet ist?«

L. U.: »Diese Geschichte ist vor allem unglaublich komisch.«

K. B.: »Woody Allen sprach ja die Kommentare in Edvard Hambros schönem Filmporträt über dich. Wie habt ihr euch kennen gelernt?«

L. U.: »Wir haben uns kennen gelernt, als ich am Broadway die Nora spielte. Damals schrieb er mir, dass er mich gern kennen lernen würde.«

K. B.: »Bewunderte er deine Filme?«

L. U.: »Nein, es war Bergman, den er bewunderte. Wir sind oft zusammen essen gegangen.«

K. B.: »Ins Elaine's?«

L. U.: »Dort auch. Aber wir hatten keine Romanze. Überhaupt nicht. Eigentlich wollte er nur, dass ich über Ingmar Bergman redete.«

K. B.: »Möglichweise wollte er dich in einem seiner Filme besetzen.«

L. U.: »Nein, ich glaube, sein Respekt vor Ingmar Bergman hat ihm zunächst untersagt, dessen Schauspieler zu benutzen. Es gibt da eine Geschichte, als er mit Max von Sydow gedreht hat. Woody war so aufgeregt, nachdem er Max die erste Regieanweisung gebeben hatte, dass er sich erst mal zitternd auf den Flur zurückzog. Ich habe Max von Sydow eine Regieanweisung gegeben!, sagte er sich. Max von Sydow, der mit Bergman gedreht hat. Das empfand er als ungeheuren Moment. Nein, *ich* sollte nicht seine Schauspielerin werden. Wir haben uns Briefe geschrieben. Aber ich war sehr beschäftigt und dachte irgendwann, dass ich einfach keine Zeit mehr hätte, um mit Woody Allen zu korrespondieren. Ich hatte damals eine Sekretärin, die Schriftstellerin werden wollte und sich später in Hollywood einen Namen machte. Ich sagte zu ihr: ›Kannst du nicht auf diese Briefe antworten und mit meinem Namen unterschreiben?‹ Und das tat sie. Doch nach einer Weile räumte sie ein, dass sie, die Sekretärin, die Briefe schrieb. So begannen die beiden, sich zu schreiben. Sehr lustige Briefe. Jeden Tag. Ich bewahre sie immer noch auf. Doch nun zu meiner Geschichte über ihn: Bevor es zu einem Treffen zwischen Woody und Ingmar kam, wollte er mir noch vor der Premiere einen seiner Filme zeigen.«

K. B.: »Meinst du den Film, der wie einer von Bergman wirkt? *Innenleben*? Den mit all den frustrierten Frauen?«

L. U.: »Nein, einen anderen.«

K. B.: »*Manhattan*?«

L. U.: »Nein.«

K. B.: »*Der Stadtneurotiker*?«

L. U.: »Nein.«

K. B.: »Aber aus den siebziger Jahren?«

L. U.: »Ja, der Zeit am Broadway.«

K. B.: »*Die letzte Nacht des Boris Gruschenko*?«

L. U.: »Ja, das kann sein. Er kam nach der Vorstellung und holte mich mit seiner Limousine ab. Er hatte eine Limousine und einen farbigen Chauffeur. Der Chauffeur trug Uniform und weiße Handschuhe. Man glaubt es nicht, aber so war es. Wir saßen auf dem Rücksitz. Er ist wirklich wie eine seiner Filmfiguren. Kein Unterschied. Zwischen uns stand ein großer Essenskorb, den seine Haushälterin vorbereitet hatte. Er wusste, dass ich nach der Vorstellung immer hungrig bin. Ich sollte zu Beginn des Films essen. Dann kamen wir in den Vorführraum. Er stellte den Korb neben mich und bat mich, das Essen auszupacken, bevor der Film losging, damit es später nicht raschelte. Ich sollte ruhig das Hühnchen essen, allerdings vorsichtig und leise. Ich saß also da, und er legte sich in den schmalen… wie heißt das noch?«

K. B.: »Mittelgang?«

L. U.: »Mittelgang. Den Kopf von der Leinwand abgewandt. Das ist wirklich wahr. Dort lag er. Und dann sagte er: ›Bitte lach überhaupt nicht, denn wenn du an den entscheidenden Stellen *nicht* lachst, bin ich frustriert. Sei am besten die ganze Zeit still.‹ Ich saß also da und aß den Hühnchenschenkel und sah den ganzen Film und traute mich nicht, zu lachen oder irgendwas zu sagen. Ich war mucksmäuschenstill. Als der Film vorbei war, stand er auf und sagte, ohne mich anzusehen: ›Don't say a word. Don't tell me. I have felt what you feel. But don't tell me anything. Don't tell me. And now I will take you home.‹ Dann fuhr er mich nach Hause. Ich hatte seinen neuen Film gesehen. Warum er ihn mir gezeigt hat, weiß ich nicht. Aber er wollte es eben so. Das ist bezeichnend für seine Persönlichkeit. Eine wirklich lustige Geschichte ist auch die, als er hörte, dass Ingmar nach New York kommen wollte, um mich als Nora zu sehen. Ingmar wollte zwei Tage lang bleiben und am dritten Tag wieder nach Hause fahren. Wie dir inzwischen klar geworden sein dürfte, ist Ingmar ja genauso menschenscheu wie Woody. In einer Bar saßen Woody und ich in einer Ecke, er kehrte den anderen Gästen den Rücken zu. Da fragte er mich: ›Glaubst du, dass ich ihn treffen kann?‹ Und ich entgegnete: ›Yes, sure.‹ Daraufhin rief ich Ingmar in Schweden an und fragte ihn: ›Möchtest du Woody Allen treffen?‹ – ›Aber ja‹, antwortete er, ›das wäre sehr schön.‹«

K. B.: »Das war damals, als er im Pierre wohnte. Diese Episode, in der er so hilflos wirkt, beschreibst du in einem deiner früheren Bücher.«

L. U.: »Er kam also mit seiner Frau Ingrid nach New York, um mich als Nora zu sehen. Nach der Vorstellung wollte er direkt in seine Suite und von dort aus nach Fårö zurückkehren. Außer Woody Allen und mir wollte er niemand sehen.«

K. B.: »War es sein erster Besuch in New York?«

L. U.: »Ja. Wir wollten in seiner Suite zu Abend essen. Woody, ich, Ingmar und seine Frau. Zuerst war Ingmar also im Theater, kam aber natürlich nicht hinter die Bühne. Doch Woody wartete vor dem Theater und sein Chauffeur mit den weißen Handschuhen ebenfalls. Wieder saßen wir auf dem Rücksitz und sprachen kein einziges Wort. Woody war sehr nervös. Seine Hände zitterten. Wir betraten das Pierre und nahmen den Aufzug nach oben. Schweigend. Dann klopften wir an die Tür. Die Tür öffnet sich. Vor uns steht Ingmar. Ingmar sieht Woody an. Woody sieht Ingmar an. Es fällt kein Wort. Zwei Genies stehen sich gegenüber. Dann sagt Ingmar, und es waren seine einzigen Worte: ›Welcome, Woody Allen.‹ Woody Allen nickt, woraufhin Woody und ich die Suite betreten und uns an den Tisch setzen. Kellner bedienen uns. Die Genies werfen sich einen Blick zu, dann noch einen, essen ein wenig und mustern sich erneut. Da sie kein einziges Wort von sich geben, müssen Ingrid und ich die Konversation übernehmen. Da wir uns aber nicht viel zu sagen haben, beginnen wir über das Essen zu reden. Wir reden auch von den schwedischen Fleischklößchen, die Ingmar sicher vermisst. Denn eigentlich mag er nur das Essen, das Ingrid zubereitet. ›Jetzt vermisst er seine Fleischklößchen‹, sagt Ingrid. Die Genies sehen sich an und lächeln verhalten. Frauengeschwätz. Der Höflichkeit halber sehe ich mich gezwungen, mit Ingrid weiter über schwedische Fleischklößchen zu reden – diejenigen, die ich niemals zubereitet habe, als *ich* die Chance dazu hatte. Die Genies werfen sich abermals einen Blick zu und lächeln erneut. Dann ist das Abendessen einschließlich Dessert und allem drum und dran beendet. Ingmar schaut auf die Uhr. Woody schaut auch auf die Uhr. Er gehört zu denen, die früh zu Bett gehen. Wir stehen auf. Wir reichen einander die Hände. Und ich schwöre dir: Die Männer haben während des ganzen Essens kein einziges Wort miteinander gewechselt. Dann gehen wir, Woody und ich. Verlassen die Suite und begegnen unten dem Chauffeur, der auf uns gewartet hat. Woody will mich nach Hause bringen. Nicht ein Wort. Doch in dem Moment, als er mich absetzt, sagt er: ›Oh, Liv. Thank you. This was a great experience!‹ Als ich meine Wohnung betrete, klingelt das Telefon.

Ingmar ist dran. »Ich muss dir danken, Liv! Das war wirklich ein großartiges Erlebnis!‹«

Liv schreibt: »Ich bin mein Leben lang – auf unterschiedlichen Gebieten – künstlerisch tätig gewesen. Mein Material ist mein Leben und das, was ich um mich herum beobachte. Das Leben, von dem ich lese, und das Leben, dem ich lausche. Der wunderbare Augenblick, in dem der Balletttänzer einen Sprung macht und wenige Sekunden länger in der Luft bleibt, als eigentlich möglich ist – für diese Sekunden arbeiten die echten Künstler. Von diesen Sekunden träumen so viele Menschen – diesem unglaublichen Extra. Darauf abzuzielen. Diesen unmöglichen Sprung immer wieder anzustreben. Und erkannt zu werden – auch wenn der Sprung nicht gelingt. In ihren besten Momenten zeigen uns die Künstler, dass nichts und niemand ohne Interesse ist, dass wir alle unglaubliche Augenblicke haben, in denen wir wirklich *existieren*.

Ich glaube nicht, dass Einsamkeit die Voraussetzung dafür ist. Ich glaube hingegen, dass es ein Menschenrecht ist, sich zugehörig zu fühlen. Sodass auch diejenigen von uns, die sich als Außenseiter betrachten, einen Moment der Gemeinsamkeit empfinden. Dass sie für einen Augenblick sich selbst und andere erkennen.

Als ich in meiner Kindheit Theater spielte, kannte ich nur die Wirklichkeit, die ich mir erdichtete. Mir erträumte. Die Fantasie war meine Wirklichkeit. Ich malte gern Bilder. Aber ich wäre nie auf den Gedanken gekommen, Menschen, Häuser und Bäume so darzustellen, dass die Leute sie wiedererkannten und mochten. Meine Bäume waren violett und der Himmel grün. »Was soll denn das sein?«, fragten die Erwachsenen. Aber das machte mir nichts aus, denn meine Großmutter sagte immer: ›Wie schön deine Bäume und dein Himmel sind, Liv!‹ Also glaubte ich stets daran, dass jemand das wiedererkannte, was ich malte – so wie Großmutter. Was hätte ich mir als Schauspielerin anderes wünschen können? Doch, eines habe ich mir gewünscht – einem Märchenerzähler zu begegnen, der wie

Großmutter ist. Für den auch die Fantasie wirklich ist. Ich habe ihn gefunden, in Ingmar. Obwohl seine Geschichten so ganz anders sind als meine.«

K. B.: »Du wolltest mir eine Geschichte über Ingmar und die Kritiken erzählen.«

L. U.: »Ja, in bestimmten Phasen des Lebens sind Kritiken einem sehr wichtig. Empfindest du das nicht auch so?«

K. B.: »Doch, natürlich.«

L. U.: »Obwohl Ingmar weltberühmt war, hat er zu einem bestimmten Zeitpunkt in Schweden kein Geld mehr für neue Filmprojekte bekommen. Dennoch gelang es ihm, *Schande* und *Passion* zu finanzieren, während wir zusammenlebten. Doch es war eine anstrengende Zeit für ihn. Er musste viele Widerstände überwinden. Die Kritiken waren ihm damals sehr wichtig. Ich weiß nicht mehr genau, um welchen Film es ging, aber unsere Beziehung ging ihrem Ende entgegen, also muss es einer dieser beiden Filme gewesen sein. An dem Tag, als die Kritiken erschienen, waren wir auf Fårö, und ich musste irgendwohin fliegen. Ingmar fuhr mich zum Flugplatz.«

K. B.: »Und ihr hattet keine Ahnung, was in den Zeitungen stehen würde?«

L. U.: »Nein, überhaupt nicht.«

K. B.: »Der norwegische Autor Roy Jacobsen hat einmal gesagt, man fühle sich unglaublich einsam, wenn man morgens um sechs aus dem Haus geht, um eine Zeitung zu holen, in der eine vernichtende Rezension steht.«

L. U.: »Ja, und damals waren es *Expressen* und *Aftonbladet*, die wir so weit weg draußen auf dem Land bekommen konnten. Ich sollte ihm die Kritiken laut vorlesen, während er mich zum Flugplatz fuhr. Es waren die schlimmsten Kritiken, die ich in meinem ganzen Leben gelesen habe. Sie waren wirklich vernichtend. Ich begann also zu lesen und machte das Ganze zu einem großen Bluff. Wie ich das geschafft habe, ist mir immer noch schleierhaft. Da war sie wieder: Nora. Kindlich und naiv. Mit einer Sprache, die Frauen in Gesellschaft eines Mannes benutzen, dem sie gefallen wollen. Eine Puppe in seinem Puppenhaus. Was tut sie am helllichten Tag? Sie lügt. Jedes einzelne Wort, das ich scheinbar aus der Zeitung hatte, war gelogen. Die Verrisse wurden zu Lobeshymnen. Warum ich das tat, weiß ich nicht. Plötzlich hielt Ingmar an und brach in Tränen aus. ›Oh, Gott, ich hatte solche Angst!‹, schluchzte er. Da begriff ich mit einem Mal, was ich getan hatte, doch ich konnte es nicht mehr rückgängig machen. Er war ungeheuer froh und erleichtert. Er fuhr mich zum Flugplatz. Ich stieg aus. Er blieb mit den beiden Zeitungen zurück und wollte sich noch zwei andere kaufen. Da wurde mir klar, wie viel ihm die Kritiken bedeuteten und welche Todsünde ich begangen hatte.«

Liv schreibt: »Ingmar konnte Dinge in mir sehen und zum Vorschein bringen, die kein anderer sah. Ein Schauspieler hat normalerweise nur sich selbst als Instrument. Für mich ist es unmöglich und auch vollkommen uninteressant, nahezu munter und unangestrengt von Rolle zu Rolle meine Persönlichkeit zu ändern. Ingmar lehrte mich, die verborgenen Geheimnisse meiner Persönlichkeit sichtbar zu machen, von denen ich lange Zeit keine Ahnung hatte. Ich konnte auf meine Lebenserfahrung zurückgreifen und wurde vom Regisseur dazu ermuntert. Es ist ein Augenblick des Glücks, wenn alles wahrhaftig erscheint. Zumal wenn ich jetzt als Regisseurin erlebe, wie andere ihre Seele erreichen und ihre Erkenntnis anbieten. Die Wahrheit der Fantasie. Eine Wahrheit, die sich in besonderen Augenblicken dem Publikum mitteilt. Und weil ich meine Karriere am Theater begonnen habe, weiß ich, dass der Film dem Theater eines voraus hat: die Nahaufnahme. Je näher mir die Kamera kommt, desto stärker verspüre ich den Wunsch, ein vollkommen nacktes Gesicht zu präsentieren. Das zu zeigen, was sich hinter der Haut, den Augen, in einem Kopf abspielt. Die Entstehung der Gedanken transparent zu machen. Als Filmschauspielerin zu arbeiten, heißt, das eigene Innere zu erforschen. Zu zeigen, was sich hinter der Maske verbirgt. Die Kamera kommt einem unendlich nah, und die Spannung besteht darin, das bloßzulegen, was das eigene Auge nicht sieht. Das menschliche Gesicht auf der Leinwand wirkt unmittelbarer als in jedem anderen Medium. Und das Publikum begegnet im Moment der Identifikation einem wirklichen Menschen, keinem Schauspieler. Es begegnet sich selbst. Es geht nicht mehr um Make-up, Frisur, Schönheit. Die Entschleierung geht weiter, weil die Kamera nicht nur das Gesicht zeigt, sondern auch das, was dieses Gesicht gesehen und welches Leben dieser Mensch geführt hat.«

K. B.: »Bergman hat sich wie du entschieden, im Ausland zu leben. Lag es am Ärger mit den Steuerbehörden?«

L. U.: »Weder Erland noch Sven oder ich wussten von ›Persona‹, seiner Aktiengesellschaft. Obwohl sie all seine Papiere beschlagnahmt hatten, wurde er später freigesprochen. Dennoch ist er in München geblieben. Die Erniedrigung, die sie ihm zufügten, war der entscheidende Punkt. Dass sie seine Theaterprobe unterbrachen und ihn aufs Präsidium mitnahmen. Sie kamen ins Theater, brachen in seinen heiligen Raum ein. Das hat er ihnen nie verziehen. Er musste Schweden verlassen, verkaufte seinen gesamten Besitz und überließ Fårö einem Freund für eine Krone. Als er wieder nach Hause kam, kaufte er Fårö für eine Krone zurück. Ungefähr zehn Jahre lang blieb er in Deutschland. Das Schlimmste war, dass sie auf seine Probe kamen. Wenn ich darüber spreche, spüre ich, wie es mir heute noch die Kehle zusammenschnürt, denn sie entweihten seinen heiligen Raum und zerstörten seine Ordnung. Ich meine, es war schon schlimm genug, dass ich in Rom den Orangensaft getrunken hatte. Schon da war seine Wut groß gewesen. Du kannst dir ja denken, was es für ihn bedeutete, dass die Polizei seine Theaterprobe abbrach. Unmittelbar darauf flog er in die USA. Dort begegnete er diesen Hollywood-Leuten, die ihm sagten: ›Erst machen wir das und dann das.‹ Aber daran war er natürlich nicht interessiert. Also flog er weiter nach Deutschland.«

K. B.: »Darüber schreibt er in *Laterna Magica*, seiner Autobiografie.«

L.U.: »Die mich verletzt hat. Dass unsere Tochter überhaupt nicht erwähnt wird…«

K.B.: »Er folgte immer seinem Plan, sagst du. Sein Bedürfnis nach absoluter Kontrolle kann ja mit dem Ordnungswillen eines Diktators verglichen werden, der alles selbst entscheidet. Du kennst doch Fellinis *Orchesterprobe*. Der Dirigent lässt die Türen zum Konzertsaal abschließen, weil er die absolute Kontrolle haben will. In Gegenwart des Publikums ist das nicht möglich.«

L.U.: »Ingmars Frau Ingrid war lange krank. Ich war in dieser Zeit mit den Vorbereitungen zu *Einzelgespräche* beschäftigt. In regelmäßigen Abständen hat er uns besucht. Ingrid lag im Krankenhaus, und er hat ja auch davon geschrieben, dass sie nach Hause kommen wollte. Er wollte aber, dass sie im Krankenhaus blieb. Er meinte, das sei das Beste für sie. Und für ihn. Ich glaube, er hätte es nicht ertragen, sie leiden zu sehen. Dann kam dieser Morgen. Es war ungefähr zehn Uhr. Eigentlich wollte er an diesem Morgen nicht kommen, weil er wusste, dass wir ein Arbeitstreffen hatten. Die Dreharbeiten hatten noch nicht begonnen. Doch Ingmar kam und war wie immer. Wir saßen an einem langen Tisch und diskutierten den Einsatz eines Zuges. Sollte der Zug blau oder grau sein? Sollte er im Kreis oder geradeaus fahren? Es war als Metapher gemeint. Wir entschieden uns schließlich, dass der Zug geradeaus fahren und nicht blau sein sollte. Doch plötzlich sagt Ingmar: ›Es muss umgekehrt sein! Der Zug muss blau sein und im Kreis fahren!‹ Also das Gegenteil von dem, was wir gerade beschlossen hatten. Ich versuchte mit ihm zu reden. Wir hatten ja soeben eine Entscheidung getroffen; außerdem waren *wir* für den Film verantwortlich, nicht er. Doch wenn er sich etwas in den Kopf gesetzt hatte, dann nutzte es nichts zu diskutieren, und obwohl er nicht der Regisseur dieses Filmes war, war er doch dessen Drehbuchautor, und sein Wort hatte Gewicht. Nun gut. Ich wollte keinen Streit und ließ ihm seinen Willen. Unsere Besprechung ging weiter. Nachdem wir knapp eine Stunde lang diskutiert hatten, sagte er: ›Liv, ich muss dich unter vier Augen sprechen.‹ Und ich dachte, Herrgott, jetzt ist bestimmt wieder etwas mit dem blauen Zug nicht in Ordnung. Nachdem wir einen Nebenraum aufgesucht hatten, fing er plötzlich an zu weinen und sagte: ›Ingrid ist heute früh gestorben.‹ Er war direkt vom Krankenhaus zu unserem Arbeitstreffen gekommen. Er hat sie so geliebt. Nachher dachte ich, dass der blaue Zug seine Tränen waren. Er konnte sich nicht anders verhalten, als seinen Plan zu verfolgen. Und in seinem Plan war der Zug von Anfang an blau gewesen. Dann wollte er nach Hause gehen und zu Mittag seinen Joghurt essen – was er bestimmt auch getan hat. Doch bevor er es tat, sagte er: ›Du kannst es den anderen sagen, nachdem ich gegangen bin.‹ Ich glaube, ich erlebte vielleicht zum ersten Mal, wie sehr er darunter litt, wenn sein Muster infragegestellt wurde. Ingmar Bergman ist ein komplizierter Mann. Und ich bewundere ihn dafür, dass er sein kompliziertes Leben *dadurch* unter Kontrolle gehalten hat, dass er einem vorgegebenen Muster folgt. Und wie glücklich bin ich, nicht mehr ein Teil dieses Musters zu sein.«

K. B.: »Was wirst du an seinem Todestag empfinden?«

L. U.: »Ich glaube, ich werde das Gefühl habe, zum zweiten Mal meinen Papa verloren zu haben. Obwohl ich gar nicht weiß, was ein Papa ist. Weil mein erster Papa nur vom Himmel aus auf mich aufpasste und mir zuwinkte und ein einziges Mal meine Hand gehalten hat, als ich noch klein war. Und mich einmal ins Bett getragen hat. Vielleicht hat er mir mal etwas vorgesungen. Ich weiß es nicht. Und mich vielleicht über alles in der Welt geliebt. Der Papa, den ich Ingmar nenne, ist einer, der alles über die Kunst weiß und den ich jederzeit um Rat fragen kann, wenn ich zweifle. Jemand, der mich kennt und versteht, so wie ich ihn gleichermaßen kenne und verstehe.«

K. B.: »Hast du Angst davor, dass er eines Tages nicht mehr da sein wird?«

L. U.: »Vielleicht gehe ich ja zuerst. Aber wenn du fragst, ob ich davor Angst habe… Es ist für mich nahezu unvorstellbar, weil ich dann einen Grundpfeiler meines Lebens verlieren werde. Eine tragende Säule wird nicht mehr vorhanden sein.«

K. B.: »Aber die Freude in deinem Leben, von der du mir gestern erzählt hast, wird sie dann bedroht sein?«

L. U.: »Nein, diese Freude kann mir niemand nehmen. Glaube ich. Doch das Leben, das ich derzeit führe, basiert ganz wesentlich auf alldem, was Ingmar in meinem Leben bedeutet.«

Liv schreibt: »Der letzte Film, der entstand, während wir noch zusammenlebten, war *Passion*. Eines habe ich von Ingmar gelernt: Ein Regisseur – manchmal gilt das auch für Schauspieler – muss in gewisser Hinsicht wie ein Kannibale sein. Du beobachtest nicht nur andere Menschen, du benutzt sie, du frisst sie … Einmal habe ich ihn gefragt: ›Warum haben wir so oft zusammengearbeitet? Ich meine, du hattest doch so eine große Auswahl.‹ Und Nora versuchte es wieder mit einer ihrer kleinen Lügen: ›Du bist so ein Genie, und ich bin nur ich.‹ Da sah er mich an und sagte: ›Du verstehst das nicht, Liv. Siehst du denn nicht, dass du meine Stradivari bist?‹

Einen Film mit ihm zu drehen, ist keine Arbeit. Für mich wird er immer einer der *jüngsten* Regisseure bleiben, die ich kenne. Wenn ich auf neue Gedanken kommen will, würde ich immer zu ihm gehen. Ich glaube, er hält sich jung, weil er stets kreativ ist – und voller Leben. Er hat uns alle inspiriert, weil er uns zeigte, welche Freiheit unserem Beruf innewohnt. Ich danke dir, Ingmar, dass du da bist und zahlreichen Menschen so viel gegeben hast. Du brachtest sie dazu, in sich hineinzuhorchen und Dinge zu entdecken, von deren Existenz sie nichts gewusst hatten.«

Teil 3

Nacht in Miami. Stille in Coconut Grove. Beim Schein einer Lampe sitze ich mit Livs Papieren auf meinem Balkon. Ich spüre Livs Augen in meinem Rücken, obwohl sie vielleicht schläft. In der 18. Etage des Ritz Carlton ist es dunkel. In einem anderen Appartement, zwei Stockwerke darunter, brennt noch Licht. Von Key West weht ein kühler Südwind herüber. Es rauscht in den Palmen. Die Krabbenfischer liegen mit ihren Booten in der Grand Bay.

Ich denke an ein paar Menschen, die ein kompliziertes Verhältnis zu Liv Ullmann haben. Die mehr von ihr wissen als sie selbst. Die meisten von ihnen sind *Männer*. Männer sind ihre Hausaufgabe für heute Nacht. Da ich über ein Jahr lang gemeinsam mit Liv an einem Drehbuch gearbeitet habe, konnte ich beobachten, wie sich verschiedene Männer in ihrer Gegenwart verhielten. Darunter einige Filmproduzenten, die entweder glaubten, sie könnten Liv tätscheln wie eine Schmusekatze oder einfach über sie hinweggehen wie dieser Harry-Harry, der sich selbst für so viel schlauer und kompetenter hielt als sie. Seit Jahren schlägt Liv sich schon mit verschiedenen Filmproduzenten herum. Viele blasen sich auf und bilden sich ein, ihr das Wasser reichen zu können. Wollen sie ausnutzen. Einer von ihnen sagte zu mir: »Lassen Sie *mich* mit Liv reden. Ich kenne sie am besten.« Alle, die glauben, Liv wirklich zu kennen, kommen mir wie eine merkwürdige Spezies vor. Der besagte Produzent hat seine Chance verspielt. Er glaubte, Liv in der Hand zu haben. Doch sie lehnte einfach ab und ließ ihn ungläubig zurück. Denn das habe ich auch erlebt: dass Liv in der Lage ist, Türen hinter sich zuzumachen. Und hat sie dies erst einmal getan, vergisst sie es nicht wieder. Es ist interessant zu erleben, wie Liv von anderen Menschen spricht, auch über diejenigen, die ihr nahe sind und glauben, sie verletzen zu können, ohne dass sie es merkt. Das sind Leute, die sie unterschätzen und für so lieb und manipulierbar halten, wie sie zuweilen wirken kann, weil sie ein gut erzogenes Mädchen aus Trondheim ist. Es ist beinahe unerträglich, solchen Szenen beizuwohnen: zu erleben, wie sie sich aufspielen und nahezu unverhohlen demonstrieren, wie sie Liv ausnutzen wollen. Doch sie vergessen eines: dass sie ihr Vertrauen gewinnen müssen. Wie die Prinzessin im Märchen hat sie einen plumpen Freier nach dem anderen erdulden müssen. Deshalb freue ich mich darauf, mit Liv über ihr Verhältnis zu Männern zu sprechen. Auch weil ich weiß, dass es in dieser Hinsicht ein paar dunkle Kapitel gibt, wie sie in *Gezeiten* angedeutet hat.

Viele Männer unterliegen der irrtümlichen Annahme, sich in ihrer Gegenwart allzu rasch groß und bedeutungsvoll vorzukommen. Sie sonnen sich in ihrem Glanz. Als ich mit ihr zusammenarbeitete, hatte sie soeben den Vorsitz der Filmjury in Cannes aufgegeben, eine der prestigeträchtigsten Positionen der internationalen Filmszene. Sie stand in Kontakt mit den größten Namen des Filmbusiness. Nicole Kidman, Kate Winslet und Cate Blanchett wollten Liv als Regisseurin. Doch diese eigentümlichen Filmproduzenten – es war wirklich eine ganze Hand voll – gingen ihr allesamt in die Falle, weil sie glaubten, klüger als Liv Ullmann zu sein. Sie glaubten, schneller und gerissener zu sein als sie. Sie saßen in ihren vornehmen, weiß gestrichenen Büros, hantierten mit ihren Handys und schrieben ihre schnellen E-Mails und SMS. Sie wollten zahlreiche Treffen mit viel Kaffee, waren voller Visionen, aber auch voller Geschwätz. Doch Liv, die kaum gelernt hat, wie man ein Handy benutzt, wollte lieber per Fax kommunizieren. Sie wollte alles schriftlich haben. Eine Abmachung war eine Abmachung, und Liv wollte sie schwarz auf weiß. Außerdem waren ihr persönliche Treffen nicht so wichtig – solange sie nicht einem konkreten Zweck dienten. Doch diese Männer versprachen ihr das Blaue vom Himmel, indem sie ihr zu verstehen gaben: »Verschaffen Sie mir Nicole Kidman, dann erledige *ich* den Rest.« Doch falls sich Nicole Kidman überhaupt darauf einlassen würde, dann nur, weil Liv Ullmann ihr Vertrauen gewonnen hätte. Derzeit, während unsere Gespräche in Miami stattfinden, befindet sich Liv wieder einmal in Konflikt mit einem Produzenten. Sie hat zugesagt, ein Drehbuch zu schreiben und Regie zu führen. Doch der Produzent hat ihr Vertrauen verloren, nachdem er ein Jahr lang Gespräche geführt und sich verzettelt hat.

Ich beginne ein Buch zu lesen, das sie mir gegeben hat. Es handelt von Kommunikationsproblemen, davon, wie verschieden Worte aufgefasst werden können, weil man sich an verschiedenen Punkten der persönlichen Entwicklung befindet. Als würde sie ein Bekenntnis problematisieren wollen, ihre Offenheit, ihre Neigung, sich auszuliefern. Als wolle sie des Teufels Advokat in ihrem eigenen Leben sein. Was in den sechziger Jahren auf Fårö geschah, hat sie in ihren beiden früheren Büchern beschrieben. Beide Bücher waren weltweite Bestseller. Auf einen ganz bestimmten Leser hat sie mich aufmerksam gemacht. Auf Jacobo Timerman, den Herausgeber der argentinischen Zeitung La Opinión, der es wagte, die diktatorischen Machthaber zu kritisieren, und zweieinhalb Jahre im Gefängnis saß, bevor er nach Tel Aviv ging. In seinen unter dem Titel *Prisoner without a Name, Cell without a Number* erschienenen Memoiren schreibt er über seine Begegnung mit Liv in New York, die nur zwei Monate nach seiner Freilassung stattfand. Sie hatte sich lange Zeit für ihn und seine Sache eingesetzt. Nun lernten sie sich endlich persönlich kennen. Sie besuchten gemeinsam einen Vortrag von Elie Wiesel und wollten danach gemeinsame Bekannte aufsuchen:

»Ich nehme auf dem Rücksitz eines großen, schwarzen Autos Platz. Regen in New York. Seit knapp einem Monat bin ich ein freier Mann. Liv Ullman nimmt ebenfalls Platz. Ich nehme die große Rückbank in Besitz, während sie einen der kleinen Klappsitze bevorzugt… Sie sieht mich mit Sympathie, Gleichgültigkeit oder verhaltenem Interesse an. Ich werfe ihr einen hasserfüllten Blick zu. Aber meine Stimme ist ruhig, gefühllos, vielleicht sogar gleichgültig. Dennoch ist es mir unmöglich, ihr nicht zu erzählen, dass sie es war, Liv Ullmann, die mir im Gefängnis am meisten geschadet hat. Ich erzähle ihr fast alles, ein bisschen weniger vielleicht… Wir nannten sie ›Howlmann‹ (howl: heulen, schreien, weinen), weil ihr Name dem Wort ›howl‹ ähnelt, denn das war es, was wir in unseren Zellen am meisten taten – wir *schrieen*, ahmten Tierlaute nach. All das geschah, nachdem ihr Buch unser Gefängnis erreichte.

Sie machte den blinden Architekten zunichte, entschleierte sein totales Unglück, seine Angst und sein Grauen… Sie entfesselte seinen Hass, Tod und Irrsinn. Nicht ein Fünkchen Hoffnungslosigkeit hat sie ihm erspart. Sie entblößte die blauen Flecken auf seinen Beinen, sie vertrieb die Verwirrung, in der er sich befunden hat, sie erweckte jede seiner paralysierten Gehirnzellen und sein schlafendes Gedächtnis zum Leben: Vor seinem Angesicht beschwor sie die Farben der Leidenschaft, die Farben von Lippen, die geküsst werden sollten, die Farben schmaler Hände, schmaler Finger, der weichen, schmalen Finger ihrer Tochter.

An diesem Ort, an dem Empfindsamkeit ein Fremdwort ist, Güte Irrsinn und die Erinnerung ein ungebetener Gast, zeigte sie uns ihr sanftes Gesicht, verstärkt durch ein Foto und das Wort *Wandlungen* – ein absurdes Wort für einen Gefangenen. Außerdem beschrieb sie das Verhältnis zu ihrer Tochter, brachte es *mir* nahe, der ich drei Söhne habe. Zitternd kämpfte ich gegen die Erinnerung an meine Söhne an, denen ein Polizist erzählt hatte, ihr Vater sei ein tapferer Mann, weil er der Folter widerstanden habe.

In diesem Wagen, der im Herbst 1979 bei Regen durch Manhattan fährt, erzähle ich ihr diese Dinge, vielleicht auch andere und vielleicht nicht einmal diese – ohne die Menschen zu erwähnen, die immer noch im Gefängnis sitzen und sie ebenfalls hassen. Liv Ullmann beginnt zu zittern, eine Psychiaterin neben mir beginnt zu weinen und fragt mich, ob ich ihre Hilfe benötige und sie später anrufen wolle. Im Hotel, während ihre weiße Visitenkarte auf dem Tisch lag, habe ich oft daran gedacht, Erika Padan Freeman zu erzählen, wie sehr ich diese norwegische Frau mit der schwedischen Berühmtheit hasste, diese Frau, die so stolz auf ihre Empfindsamkeit ist – viel mehr noch, als ich zugab, während wir zusammen im Auto eines amerikanischen Millionärs saßen.

Vermutlich habe ich Liv Ullmann gar nicht erzählt, wie sehr ich sie hasste, sondern nur, dass mich ihr Buch zornig gemacht hat. Es wurde in meine Zelle gebracht, nachdem ich nicht mehr kommunizieren und meine Familie nur noch fünf Minuten am Tag sehen durfte. Wir durften Bücher und Zeitungen, aber kein Essen entgegennehmen; allerdings waren meine Kinder raffiniert genug, Schokoladenstückchen, Kuchen oder Süßigkeiten an den Innenseiten ihrer Hosen, Strümpfe und Jacken zu verstecken. An diesem Tag in New York erzählte ich Liv Ullmann ausschließlich von diesem verzweifelten Ort, an dem keine Empfindsamkeit existiert. Der die völlige *Abwesenheit* von Empfindsamkeit bedeutet, die mit keinem Trick der Welt vorgegaukelt werden kann. Niemand gibt Zärtlichkeit, und niemand empfängt sie…

Liv Ullmanns Buch wirkte an diesen Ort wie ein Hohn – mit seiner Frechheit, der Anmaßung dessen, der Zärtlichkeit geben und empfangen kann, der Unverschämtheit einer Person, die imstande war, sich zu freuen und unter ihrer Empfindsamkeit zu leiden… die liebevoll bei Körpern, Seelen und Landschaften verweilte… während wir Gefangenen zu überleben versuchten, indem wir das Mitleid *vergaßen*.«

Ein neuer Tag. Einige Stunden Schlaf. Liv sieht mich forschend an. Als wolle sie in meinen Augen lesen, welches ihrer Bücher oder Manuskripte ich seit unserem letzten Treffen gelesen habe. Bevor wir uns am gestrigen Abend voneinander verabschiedet hatten, fragte sie mich erneut nach ihren Hausaufgaben. Ich komme mir immer ein wenig seltsam vor, wenn ich ihr welche aufgebe. Aber auf dieses Spiel haben wir uns beide eingelassen. Und das Spiel ist bitterer Ernst. Gehorsam lässt sie sich vorschreiben, worüber sie bis zum nächsten Treffen nachdenken, welche Unterlagen sie heraussuchen, welchen Text sie schreiben soll. Ich habe sie gebeten, sich über ihre Beziehungen zu verschiedenen Männern Gedanken zu machen. Nicht um in ihrem Privatleben herumzustochern, sondern um den Hintergrund dessen auszuleuchten, worüber wir später noch sprechen werden: die Geschlechterproblematik in ihren späteren Filmen.

K. B.: »Warum wolltest du eigentlich, dass ich diesen hochemotionalen Text von Jacobo Timerman lese?«

L. U.: »Weil er verdeutlicht, wie unterschiedlich ein Text wirken kann und wie abhängig wir von unserer eigenen Sprache sind. Davon, dass uns jemand versteht. Ich selbst kann mich an seine damalige Aggression gar nicht erinnern. An die Autofahrt und den anschließenden Empfang schon, aber nicht an seinen Hass.«

K. B.: »Es ist ein eindringlicher Text, der wohl mehr über die Bedingungen von Haft und Folter aussagt als über dein Buch. Später, als das Buch verfilmt wurde, hast du sogar Timermans Frau gespielt, als Partnerin von Roy Schneider.«

L. U.: »Ja, das stimmt.«

K. B.: »Kommt hier nicht eine Ambivalenz zum Ausdruck? Er hat dich gehasst, weil du ein Buch geschrieben hast, das zu großen Teilen von Empfindsamkeit und Gefühlen handelt. Dennoch wollte er, dass du in der Verfilmung seines Lebens seine Ehefrau spielst. Ein solcher Mann hätte mir Angst gemacht, auch wenn er eindrucksvoll seine Verzweiflung im Gefängnis beschreibt. Als Leser habe ich dennoch das Gefühl, dass er dich mit Füßen tritt. Er spricht von deiner Unbedachtheit und Naivität. Er hat nicht begriffen, wovon *Wandlungen* handelt. Außerdem hast du dich für ihn eingesetzt, während er im Gefängnis saß. Für mich passt das einfach nicht zusammen. Er verachtet deine Welt, will nichts mir ihr zu tun haben. Dennoch benutzt er dich für seine eigene. Das erinnert mich an bestimmte Macho-Kulturen, in denen die Männer so in ihren ungeklärten Muttersehnsüchten und Abhängigkeiten befangen sind, dass sie diese selbst nicht durchschauen können. Sie verhalten sich aggressiv und liebevoll zugleich, begreifen aber nicht, *warum* sie so geworden sind.«

L.U.: »Ich habe dem nichts hinzuzufügen. Ich gab dir das Buch, weil es in diesem Zusammenhang ein wichtiges Dokument ist. Doch Timerman gehörte ja nie zu *meinen* Männern.«

Liv Ullmann zu Beginn der siebziger Jahre. Sie erscheint auf den Titelseiten von *Newsweek* und *Time Magazine*: »Hollywoods new nordic star! Alle in Hollywood lieben sie!« Sie hat *Emigranten* gemacht und ist für den Oscar nominiert worden. Sie kam mit einem Koffer nach Hollywood, der für zehn Tage gedacht war, blieb jedoch mehrere Monate. Sie weigerte sich, ihre Haare zu schneiden oder andere Kleider zu tragen: »Schließlich genoss ich den Ruf, eine seriöse Schauspielerin zu sein. Eine europäische Schauspielerin mit Tiefe und Seele. Ich benutzte kein Make-up und kam aus Norwegen.« Stefan Kanfer hat *Emigranten* in der *Times* als politischen Film bezeichnet und zieht eine Parallele zu den ethnischen Unruhen in Newark und Canarsie, die in Verbindung mit den damaligen Präsidentschaftswahlen standen, in denen Richard Nixon seine Wiederwahl anstrebte. »Man verbringt fünf Stunden mit schwedischen Bauern im 19. Jahrhundert, die von zu Hause fortgegangen sind, hungern, Kinder bekommen, Bäume fällen«, schreibt Per Haddal in seiner Filmografie *Von Angesicht zu Angesicht*. »Aber diese Chronik über das Verhältnis zwischen Karl Oscar (Max von Sydow) und seiner Frau Kristina (Liv Ullmann) zeigt auch, dass beide Kraft aus der Liebe schöpfen«, fährt er fort. »Zu Beginn ist die Ullmann-Figur voller Ängste und Zweifel, gewinnt ihre Stärke jedoch aus dem Vertrauen zu ihrem Mann. Sie folgt ihrer Bestimmung, ein Abbild traditioneller Rollenmuster.« Dann beschreibt Haddal eine Szene, die auch dem *Time Magazine* aufgefallen war: »Ullmann probiert einen viel zu großen Hut auf. Die Szene ist der Inbegriff großer Schauspielkunst. Anfangs wirkt sie bescheiden und ein wenig hilflos in ihrem auffällig eleganten Kostüm. Dann eine kurze Verzückung, bevor diese einem Anflug von Trauer weicht. Allein durch ihren Blick gibt sie dem Zuschauer zu verstehen, dass diese Frau einen Lebensstil kennen gelernt hat, der ihr ein Leben lang fremd sein wird.«

K. B.: »Deinen Durchbruch in Amerika hattest du mit europäischen Filmen. Später ist viel Merkwürdiges über deine Zeit in Hollywood gesagt worden. In *Gezeiten* gibst du einen ironischen Kommentar dazu ab. Als dich jemand vom Fernsehen fragt, warum du in Hollywood so ein Fiasko erlebt hast, hast du geantwortet: ›Es gelingt schließlich nicht jedem, innerhalb eines Jahres zwei Studios in den Ruin zu treiben.‹ Was denkst du heute über deine Filme?«

L.U.: »Über diejenigen, die während meiner Zeit in Hollywood entstanden sind? *Christina. Zwischen Thron und Liebe* halte ich für einen guten Film. Anthony Harvey führte Regie. Peter Finch war mein Filmpartner. Gedreht wurde übrigens in Rom. Der andere Film, den ich hervorheben möchte, ist *Zandys Braut* unter der Regie von Jan Troell.«

K. B.: »Da spielst du an der Seite von Gene Hackman.«

L.U.: »Stimmt. Von diesem Film halte ich unglaublich viel. Er hat später eine Renaissance erlebt und wirkt überhaupt nicht altmodisch. Darauf bin ich stolz. Aber damals standen ja mehrere meiner Filme in direkter Konkurrenz zueinander.«

K. B.: »Innerhalb kurzer Zeit hast du *Schreie und Flüstern*, *40 Carats*, *Szenen einer Ehe*, *Christina* und *Zandys Braut* gedreht. Später hast du gesagt, du seiest manchmal falsch besetzt worden.«

L.U.: »Das gilt zweifellos für *40 Carats*. Ich war dreißig und sollte eine weltgewandte vierzigjährige New Yorkerin spielen, die sich in einen jungen Mann verliebt. Ich kam aber mit meinem eigentümlichen Englisch direkt aus Norwegen. Und der Mann, in den ich angeblich verliebt war, Edward Albert, sollte im Film zwanzig Jahre jünger sein, war in Wahrheit aber gerade mal ein Jahr jünger. Das konnte natürlich nicht gut gehen. Es wäre eine Rolle für Elizabeth Taylor oder Zsa Zsa Gabor gewesen. Letztere war auch wütend auf mich und zog in vielen Talkshows über mich her, weil sie die Rolle selbst gern gespielt hätte.«

K. B.: »Ist das heute nicht genauso? Man will unbedingt einen Star, gleichgültig was man ihm anzubieten hat.«

L. U.: »Stimmt. Und weil ich in diesem Jahr ein großer Star war in Hollywood, kamen diese Produzenten mit ihren gewaltigen Visionen auf mich zu. Nehmen wir *Der verlorene Horizont*, auf den ich mich nie hätte einlassen sollen, obwohl es natürlich eine Freude war, an der Seite von Peter Finch, Charles Boyer und Sir John Gielgud zu spielen. Da werden die Produzenten gedacht haben, ach, was soll's, sie kann zwar nicht singen und tanzen, aber sie ist zur Zeit halt der große Star. Mit der können wir am meisten Geld verdienen.«

K. B.: »Woody Allen soll gesagt haben: ›Wenn ich mein Leben noch einmal leben könnte, würde ich alles ganz genauso machen, mit einer Ausnahme: Ich würde mir nicht noch einmal Liv Ullmann in *Der verlorene Horizont* ansehen.‹«

L. U.: »Es war ein Musical. Ich habe gesungen und getanzt. Eine klassische Fehlbesetzung.«

K. B.: »In dem Film geht es um vier Menschen, die vor Unruhen in Indien fliehen und in einem utopischen Land in einem abgeschiedenen Tal des Himalaja-Gebiets landen, ›wo stets die Sonne scheint und nur gute Menschen leben, die alle steinalt werden‹, wie Per Haddal geschrieben hat.«

L. U.: »Ich finde die Story eigentlich sehr originell, obwohl daraufhin Studios geschlossen und Produzenten entlassen wurden. Es gibt aber auch Leute, denen das Fiasko sehr an die Nieren ging. Und das ist natürlich gar nicht komisch.«

K. B.: »An wen denkst du?«

L. U.: »An Burt Bacharach, zum Beispiel, der die Musik geschrieben hat.«

K. B.: »Aber seiner Karriere hat es offenbar nicht geschadet. Heute ist er fast eine Kultfigur. Zweifellos einer der allergrößten Komponisten der Musikunterhaltung. Ist es nicht merkwürdig, dass er Ende der siebziger Jahre überhaupt nicht mehr gefragt war, heute aber von allen verehrt wird? Der strenge Geschmacksrichter und frühere Rockstar Elvis Costello hat eine CD mit ihm aufgenommen, und seine alten Hits gehören zum Standardrepertoire vieler Drag-Queens.«

L. U.: »Er hat fünf Songs für mich geschrieben. Fünf Songs.«

K. B.: »Und das sagst du so beiläufig? Unzählige Interpreten des Popbusiness träumen sicher davon, dass Burt Bacharach fünf Songs für sie schreibt.«

L. U.: »Armer Bacharach. Er und einige andere aus unserem Filmteam hatten nachher ziemliche Depressionen. Ich habe ihn sehr gemocht. Während der Dreharbeiten waren wir oft auf dem Tennisplatz. Das heißt, *er* hat Tennis gespielt, und ich habe zugeschaut. Ein einziges Mal in meinem Leben habe ich es selbst probiert. Aber ich habe so unheimlich geschwitzt, dass ich es bei dem einen Mal belassen habe.«

K. B.: »Der Film hat also weniger eingespielt, als die Produzenten gedacht hatten?«

L. U.: »Er war ein totales Fiasko. Ein fürchterlicher Reinfall für alle, die mitgewirkt haben.«

K. B.: »Aber Sir John Gielgud hat doch sicher eine gute Figur gemacht.«

L. U.: »Natürlich. Und Charles Boyer ebenfalls, der so eine Art Hahnenkamm auf dem Kopf trug und als Buddhist durch die Gegend lief.«

K. B.: »Wie sah damals dein Leben aus? Entsprach es den gängigen Klischees? Wohntest du in Bel Air oder Beverly Hills?«

L. U.: »In Beverly Hills. Aber an vieles kann ich mich nicht genau erinnern. Ich weiß auch nicht mehr, wie die Straße hieß. Es war eine riesige Villa. Mit Gästehaus und Swimmingpool. Meine Tochter hat dort schwimmen gelernt. Und ich habe gute Freunde hinzugewonnen, nicht zuletzt Rock Hudson.«

K. B.: »Der später an Aids starb?«

L. U.: »Ja, er hat sich rührend um mich gekümmert. War sehr nett zu mir. Ich habe mich ja damals in ein paar komplizierte Geschichten verstrickt.«

K. B.: »Darüber schreibst du in einem deiner Bücher. Mit wenigen Sätzen bist du in der Lage, ziemlich beklemmende Männerporträts zu entwerfen. Eigentlich merkwürdig, dass du noch keinen Psychothriller geschrieben hast.«

L. U.: »Dazu ist es ja noch nicht zu spät.«

K. B.: »Da gab es doch diesen berühmten Schauspieler mit den hohen ›moralischen‹ Ansprüchen, dem es nicht gefiel, dass deine vierjährige Tochter nackt im Pool badete.«

L. U.: »Ja, nennen wir ihn G. Wieder einmal wusste ich nicht, worauf ich mich eingelassen hatte. Ich durchschaute ihn nicht. Begriff nicht, was er mit mir vorhatte. Er wollte die Kontrolle über mein Leben übernehmen. Es war grauenhaft. Außerdem war er Alkoholiker, was seinen psychischen Zustand nur noch verschlimmerte. Eigentlich war er immer betrunken. Doch ich hielt ihn für eine Autorität, eine große und interessante Persönlichkeit. Ich suchte immer noch nach einer Vaterfigur. Und bei G. zu Hause hatte er das Sagen. Egal, wie besoffen er war. Beim Essen durfte niemand reden außer ihm. Er zog mich völlig in seine Welt hinein, und ich schaffte es nicht, mich von ihm zu lösen. Ich hatte Rock Hudson versprochen, mich nicht mehr mit G. zu treffen. Ich hatte ihm von G.s Alkoholkonsum erzählt und auch davon, dass er mich zum Trinken nötigte. Im Befehlston sagte er: ›Trink jetzt, Liv! Jetzt trinkst du!‹ Und es gehörte damals nicht viel dazu, mich zum Trinken zu bringen. Ich brauchte wohl etwas, um meine Nerven zu beruhigen. Denn ich spürte in seiner Gegenwart noch etwas anderes, weitaus Gefährliches – eine unterschwellige Brutalität, die jederzeit an die Oberfläche kommen konnte. Er machte mir Angst. Er war gewalttätig. Warum habe ich ihn eigentlich überhaupt noch mal besucht? Das wird mir immer ein Rätsel bleiben. Doch dann kam Rock Hudson. Er klingelte an der Tür und sagte: ›Liv wird hier keine Minute länger bleiben.‹ Dann gingen wir. Rock und ich.«

Liv schreibt: »Eines habe ich gelernt: Ein Mann ist für eine Frau wie ein Alibi. Wie es hinter den Kulissen aussieht, ist eine andere Frage.

Mag *er* noch so fett, dumm und alt sein, so schwingt er sich doch zum Richter über *ihren* schlaffen Körper und ihre Wechseljahre auf und wird auf Verständnis stoßen, wenn er sie gegen eine Jüngere austauscht. So ist es im Berufsleben. So ist es im Privatleben.

Ich habe immer wieder allein gelebt, habe mich oft in der Situation von Singles oder geschiedenen Frauen befunden. War selbst eine Frau, von der alle wussten, dass sie ›niemand hat‹.

Ein Mann kann abends alleine ein Restaurant besuchen. Falls ich dies tue, setze ich mich a) Kritik, b) ungebetener männlicher Gesellschaft, c) Mitleid aus.

Als Schauspielerin habe ich einmal dieselbe Gage gefordert wie ein männlicher Kollege. Obwohl wir genauso lange am Theater engagiert waren, sagte man mir, er müsse mehr verdienen als ich, weil er eine Familie zu versorgen habe. Ich selbst hatte ebenfalls ein Heim und eine Tochter, musste aber offenbar niemanden versorgen.

Ich war eine alleinerziehende Mutter und hatte im Gegensatz zu meinem männlichen Kollegen, dessen Frau zu Hause war, niemand, der den Haushalt schmiss.

Bei einer Scheidung sind es meistens die Männer, die größere Wahlmöglichkeiten haben.

Der Frau wird ein schlechtes Gewissen eingeredet, wenn sie arbeiten geht und das Kind anderweitig beaufsichtigen lässt. Weil sie eine Frau ist, braucht das Kind sie zu Hause. Weil er ein Mann ist, gilt es als Selbstverständlichkeit, dass er sich in erster Linie um seinen Job kümmert.

Ich bin die Mutter mit dem unehelichen Kind, weil ich nicht verheiratet bin. Aber ich trage die Verantwortung. Ich muss mich fünfzehn Jahre meines Lebens danach richten, was das Beste für mein Kind ist. Wenn ich keine Unterstützung finde, muss ich Arbeits- und Kontaktmöglichkeiten ungenutzt lassen. Ich muss Kindermädchen anstellen und entlassen und beizeiten zu Hause sein, weil ich weiß, dass sie kündigen, sobald sie sich ausgenutzt fühlen.

Ich frage mich, wie jene Frauen das hinbekommen, die ihr Kind nicht selbst versorgen können und auf die Unterhaltszahlungen angewiesen sind, die ihr Mann als angemessen betrachtet.

Ich habe Freundinnen, die seit über einem Jahr nicht mehr ausgegangen sind, weil ihnen der ständige Zeitmangel, ihr schlechtes Gewissen und der Schlafmangel jede Energie rauben. Sie verdrängen ihr Bedürfnis nach emotionaler Nähe zu anderen als ihrem Kind, bis sie dies in ferner Zukunft werden nachholen können.«

K. B.: »Du hast eine Tochter. Du warst Single. Du warst in Amerika. Alle wollten etwas von dir. Und dann hast du auch noch ein Verhältnis mit Warren Beatty angefangen?«

L. U.: »Warren Beatty mit den blauen Augen, die sich in meinen spiegelten. Und ich glaube, ich spiegelte mich auch ein wenig in ihm.«

K. B.: »Der Mann, den alle Frauen haben wollten?«

L. U.: »Wir hatten nur ein kurzes Verhältnis.«

K. B.: »Das muss doch wie die Erfüllung eines Hollywoodtraums gewesen sein. Was werden deine Freundinnen in Norwegen gedacht haben? Unabhängig davon, wie sehr man gefeiert wird, ist es doch großartig, sagen zu können, man habe eine Affäre mit Warren Beatty gehabt.«

L. U.: »Großartig ist es keinesfalls, denn gerade *das* können doch viele von sich sagen. Und er fand es sicher interessant, eine Affäre mit der ›Frau Ingmar Bergmans‹ zu haben.«

K. B.: »Du schaffst es, selbst diese Geschichte herunterzuspielen. Aber ihr müsst von der Presse doch regelrecht gejagt worden sein. Wie bist du mit dem gewaltigen Interesse der Öffentlichkeit fertiggeworden?«

L. U.: »Du darfst nicht vergessen, dass wir über die siebziger Jahre sprechen. Damals war die Presse noch nicht so wie heute.«

K. B.: »Nicht? Das Wort Paparazzo stammt doch schließlich aus dem Film *La dolce vita* von Fellini.«

L. U.: »Ich kann mich trotzdem nicht erinnern, dass ich darunter gelitten habe. Erst als Warren nach Schweden kam, hat es einen Riesenwirbel gegeben, aber da waren wir nur mehr gute Freunde.«

K. B.: »Du hast mit einigen Männern dein Leben geteilt. Doch in deinen beiden Büchern betonst du auch, wie schwierig es für Mann und Frau sei, zueinander zu finden.«

L. U.: »Dabei geht es wohl um die Art und Weise, wie man die Welt und die Menschen betrachtet. Steht dazu nicht auch etwas in dem Buch von Benny Andersen und Johannes Møllehave, das du mir gestern gegeben hast? In der Passage über Dostojewski? Von der Fähigkeit, sich die Lebensfreude zu bewahren?«

K. B.: »Obwohl Møllehave die erste Ehe Dostojewskis als eine solche Hölle bezeichnet, dass selbst Strindberg neidisch geworden wäre.«

L. U.: »Ja, und nach solchen persönlichen Niederlagen stellt man sich doch viele Fragen. Hattest du mir dazu nicht eine bestimmte Stelle vorgelesen?«

K. B.: »Doch, einen Brief Dostojewskis an seinen Bruder, in dem er schreibt, am härtesten habe ihn die Erkenntnis getroffen, falsch gelebt zu haben. Sich allzu oft dem Leben und der Freude daran verschlossen zu haben. Würden ihm noch fünf Tage geschenkt, fügt er hinzu – vermutlich war das direkt nachdem er zum Tod durch Erschießen verurteilt worden war und glaubte, er habe nur noch wenige Stunden zu leben –, dann würde ihm jeder Augenblick wie eine Ewigkeit vorkommen. Daraufhin zitiert Møllehave aus dem Neuen Testament: ›Lasset dieselbe Gesinnung in euch sein wie in Ihm. Eine Gesinnung, die liebt, anstatt zu verurteilen, die sich vom Mitgefühl ergreifen lässt statt vor Hass, von Achtung statt von Verachtung.‹

L. U.: »Ja, das ist eine wichtige Botschaft: dass das Leben im Licht der Liebe erschaffen wurde. Und dass auch ein Leben, das verpfuscht und verloren aussieht, wiederschaffen werden kann im Licht der Liebe.«

K. B.: »Es müssen viele Farben zusammenkommen, bis alles schwarz wird?«

L. U.: »Genau.«

K. B.: »Als ich dich nach den Schattenseiten der Liebe fragte, hast du versprochen, mir von einem ganz speziellen Verhältnis zu einem besonderen Mann zu erzählen.«

L. U.: »Ich bin einmal einem ungeheuer begabten Mann begegnet, einem Wissenschaftler. Ich habe früher schon etwas über ihn geschrieben, doch nicht das, was ich dir jetzt erzählen werde. Als Wissenschaftler war er hochangesehen. Er war auch Violinist und hätte es als solcher zu Weltruhm bringen können. Das wollte er in jungen Jahren. Außerdem liebte er Gedichte. T.S. Elliot konnte er lesen wie niemand sonst. Durch die Verbindung zu ihm fühlte ich mich künstlerisch und geistig bereichert. Ich empfand eine enge Geistesverwandtschaft zu ihm. Doch er hatte auch sonderbare Seiten. Wie bei G. gab es da ein paar Warnsignale, die ich zwar früh wahrgenommen und dennoch nicht richtig verstanden habe. Als er mich in New York einmal von zu Hause abholte, um mich zum Essen einzuladen, lernte er bei dieser Gelegenheit meine Tochter kennen und sagte etwas wenig Schmeichelhaftes zu ihr. Das hätte eigentlich ausreichen müssen, um mit ihm Schluss zu machen, doch merkwürdigerweise entschied ich mich dafür, die Bemerkung zu überhören.«

K. B.: »So geht es uns wohl allen zu Beginn einer Liebesbeziehung. Für die Fehler des anderen haben wir anfangs keinen Blick.«

L. U.: »Vielleicht. Doch er ging bei seinen Annäherungen sehr methodisch vor. Er tadelte mich, wenn er meinte, ich sei zu impulsiv. Ich erzählte ihm von meinem starken Wunsch, im Hier und Jetzt zu leben. Worauf er entgegnete: ›Du bist aber nicht nur ein Produkt des heutigen Tages, Liv, dieses Augenblicks.‹«

K. B.: »Schon damals war dir also diese Problematik bewusst?«

L. U.: »Ja. Ich sagte ihm, dass die Sonne schiene und ich mit ihm lachen und wie ein Kind sein und für einen einzigen Tag ohne Vergangenheit und Zukunft sein wolle. Und er entgegnete: ›Du bist von einer Billion Augenblicke geprägt worden, die schon vor deiner Geburt stattfanden. Vergiss nie, dass du eine Vergangenheit hast, Liv. Deine Vergangenheit ist dein Anker.«

K. B.: »Ach ja?«

L. U.: »Ich fühlte mich immer bevormundet, wenn er so etwas sagte. Er war ein renommierter Gehirnforscher, hatte bereits einen Nobelpreis gewonnen und war sicher drauf und dran, einen zweiten zu gewinnen. In seinem Labor liefen Mäuse herum, und die Art und Weise, wie er mir seine Forschungen erklärte, erschreckte mich. Das stand in starkem Kontrast zu der Freude, die ich empfand, wenn wir zusammen waren, lange Spaziergänge durch New York machten, Rotwein mit Zimt tranken … Es machte ihm so viel Spaß, Bücher und Platten für uns zu kaufen.«

K. B.: »Was sagte er denn über seine Forschungsarbeit?«

L. U.: »Er zeigte mir so furchtbare Perspektiven auf. Zum Beispiel sagte er: ›Stell dir vor, du willst eine Billion Moskitos töten und hast auch das perfekte chemische Produkt dazu. Doch dann entdeckst du, dass sich ein einziger männlicher Moskito als resistent erwiesen hat. Dieser Moskito wird unter Millionen weiblicher Moskitos ein Exemplar finden, das ebenfalls überlebt hat. Zusammen werden sie eine neue Insektenart gründen, gegen die dein Vernichtungsmittel vollkommen wirkungslos ist. Die beiden Moskitos, die überlebt haben, waren vermutlich aus der Art geschlagen, sie waren Mutanten.‹«

K. B.: »Kein sehr schöner Gedanke.«

L. U.: »Es wurde noch unangenehmer, als er fortfuhr: ›Was bei Insekten der Fall ist, Liv, geschieht auch mit unseren Gehirnzellen. Unter ihnen gibt es ein Monster. Die Aufgabe der Wissenschaft ist es, herauszufinden, welche Voraussetzungen da sein müssen, damit solch eine Monsterzelle entsteht.‹«

K. B.: »Ihr müsst doch sehr interessante Gespräche geführt haben.«

L. U.: »Haben wir auch, aber etwas an ihnen war mir nicht geheuer. Ich weiß nicht, was es war. Dann bekam ich heraus, dass es noch eine zweite Frau gab, mit der er sich regelmäßig traf. Dazu sagte er: ›Du weißt doch, dass ich sie hin und wieder sehe. Sie ist sehr hübsch, hübscher als du, im Grunde.‹«

K. B.: »Da war es wohl an der Zeit, mit ihm Schluss zu machen.«

L. U.: »Nein, das habe ich nicht getan. Doch irgendwann wurde mir klar, dass er wirklich gefährlich ist. Gleichzeitig war ich vollkommen in seinem Bann. Er kam einmal zu mir in die Wohnung, als meine Tochter bei einer Freundin übernachtete. Als er im Flur stand, sagte er: ›Vielleicht werde ich heute Nacht bei dir bleiben.‹ Es war irgendwas an der Art, wie er mich anstarrte. Ich wusste plötzlich, dass hier etwas nicht stimmte. Ich dachte daran, was er zu meiner Tochter gesagt hatte. Ich dachte an seine Forschungsmethoden. Sein Geigenspiel und T.S. Elliot spielten keine Rolle mehr. Ich sah nur noch den Wissenschaftler in seinem Labor. Als er mich fortwährend anstarrte, schlug ich vor, einen Spaziergang zu machen. Das wollte er gern. Also nahmen wir den Lift im 13. Stock und fuhren nach unten. Er hatte nichts getan, ich hatte einfach das Gefühl, dass hier etwas vollkommen verkehrt lief.

Wir treten auf die Straße und gehen am Türhüter vorbei. Wir wenden uns nach links. Plötzlich drehe ich mich um und laufe so schnell ich kann zurück. Als ich am Türhüter vorbeirenne, rufe ich ihm zu: ›Don't let him in! Don't let him in!‹ Ich *wusste*, dass ich in Gefahr war. Worin die Gefahr bestand, kann ich nicht sagen. Ich lag die ganze Nacht wach und dachte: Was habe ich nur getan? Was habe ich mir bloß eingebildet? Am nächsten Tag rief ich ihn an und sagte: ›Entschuldige, ich weiß nicht, was gestern in mich gefahren ist.‹ Einen Augenblick war es still in der Leitung. Dann sagte er: ›You, Liv Ullmann – *never* call me again!‹ Seine Stimme und die Art, wie er es sagte, waren so furchteinflößend, dass ich es nie wieder vergessen werde.

Dann vergingen viele Jahre, ehe ich einen Vortrag in der

Schweiz halten sollte. Es war ein Seminar über das Gehirn und die Möglichkeiten der Fantasie. Ich wusste nicht, wer noch als Redner eingeladen war. Der Leiter der Veranstaltung war ein weltbekannter Psychiater. Als ich den Namen des besagten Wissenschaftlers auf der Teilnehmerliste sah, sagte ich: ›Um Gottes willen, das ist unmöglich! Er hasst mich!‹ Daraufhin erzählte ich dem Psychiater die ganze Geschichte. Doch der entgegnete nur: ›Oh, no, no, no. He's such a good man! It will be ok! You have exaggerated this! It happened so many years ago. Now you will meet him for dinner, and everything will be fine again!‹ Nachdem der Psychiater und ich gemeinsam gegessen hatten, spazierten wir in die Lobby. Da sehe ich ihn plötzlich und bekomme es mit der Angst zu tun. ›There he is‹, sage ich. ›Oh, relax, Liv!‹, entgegnet der Psychiater. ›What is this? Come now, we'll go and talk to him!‹ Wir gehen auf ihn zu. Er kommt uns entgegen. Dann sieht er mich an. Es ist furchtbar, wie er mich anstarrt, bevor er an uns vorbeigeht. Ich wende mich dem Psychiater zu. Mit versteinertem Gesicht sagt er: ›You were right, Liv. You must stay away from him! He is very dangerous! If you meet him in the lift now while you're here, don't look him in the eyes, because he's going to attack you. You understand? *Don't* look him in the eyes!‹ Da wusste ich plötzlich, dass ich damals Recht gehabt hatte. Er war wirklich gefährlich. Doch das Traurige daran ist, dass diese Angst einer großen Bewunderung entsprang. Ich war ja fast wie besessen von ihm gewesen.«

Mittagspause. Ich schlendere bei glühender Hitze durch die Straßen und denke daran, was Liv mir gerade erzählt hat. Das bestärkt mein Gefühl, das ich immer habe, wenn ich mit ihr spreche: dass sie seit langem, wenn nicht von jeher, die Fähigkeit besitzt, maskuline Denkweisen zu durchschauen. Dass sie Männer wirklich *verstehen* kann, selbst wenn ihr diese fremd sind. Und dass diese Erfahrung, mag sie auch teuer erkauft sein, sie stark gemacht macht. Ihre Ambivalenz ist offenbar. Wenn sie mit Männern flirtet, ist *sie* die Regisseurin, doch ich habe schon Männer erlebt, die dachten, es sei umgekehrt. Sie weiß etwas von uns, und was sie weiß, ist nicht schmeichelhaft. Sie hat jahrelang in New York gelebt. Sie weiß, was Gewalt ist. Manches Mal hat sie Angst gehabt und dies nicht vergessen. Ich setze mich in ein Straßencafé. So viel unterschwellige Energie in den USA. Miami ist eine gewalttätige Stadt. Hier werden täglich Menschen erschossen. Hier starb Versace. Langjährige Gewalt hat diese Gegend geprägt. Miami ist für alle Kubaner das Tor zu den USA. Hier sind Überfälle und sinnlose Schießereien an der Tagesordnung. Viele landeten im Laufe der Jahre auf dem elektrischen Stuhl. Die Sonne brennt. Ich werfe den diffusen Schatten in den riesigen Straßenkreuzern einen verstohlenen Blick zu. Liv hat gesagt, ich solle mich vorsehen, wenn ich abends noch unterwegs sei. Doch jetzt ist helllichter Tag. Ich lasse meinen Tomatensalat stehen und gehe ins Hotel zurück. Das Bedrohlichste war bislang der feindselige Mann an der Rezeption. Heute Morgen hat er mich tatsächlich angelächelt. Es war das zweideutigste Lächeln, das ich je gesehen habe. Am liebsten hätte ich ihm zugerufen, was Lille My von den Mumins Hufsa zuruft: »*Unheimlich* bist du!!!« Ja, diese Stadt hat etwas Unheimliches. Heute Nacht werde ich vielleicht die Sicherheitsschlösser meiner Tür benutzen. Hier, zwischen den Palmen, ist jede Idylle trügerisch, denke ich, während ich im gleißenden Sonnenlicht auf dem Bürgersteig gehe. Dennoch hat Liv Ullmann hier ihren Wohnsitz gewählt.

K. B.: »Als Schauspieler und Regisseurin warst du immer sehr am Verhältnis zwischen Männern und Frauen interessiert. Ich muss auch daran denken, wie oft du die Männer, trotz allem verteidigst. Der Nobelpreisträgerin Sigrid Unset, deren Roman *Kristin Lavranstochter* du verfilmt hast, wäre das nie in den Sinn gekommen. An der Fanpost, die sie von ihren weiblichen Lesern erhielt, ärgerte es sie, dass sich so viele in Erlend verliebt hatten. Sie verachtete Erlend. ›Erlend ist ein Schuft!‹, schrieb sie zurück.«

L. U.: »Du darfst nicht vergessen, wie viele männliche *Freunde* ich stets gehabt habe.«

K. B.: »Leo Chern? Erland Josephson?«

L. U.: »Unter anderem.«

K. B.: »Ich möchte aber gern weiter von der Leidenschaft sprechen.«

L. U.: »Was ist Leidenschaft? Wo fangen Missbrauch und Gewalt an? Erinnerst du dich an die Geschichte, die ich in *Wandlungen* über meine Kollegin aus *Nora* schrieb?«

K. B.: »Natürlich.«

L. U.: »Sie war in Wahrheit noch viel schlimmer, als ich in *Wandlungen* beschrieben habe. Wir gastierten in Philadelphia und sollten das Stück später am Broadway spielen. Nach der Premiere saßen wir in meinem Hotelzimmer und feierten. Nur die Kollegin, die die Christine spielte, fehlte. Schließlich ging Sam Waterston, der Helmer spielte, zu ihrem Zimmer, um sie zu holen. Als er nicht zurückkam, ging ich ihm hinterher. Da saß sie. Auf ihrem Bett. Sie war nackt. Man hatte sie gefesselt. Sie war noch mal auf ihr Zimmer gegangen, um Eis und Getränke zu holen, hatte sich auf die Toilette gesetzt. Da wurde der Duschvorhang zur Seite gerissen. Ein Mann mit einem Messer sprang heraus und riss ihr die Kleider vom Leib. Er misshandelte und vergewaltigte sie.«

K. B.: »*Psycho* in umgekehrter Version?«

L. U.: »Ja. Sie hatte gerufen: ›My friends are coming! My friends are coming!‹ Und er hatte geantwortet: ›Oh yeah? And if they're not coming, I'm going to kill you! I'm going to kill you!‹ Während sie uns erzählte, was passiert war, lagen noch das Messer und die Fesseln da. Es war grauenhaft. In dieser Nacht schliefen wir alle in meinem Zimmer. Am nächsten Tag zogen wir in ein besseres Hotel um. Der Einzige, der keine Angst hatte, war unser Regisseur Tormod Skagestad. Aber der kam ja auch direkt aus Norwegen und hatte hier noch nichts erlebt.«

K. B.: »War sie in der Lage, weiterhin ihre Rolle in *Nora* zu spielen?«

L.U.: »Ja, aber sie hat kaum noch mit uns gesprochen. Sie saß die meiste Zeit über bei Kerzenschein und Weihrauch in ihrer Garderobe. Einen besonderen Personenschutz mit Bodyguards und so weiter gab es nur für mich, denn ich war der Star des Ensembles. Als wir unser Gastspiel beendet hatten, flog sie nach Hollywood zurück. Als sie dort irgendwann mit ihrem Freund auf einem Parkplatz stand, kam ein Auto. Aus dem Auto wurde eine Pistole gehalten. Jemand sagte: ›Die Tasche her und die Brieftasche!‹ Sie gab ihm ihre Tasche. Das Fenster fuhr nach oben, das Auto setzte sich in Bewegung. Da muss irgendwas in ihrem Kopf passiert sein. Sie hatte sich früher nie zur Wehr gesetzt, hatte nicht einmal protestiert, als ich Bodyguards bekam und nicht sie. *Jetzt* wehrte sie sich. Als das Auto losfuhr, muss sie von einem gewaltigem Zorn gepackt worden sein. Wutentbrannt lief sie dem Wagen hinterher. ›You damned people!!!‹, schrie sie. ›Fuck you!!!‹ Da blieb das Auto stehen und setzte zurück. Die Scheibe wurde wieder runtergekurbelt, die Pistole herausgestreckt. Sie haben sie erschossen.«

Liv schreibt: »Ich hoffe, zwei Menschen können gemeinsam wachsen, Seite an Seite, und einander eine Freude sein. Ohne dass einer unterdrückt wird, damit der andere seine Stärke behalten kann.

Vielleicht ist es ein Zeichen der Reife, den anderen vorbehaltlos zu akzeptieren.

Mich selbst so anzunehmen, wie ich bin.

›Es gibt keinen Mann, der für die Liebe seine Ehre opfert‹, sagt Helmer. Und Nora entgegnet: ›Unzählige Frauen haben das getan.‹«

K.B.: »Die Liebe hat in deinen Filmen und in deinem Leben oft eine wundervolle und eine unheilvolle Seite. Vielleicht hast du diesen Zug von Bergman übernommen. Wenn sich bei ihm zwei Personen lieben, ist der Tod nie weit entfernt. Bei deinen Figuren ist das nicht anders. Eine zentrale Person in *Gezeiten* ist Abel. Ein interessanter Deckname, finde ich. Der Urmann?

Oder derjenige, der schließlich zum Opfer wird? Der Dialog, den du mit ihm führst, gehört sicher zu dem Persönlichsten, was du je geschrieben hast.«

L.U.: »Abel ist Dragan.«

K. B.: »Und wer ist Dragan?«

L.U.: »Der schönste Mann der Welt. Und eine große Persönlichkeit.«

K. B.: »Serbe, Kroate, Slowene?«

L.U.: »Ein Serbe, aus Belgrad.«

K. B.: »Offenbar eine sehr wichtige Person in deinem Leben. Doch in *Gezeiten* sagst du zu ihm: ›Ich habe keine Zeit mehr, deine Mutter oder dein Kind zu sein. Ich habe keine Zeit mehr, um dich entscheiden zu lassen, ob dies ein guter oder ein schlechter Tag für mich wird. Ich habe keine Zeit mehr, mich von dir einengen zu lassen.‹«

L.U.: »Es hat lange gedauert, bis wir in unserer Liebe diesen Punkt erreicht hatten. Dragan kam nach England, um ein Fernsehinterview mit mir zu machen. Im Laufe des Interviews verliebten wir uns ineinander. Er trug einen weißen Anzug. Und war, wie gesagt, so unglaublich attraktiv.«

Liv schreibt: »Er will alles über Ingmar Bergman wissen.

Ich will, dass er alles über mich erfährt.

Während ich von einer alten Liebesbeziehung erzähle, überlege ich, ob es nicht Möglichkeiten für eine neue gäbe…«

K. B.: »Lebt er noch?«

L.U.: »Ich glaube schon. Er war die größte Fernsehpersönlichkeit in Jugoslawien. Wir besuchten ein Restaurant, betranken uns und wussten, dass wir füreinander geschaffen waren. Als sein Visum ablief, flog er nicht zurück, obwohl das noch zu Zeiten Titos war, in der die Reisevorschriften sehr restriktiv waren.«

K. B.: »Du hast geschrieben, dass du während des Interviews in keiner Weise zu erkennen gegeben hast, wie sehr du dich von ihm unterschieden hast. Du sagtest nicht, dass deine Tage exakt durchgeplant waren. Dass du einen festen Zeitplan einhieltest. Dass deine Verpflichtungen dir Sicherheit gaben.«

L. U.: »Nein. Für ihn war dieses Interview und die Begegnung mit mir der Beginn seines Irrsinns, wie er es später ausdrückte. Gegen jede Vernunft, bar aller Rücksichtnahme auf seine Verpflichtungen – unter dem Einfluss einer vorübergehenden Verwirrung der Sinne –, kehrte er seiner Familie, seiner Arbeit und seinem Land den Rücken. ›Ich glaube, das nennt man Liebe‹, sagte er immer wieder.«

K. B.: »Ich schaudere, wenn ich so etwas höre. Ich weiß von Leuten, die ans andere Ende der Welt geflogen sind, um ihre Liebste zu überraschen. Das kann fürchterlich schiefgehen. Und diesen Schock überwindet niemand.«

L. U.: »Auch ich nicht. Plötzlich tauchte Dragan in Sandefjord auf. ›Nimm mich‹, sagte er. Doch er wollte nur meine Arme, mein Lächeln, meinen Körper, meine Aufmerksamkeit, meine Liebe. All das andere wollte er nicht.«

K. B.: »Und da standst du also neben deiner Tochter?«

L. U.: »Ja. Er hatte seine Familie verlassen. Seinen Job beim Fernsehen gekündigt. Er hatte nicht einmal einen Koffer dabei. Er kam mit leeren Händen!«

K. B.: »Und seine Frau hatte ihn in ihrer Verzweiflung gebeten, dich zu fragen, ob du wirklich in der Lage seiest, mit einem Bein auf dem Fahrradsattel zu stehen, wie du in *Wandlungen* geschrieben hattest.«

L. U.: »Es war fürchterlich. Ich glaube, ich habe ihn gewollt, bis er ohne Gepäck vor meiner Tür stand. Das war einfach zu viel für mich. Auch er selbst hat seine Entscheidung sicher schnell bereut. Doch was sollte er tun? Er hatte doch alle Brücken hinter sich abgebrochen. Und jemand hatte die Brücken für mich abgebrochen. Unsere Beziehung währte fünf Jahre. Vielleicht beruhte sie auf falschen Prämissen, denn als er da mit leeren Händen vor meiner Tür stand, bekam ich Panik. Er musste doch irgendetwas tun. Ich versuchte, ihn zum Schreiben zu bewegen, da er ja Erfahrung im Schreiben hatte. Aber das wollte er nicht, weil ihn seine Situation dann zu sehr deprimieren würde, sagte er. Ich war gerade gefragt worden, ob ich für UNICEF arbeiten wolle, und da dachte ich, UNICEF wäre wie geschaffen für ihn, also begleitete er mich auf meiner ersten Reise für die Organisation. Doch er stand nur unbeteiligt neben mir und starrte in den Himmel, während ich all diesen Menschen begegnete, die mein Leben veränderten. Er hat mich nie wieder auf einer Reise begleitet. Wir lebten fünf Jahre lang zusammen, weil wir beide eine falsche Entscheidung getroffen hatten.«

K. B.: »Das erinnert mich an eine Freundin, die vor ein paar Jahren zum dritten Mal geheiratet hat. Auf ihrer Hochzeitsreise wollten sie die Küste entlangsegeln. Doch sie hatte die ganze Zeit über ein mulmiges Gefühl und musste jeden Tag Valium nehmen. Dennoch sind sie weiterhin verheiratet. Nach einer Weile haben sie dann doch zueinandergefunden. Heute nimmt sie kein Valium mehr.«

L.U.: »Bei mir und Dragan war es wohl der Alkohol. Jedenfalls für ihn. Er trank oft und viel. Das fördert nicht gerade die psychische Stabilität.«

K. B.: »Er wohnte bei dir?«

L.U.: »Ja, wir wohnten in Oslo, in Sandefjord und in New York. Er war ständig deprimiert wegen der Wahl, die er getroffen hatte. Und ich hatte Angst wegen seiner Depressionen.«

Liv schreibt: »Wir sitzen in meiner Wohnung in Norwegen. Er scheint sich zu langweilen und starrt in die Flammen des Kaminfeuers. Ich versuche zu lesen, aber die Wörter sagen mir nichts. Er trinkt. Ich spüre einen inwendigen Schmerz, eine Sehnsucht nach ihm und nach mir. Es müsste ein Wunder geschehen, um diese Wunden zu heilen.

Während ich zweifle, ob es Liebe ist, was ich für ihn empfinde, frage ich ihn: ›Liebst du mich?‹

›Ja‹, antwortet er.

Dann schweigen wir beide.

Ich betrachte diesen Mann, der so sehr von der Vergangenheit erfüllt ist, vor der zu flüchten versucht. Ich stelle mir alle möglichen Erlebnisse vor, die er vor mir verbirgt, Gesichter und Gefühle, die ein schmerzlicher Teil von ihm sind, den ich ahne, doch nie kennen werde… Oh, Abel [Dragan], was ist mit uns geschehen? Wie hast du nur glauben können, dass ich das würde ersetzen können, was du wegen mir aufgegeben hast?«

K. B.: »Einen Menschen wegen eines anderen zu verlassen, ist immer brutal. Also versucht man es so schonend wie möglich zu machen. Wie ein Freund von mir einst sagte: ›Man schneidet den Schwanz des Hundes in viele kleine Stücke, weil man glaubt, dass es so weniger wehtut.‹ «

L. U.: »Das kenne ich. Als Dragan mich schließlich verließ, tat er es allerdings mit derselben Brutalität, mit der er damals seine Frau verlassen hatte.«

K. B.: »Was war geschehen?«

L. U.: »Wir flogen von Norwegen in die USA und mussten in Kopenhagen zwischenlanden. Dort, auf dem Flughafen, hat er mich verlassen.«

K. B.: »Auf dem Flughafen?«

L. U.: »Ja, und zwar auf sehr dramatische Weise. Wir standen im Wartebereich. Da sagte er pathetisch: ›Jetzt verlasse ich dich!‹«

K. B.: »Und das hat er wirklich getan?«

L. U.: »Ja. Ich habe dann in New York beim Kindermädchen meiner Tochter angerufen und gesagt: ›Dragan hat mich auf dem Flughafen verlassen. Was soll ich jetzt tun?‹ – ›Komm einfach nach Hause‹, antwortete sie.«

K. B.: »Dann hast du dich in das Flugzeug gesetzt?«

L. U.: »Ja, ich musste schließlich zur Arbeit. Als ich nach Hause kam, hatte das Kindermädchen bereits alle Kleider und alle Gegenstände von Dragan beseitigt. *Alles* war fort. Ich versuchte ihn anzurufen, denn so bin ich nun mal. Doch ich habe ihn nie erreicht. Er wohnte bei seiner achtzehnjährigen Tochter, und immer war sie es, die an den Apparat ging. Es war aussichtslos.«

Liv schreibt: »Er steht in der Tür. Starrt auf seine Hände, als sähe er sie zum ersten Mal.

›Ich wollte die Vergangenheit loswerden, aber das war nicht möglich‹, sagt er zu mir. ›Ich lebe in der Vergangenheit, und die Vergangenheit ändert sich nicht.‹

Er verlässt meine Wohnung. Ich höre die Tür schlagen und weiß, dass er spät und sehr betrunken nach Hause kommen wird. Ich versuche, durch das Fenster noch einen Blick auf ihn zu erhaschen. Neben dem Fensterrahmen hängen die Porträts der Familie. Eines Tages werden wir alle hinter Glas und Rahmen landen, um uns von unseren Nachkommen betrachten zu lassen.

Werden dumpf in den Raum starren und nie mehr wirklich existieren. Bilder, die alles zum Ausdruck bringen, was wir einst waren.«

K. B.: »Doch nach vielen Jahren bist du ihm wiederbegegnet?«

L.U.: »Das war vor drei Jahren in Belgrad. Ich sollte einen Vortrag halten. Meine Tochter war auch dabei. Wir waren auf einem Empfang, gemeinsam mit vielen Künstlern und Medienleuten. Das Fest war bereits in vollem Gang, als Dragan plötzlich den Raum betrat. Es wurde vollkommen still. Alle schauten ihn an. Kein Zweifel, dass er getrunken hatte. Mitten im Raum blieb er stehen. Er hatte von meiner Anwesenheit erfahren und warf mir einen langen Blick zu, ehe er zu mir kam. Er sagte kein Wort, setzte sich einfach neben mich und umarmte mich. So saßen wir zwei Stunden lang. Ich weinte. Vielleicht versuchte ich auch zu sprechen. Ich hatte damals schon seit Jahren keinen Alkohol mehr angerührt. Wir hatten vollkommen unterschiedliche Wellenlängen. Das spürte er auch, also trank er noch mehr. Alle anderen betrachteten uns schweigend. Es war wie in einem Theaterstück. Es war nach dem Balkankrieg. Doch alle konnten sich an uns und unser Verhältnis erinnern. So wie es unter Tito gewesen war. Schließlich nahmen meine Tochter und ich ein Taxi zu unserem Hotel. Dragan begleitete uns. Ich weinte und weinte. Und ich weiß noch, wie ich dachte:

Jetzt brauche ich einen Drink. Wir hielten vor dem Hotel. Dragan sagte nur: ›We'll see each other again, maybe.‹ Dann war er verschwunden. Den Drink habe ich nicht genommen.«

K. B.: »Es müssen viele Farben zusammenkommen, bis alles schwarz wird.«

L. U.: »Ja.«

K. B.: »Du hast so intensiv gelebt. Hast getrunken, geliebt, das Leben ausgeschöpft. Hattest du niemals Depressionen?«

L. U.: »Nein. Hin und wieder habe ich gedacht: Jetzt bin ich deprimiert. Aber das hält bei mir nie lange an. Es bedarf nur wenig, um mich in gute Laune zu versetzen. Eigentlich braucht es dazu nur ein Lächeln, ein freundliches Wort, einen aufmerksamen Blick. Nein, für Depressionen bin ich nicht empfänglich. Ich bin mir stets bewusst, dass es andere und größere Schmerzen gibt als meine. Einmal rief mich ein Freund an, der zwei Hunde besitzt, die er zur selben Zeit bekommen hatte. Der eine war sterbenskrank geworden, und er fragte sich, ob er nur einen oder alle beide Hunde einschläfern lassen oder vielleicht gar nichts unternehmen solle. Das setzte ihm enorm zu. Er war völlig außer sich. Doch dann er rief er mich an und sagte: ›Du, Liv, ich habe ein wunderbares Erlebnis gehabt! Ich habe einen Tierarzt kennen gelernt, der mir Hoffnung gemacht hat.‹ Daraufhin hat er mir alle möglichen Details erzählt, die mit seinen Hunden und seinem Leben zu tun hatten. Ich hörte ihm aufmerksam zu. Schließlich sagte er: ›Ich musste dir das einfach erzählen, Liv. Es war wichtig für mich, dass du es weißt.‹ Da sagte ich mir, wie beneidenswert ich doch bin, dass es einen Menschen gibt, der mich nur anruft, um sein Glück mit mir zu teilen!«

K. B.: »Ich werde den Gedanken an den Fahrradsattel nicht los. Hast du das wirklich getan? Auf einem Bein gestanden?«

L. U.: »Das habe ich. In einer Gasse in Trondheim.«

K. B.: »Das war sicher ein Ausdruck deines Übermuts, der auch in der Beziehung zu manchen Männern zum Ausdruck kommt. In *Gezeiten* schreibst du über einen Mann, der immer auf Reisen und ständig in Bewegung war. Ihr habt nie den Alltag miteinander geteilt.«

L. U.: »Ja, Jack. Auch er ein Schriftsteller. Er hat das Drehbuch zu *Gandhi* geschrieben. Ich habe ihn enorm bewundert. Uns verband eine große Liebe. Wir weinten, wenn wir uns trennten, und wir weinten, wenn wir uns wiedersahen.«

K. B.: »Vielleicht deshalb, weil ihr eigentlich nie Zeit füreinander hattet? Weil eure Trennung wie Öl war, das man ins Feuer gießt?«

L. U.: »Ja, und in dieser Hinsicht denke ich an die Kristina in *Emigranten*. Mit der Liebe ist es seltsam. Sie geht so viele Wege. Einst habe ich geglaubt, ich würde früh einem Mann begegnen, der mich zur Frau nimmt, und mit ihm für den Rest meines Lebens glücklich sein. Wir würden immer mehr zusammenwachsen und gemeinsam die große Liebe erleben. Keiner sollte im Schatten des anderen stehen. Denken wir an Kristina und Karl Oskar. Das Wort Liebe haben sie nie in den Mund genommen. Doch als Kristina, Tausende Kilometer von ihrer Heimat entfernt, todkrank ist, sitzt Karl Oskar auf ihrer Bettkante, hält ihre Hand und sagt leise und bestimmt: ›Du und ich, wir sind die besten Freunde.‹«

K. B.: »Gibt es in *Kristin Lavranstochter* nicht eine ähnliche Szene?«

L. U.: »Doch. Die habe ich für meinen Film benutzt. Ich glaube, Moberg hat sie von Sigrid Undset geklaut. Im zweiten Band, *Die Frau*, sagen die Eltern zueinander: ›Du und ich, wir sind die besten Freunde.‹ Es geht darum, sich im anderen wiederzuerkennen.«

K. B.: »Das ist wunderschön. Doch liegt nicht etwas zutiefst Weibliches in dem, was du vorhin sagtest – dass du geglaubt hast, einem Mann zu begegnen, der sich deiner annimmt? Kommt darin nicht das Bedürfnis zum Ausdruck, dass ein anderer für dich Verantwortung übernimmt? Eine Frau hat einmal zu mir gesagt, und zwar mit vollem Ernst: ›Nimm mich auf den Arm und trag mich in den großen grünen Wald.‹ Diese Formulierung: Nimm mich … und trag mich, empfand ich als eine Bitte, für sie Verantwortung zu übernehmen.«

L. U.: »Das war es ganz sicher! Und weißt du, warum ich mich damals in Jappe verliebt habe? Weil ich immer, in all meinen Träumen, daran geglaubt hatte, dass eines Tages ein Prinz auf einem großen weißen Pferd kommen würde. Das war meine Metapher. Ein großes weißes Pferd. Daran würde ich ihn erkennen.«

K. B.: »Eines deiner Hauptmotive. Und mit Jappe fing alles an?«

L. U.: »Ja. Als junger, attraktiver Arzt kam er damals in dieses Lokal. Und unversehens sagt er zu mir: ›Ich träume davon, auf einem großen, weißen Pferd zu reiten, so meine Frau zu entdecken und mit ihr zusammen die Welt zu retten!‹«

K. B.: »Es muss ein überwältigendes Erlebnis für dich gewesen sein, viele Jahre später Surma in Äthiopien kennen zu lernen. Die wilden Pferde, die friedlich auf einem Plateau grasten, und die Frau, die dich als Braut schmücken wollte …«

L. U.: »Die mir die Haare flocht und sagte, mein Bräutigam sei auf einem weißen Pferd unterwegs zu mir. Als Jappe mich endlich soweit gebracht hatte, einen Kaffee in seiner Wohnung zu trinken – es war zur Osterzeit –, lagen überall Ostereier verstreut. Das konnte einer Frau das Gefühl geben, in den großen grünen Wald getragen zu werden, wie du gesagt hast. Jappe war so wunderbar. Doch war er mit seinem Singledasein noch nicht fertig, und auch ich hatte noch nicht aufgehört, nach dem weißen Pferd zu suchen.«

Liv schreibt: »Ich sehe Surma verschwinden. Doch diese Erinnerung verschmilzt mit einem merkwürdigen neuen Bild: als der Pilot sagt, er wolle uns eine Herde wilder weißer Pferde zeigen.

Lange bevor wir das Felsplateau erreichen, auf der sie sich aufhalten, sagt er: ›Gleich wirst du sie sehen.‹ Und als wir nähergekommen sind: ›Jetzt sind wir gleich da, nur einen Augenblick noch. Auf der linken Seite wirst du sie sehen. Sie sind weiß und wild. Und niemand weiß, wie sie dorthin gekommen sind. Eines Tages waren sie einfach da.‹

Unser Flugzeug kreist sehr niedrig über einem viereckigen Hochplateau, zu dem kein Weg hinaufführt. Dann sehe ich sie: eine Herde weißer, eleganter Pferde, die friedlich grasen. Schlanke und starke Leiber, die einander und einer anderen Welt angehören, in vollkommener Harmonie. Nicht einmal der Lärm unseres Flugzeugs vermag sie aus der Ruhe zu bringen.«

Dann macht das Flugzeug eine himmlische Wendung, fliegt so nahe am Felsen, als wäre es ein Hubschrauber – und da sind sie wieder.

Schöne, schlanke weiße Pferde grasen friedlich auf einer grünen Wiese. Niemand weiß, wie sie auf dieses Hochplateau gelangt sind. Aber sie sind da, vollkommen unberührt.

Dann verlieren wir sie aus den Augen …«

K. B.: »Die weißen Pferde sind also gewissermaßen ein Leitmotiv deines Lebens. Aber ist wirklich jemals ein Mann auf einem weißen Pferd gekommen, wie du es dir erträumt hast?«

L. U.: »Nein, nicht in Wirklichkeit. Doch einmal, noch vor Ingmar, hatte ich mich unrettbar verliebt. Ich saß irgendwo am Fenster und sah diesen Mann auf der Straße vorbeispazieren.«

K. B.: »In Norwegen?«

L. U.: »Ja, in Norwegen. Ich weinte jedes Mal, wenn ich ihn sah.«

K. B.: »Ist es der, den ich nicht beim Namen nennen darf?«

L. U.: »Richtig, du darfst nicht über ihn reden. Doch jetzt rede *ich*, und ich wollte zum Ausdruck bringen, dass Verliebtheit wie eine Grippe ist. Man bekommt Fieber. Es wird einem schwindelig. Und bei diesem Mann wurde mir schwindelig. Bei ihm bekam ich eine Grippe.«

Liv schreibt: »Ich begegnete Donald, als ich einen Vortrag in Boston halten sollte. Er wusste nicht, wer ich bin. Er war nicht besonders kunstinteressiert und wusste nur wenig vom Film.

Als er mich am Flughafen abholte, hatte er meinen Namen auf seine Hand geschrieben.«

K. B.: »Die Liebe hat eine wundersame Dramaturgie?«

L. U.: »Ja, ich traf ihn, wie gesagt, in Boston. Ich hielt einen Vortrag über das Schicksal der Juden während des Krieges.«

K. B.: »Ist Donald Saunders Jude?«

L. U.: »Ja. Über zwei Jahre lang habe ich Vorträge in den USA gehalten. Ich war eine sehr gut bezahlte Vortragsrednerin. Ich hätte als Millionärin leben können und nahm jedes Angebot an. Ich hielt Vorträge über den Frieden, über Frauen, über Flüchtlinge. Ich sprach auch über Israel. Damals, als ich noch vorbehaltlos an den Staat Israel geglaubt habe. Als ich das erste Mal dorthin reiste und erlebte, dass Blumen wuchsen, wo zuvor Wüste gewesen war. Donald und ich intensivierten unseren Kontakt. Wohin ich auch kam, er war plötzlich da. So wurden wir ein Paar. Ich weiß gar nicht richtig, warum. Wir sind total verschieden, aber wir geben uns Sicherheit. Er ist ebenso kindisch wie ich und hat einen wunderbaren Humor. Ich liebte seine Mutter und seine Töchter. In gewisser Weise war es eine Freundschaft, die in tiefe Zuneigung und später in Liebe überging. Wir heirateten, und er war jeden Morgen fröhlich und ausgeglichen, wenn er erwachte. Erst allmählich wurde mir klar, dass auch er seine Schattenseiten besaß. Aber sie waren schwieriger zu erkennen als meine, weil er immer so heiter und optimistisch war. Eines Tages wurde er krank. Das war hier in Miami. Er bekam ernsthafte Herzprobleme und musste ins Krankenhaus. Die eine Arterie zum Herzen war nahezu blockiert. Er hatte einen Herzstillstand gehabt und lag auf der Intensivstation. In der ersten Nacht waren zahlreiche Schläuche und Instrumente an seinen Körper angeschlossen. Er sah ganz und gar nicht wie ein Ritter aus, der mich in den großen grünen Wald tragen würde. Er glich weder dem Bild meines Vaters noch Ingmar mit seinem Dämon noch dem schönen Dragan mit seinem Intellekt. Er lag dort einfach mit seinen Schläuchen. Ich hatte unglaubliche Angst, ihn zu verlieren. So wurde ich zu der

Frau, mit der ich mich auch identifizieren kann: Sophie in *Sophie* oder diejenige, die in *Einzelgespräche* sagt: ›Ja. Hier bin ich, weil ich diesen Mann hüten und beschützen will – weil ich diesen Mann liebe.‹ Und plötzlich wusste ich, dass auch dies Liebe war. Liebe hat so viele Gesichter. Sie kann als Fieber auftreten oder als enorme Bewunderung für einen Mann. Sie kann unglaublich sinnlich sein, sodass du es nicht erwarten kannst, das nächste Mal mit diesem Menschen nackt zu sein. Du kannst dich in ihr wiedererkennen. Oder sie kommt wie eine Offenbarung, nachts in einem Krankenhaus, während du auf einer harten Pritsche liegst und den Mann betrachtest, an dessen Körper so viele Schläuche angeschlossen sind: *In diesem Moment bei dir zu sein, ist meine Bestimmung. Und du bist dazu bestimmt, hier bei mir zu sein. Ich werde immer auf dich aufpassen.* So erlebte ich meine Liebe zu ihm. Ein paar Jahre später hat er mich plötzlich verlassen.«

K. B.: »Er hat dich verlassen?«

L.U.: »Ja, er verschwand einfach. Blieb sieben Monate lang fort. Ich weiß nicht, warum. Er hatte so viele Erklärungen dafür.«

K. B.: »Er war plötzlich weg?«

L.U.: »Ja, von einem auf den anderen Tag. Es geschah, während ich mit den Vorbereitungen zu *Einzelgespräche* beschäftigt war. *Sophie* hatte gerade Premiere gehabt. Er war fort. War nirgendwo zu finden. Ich konnte ihn nicht anrufen. Seine Töchter konnten mir auch nicht helfen. Sie sagten, eine andere Frau gäbe es nicht. Er kapsele sich nur manchmal ab. Doch ich erfuhr von seinen möglichen Beweggründen: Er hatte sich zwar damit anfreunden können, dass ich Schauspielerin war und es immer mal wieder drei Monate gab, in denen ich ausschließlich an meine Rolle dachte. Doch als ich Regie führte, waren es zwei Jahre, in denen er nur die zweite oder dritte Geige spielte. Und das war zu viel für ihn. Ich weiß nicht, ob diese Theorie zutrifft. Doch offenbar kam er mit der Situation nicht mehr klar. Mit Worten konnte er mir es nicht erklären. Und er wusste, dass es schwierig werden würde, wenn er mit mir telefonierte.«

K. B.: »Ihr habt sieben Monate kein Wort miteinander gesprochen?«

L. U.: »Nein, kein Wort, aber nach fünf Monaten bekam ich ein schreckliches Fax von ihm: *Jetzt kannst du weinen. Du verdienst es, zu weinen.*«

K. B.: »Er hat keinen Abschiedsbrief hinterlassen?«

L. U.: »Nein.«

K. B.: »Woher wusstest du dann, dass Schluss ist?«

L. U.: »Das ist doch wohl klar, wenn ein Mensch, mit dem du fünf Mal am Tag sprichst, plötzlich verschwunden ist.«

K. B.: »Er war wie vom Erdboden verschluckt?«

L. U.: »Ja, so kann man das ausdrücken.«

K. B.: »Das muss doch, gelinde gesagt, ein verstörendes Erlebnis für dich gewesen sein.«

L. U.: »Natürlich, aber nach und nach habe ich mich davon erholt. Die Monate vergingen. Und als unser Kontakt wieder hergestellt war, einigten wir uns darauf, uns scheiden zu lassen. Ich war so wütend auf ihn, dass ich meine amerikanische Green Card kündigte – eine der dümmsten Entscheidungen meines Lebens. Wir wollten uns in Boston mit unseren Anwälten treffen. Mein Anwalt rief meine Tochter an und sagte: ›Sie sollten unbedingt mit nach Boston kommen. Ihre Mutter ist dem allein nicht gewachsen.‹ Er fürchtete, ich würde zu feige und nachgiebig sein. Es ging schließlich um eine Scheidung.«

K. B.: »Deine Tochter hat dich also begleitet, zur moralischen Unterstützung?«

L. U.: »Ja, und ich kann mich daran erinnern, wie wir mit meinem Anwalt und seiner Assistentin an einem langen Tisch saßen und warteten. Donald hatte erfahren, dass ich meine Tochter mitbringen wollte, also brachte er auch seine Tochter Pam mit, zu der ich damals – und auch heute noch – eine enge Beziehung hatte. Sie kamen eine Dreiviertelstunde zu spät. Als sie endlich den Raum betraten und Donald sah, dass ich nicht böse war – da ich ja allgemein Schwierigkeiten habe, böse zu sein –, kam er auf mich zu und umarmte mich. Dann kam sein Anwalt, auch ein guter Freund, auf mich zu und umarmte mich ebenfalls, worauf mein Anwalt, seine Assistentin und meine Tochter wie aus einem Mund riefen: ›Finger weg! Das geht nicht!‹ Ich begriff nicht, was den anderen sofort klar war: dass diese Geste demütigend für mich war und ich in meiner Naivität diese Annäherung falsch verstehen würde. Ich empfand sie einfach als nette Geste. Meine Tochter sagte zu mir: ›Halte diese Umarmungen bloß nicht für Liebe!‹ Damit war die Kontrolle wieder hergestellt, und die Besprechung konnte beginnen, und wir wurden geschieden. Doch ich dachte: In gewisser Weise sind Donald und ich immer noch Freunde. Donald schlug vor, dass wir alle zusammen essen gehen sollten. Da sagte meine Tochter: ›Wenn du dazu Ja sagst, hast du mich für immer verloren!‹ Also habe ich mich natürlich nicht getraut, diesen Vorschlag anzunehmen. Daraufhin wollte Donald uns mit einer Limousine ins Hotel zurückbringen lassen. Meine Tochter wiederum: ›Wenn du einwilligst, rede ich kein Wort mehr mit dir!‹«

K. B.: »Was hattest du doch für einen phantastischen Beistand in ihr!«

L. U.: »Das stimmt. Meine Tochter und ich nahmen also ein Taxi. Mein Hund Kirr war übrigens auch dabei. Während wir auf unserem Hotelzimmer waren, rief Donald unentwegt an. ›Ich verbiete dir, mit ihm zu sprechen!‹, sagte meine Tochter. Wirklich gut, dass ich sie dabeihatte. Doch dann musste sie nach Norwegen zurück, während ich den Weg über die Schweiz wählte, weil Kirr ja dabei war und in Quarantäne musste. Ich saß also in einer Maschine der Swiss Air und hatte einen leeren Platz neben mir. Als eine der Stewardessen gerade die Tür schließen wollte, betrat Donald das Flugzeug.«

K. B.: »Nein, wie romantisch! Das erinnert mich an *Ein Frosch in Manhattan* mit Catherine Deneuve und Jack Lemmon. Ein lausiger Film, doch ich muss zugeben, dass ich ihn mehrmals gesehen habe.«

L. U.: »Und dies war kein Film, sondern Realität. Donald warf einen Blick auf den leeren Platz neben mir und sagte: ›Ich konnte den Gedanken nicht ertragen, nicht mehr neben dir zu sitzen.‹ Ich fand das wunderbar gesagt. Es war ein wenig so, als würde man in den großen grünen Wald getragen, von dem du gesprochen hast. Ich dachte auch an damals, als so viele Schläuche an seinen Körper angeschlossen gewesen waren.«

K. B.: »Muss ja ein merkwürdiger Flug gewesen sein.«

L. U.: »Er ist rasch eingeschlafen.«

K. B.: »Und ihr habt nicht wieder geheiratet?«

L. U.: »Nein, wir sind Partner. Partner fürs Leben, belassen wir es dabei. Ein paar Geheimnisse werde ich doch wohl behalten dürfen.«

K. B.: »War es für deine Familie und Freunde nicht schwierig, ihn wieder als deinen Mann zu akzeptieren?«

L. U.: »Er absolvierte die reinste Wahlkampftournee. Eine meiner engsten Freundinnen nahm er mit nach Israel. Sie war nie zuvor in Israel gewesen. Er reiste nach Trondheim zu meiner Schwester und ihrem Mann. Ließ sie ein Auto für mich aussuchen. ›Liv braucht unbedingt ein Auto. Ich werde jetzt ein Auto für sie kaufen!‹«

K. B.: »Mit Donald zusammen hattest du viel Kontakt zum jüdischen Milieu.«

L. U.: »Ja, allerdings waren auf unserer Hochzeit mehr jüdische Freunde von mir als von ihm. Donald war über vierzig Mal in Israel. Mein erster Besuch dort war beinahe schicksalsschwanger. Mit Elie Wiesel zusammen besuchte ich ein Flüchtlingslager. Es war seine erste Begegnung mit solch einem Ort, seit er Auschwitz verlassen hatte. In all diesen Jahren hatte er sie vermieden. Wir hatten lange Gespräche darüber, saßen Nacht für Nacht auf Hotelfluren. Er hat mir vieles beigebracht. Er hatte das Gefühl – wie er mir später sagte –, ich könne etwas für seine Welt tun, zu der auch Israel gehörte. Das war lange vor der Mauer in Israel, lange vor … Es ist fast dreißig Jahre her. Das Bild hat sich inzwischen gewandelt. Es gibt eine Mauer und ständig neue Übergriffe und den schrecklichen Terror aus Palästina. Gewalt erzeugt Gewalt. Elie hat darüber geschrieben. Andere jüdische Autoren ebenfalls.«

K. B.: »Kanntest du Saul Bellow?«

L. U.: »Nein.«

K. B.: »Isaac B. Singer? Er war doch dein Nachbar auf der Upper West Side.«

L. U.: »Ich bin ihm nie begegnet.«

K. B.: »Hat *Anne Frank* ihre Spuren in dir hinterlassen? Deine erste Rolle?«

L. U.: »Ja, und nicht zuletzt ihre Worte: ›Tief in meinem Innern glaube ich, dass alle Menschen gut sind.‹«

K. B.: »Worüber du auch am Ende von *Gezeiten* schreibst.«

L. U.: »Ja, womit ich später oft konfrontiert worden bin. Im jetzigen Stadium meines Lebens würde ich eher sagen, dass alle Menschen die *Möglichkeit* in sich tragen, gut zu sein.«

K. B.: »Was natürlich etwas anderes ist, weil das auch heißt, dass die Möglichkeit zum Schlechten besteht. Ich erinnere mich an eine Sendung im schwedischen Fernsehen, in der Anthony Burgess und Isaac B. Singer zu Wort kamen, unmittelbar nachdem Singer den Nobelpreis erhalten hatte. Es war die Begegnung zwischen Katholizismus und Judentum. Singer erzählte vom jüdischen Gottesbegriff, in dem das Böse eine große Rolle spiele.«

L. U.: »Du meinst, dass Gott auch das Böse in sich trägt?«

K. B.: »Ja, so habe ich es verstanden. Wohingegen im Christentum dem Teufel die gesamte Verantwortung dafür zugeschoben wird.«

K. B.: »Glaubst du, dass du nun für den Rest deines Lebens mit Donald zusammenbleiben wirst?«

L. U.: »Ja.«

K. B.: »Die großen Verliebtheiten, die wie eine gefährliche Grippe daherkommen, hast du hinter dir?«

L. U.: »Ja.«

K. B.: »Und falls du doch einen Rückfall erleidest? Hattest du schon irgendwelche Symptome? Oder zumindest eine leichte Erkältung?«

L. U.: »Nein, nicht in den letzten Jahren.«

K. B.: »Nicht mal den Anflug eines Schnupfens?«

L. U.: »Nein, nicht einmal das. Die Liebe wächst auf sonderbare Weise. Zwar kann ich mich fortwünschen, doch meine jetzige Existenz ist mir unentbehrlich. Außerdem bin ich ganz sicher, dass er ohne mich nicht leben kann. Natürlich wäre es theoretisch möglich, aber ich glaube, dass er das Bedürfnis hat, mit mir älter zu werden. Ich lächle wie Sophie in *Sophie* und sage wie sie am Ende des Lebens: ›Das war also das Leben. Und das war die Liebe.‹ Und das ist gut so. Wir sind – wenn auch nicht schmerzlich – miteinander verbunden. Ich habe mit meiner Freundin Kari darüber gesprochen. Wir sprachen über eine Bekannte, deren Mann jahrelang krank gewesen war. In all den Jahren war sie ihm treu. Da fragten wir uns, ob wir ebenfalls dazu in der Lage gewesen wären. Den Geliebten zu pflegen und ihm beizustehen, bis alles vorbei ist. In diesem Moment spürte ich, dass ich immer an Donalds Seite bleiben würde, selbst wenn etwas Schlimmes geschähe, er z. B. Alzheimer bekommen würde. Das sagte ich zu Kari, die mir entgegnete: ›Ja, Liv, das glaube ich dir – euch.‹«

K. B.: »Irgendjemand hat gesagt, dass eine Beziehung zwischen zwei Menschen wie eine eigene Kultur sei, mit einer eigenen Sprache und Gesetzen, die nur die beiden verstehen?«

L. U.: »So ist es. Zwischen Donald und mir besteht so eine eigene Verbindung. Zum Beispiel braucht er eine Art Verkleidung, um mir schwierige Dinge zu sagen. Um sich zu entschuldigen. Und ich kenne diese Verkleidungen. Ich höre, was er sagt, auch wenn dies mit seinen Worten nichts zu tun hat. Ich weiß, dass er meint: Es tut mir leid. Das gibt einem große Sicherheit. Es ist ein Geschenk, dass er in mein Leben trat. Ich habe im Leben so viele Geschenke bekommen. Vieles habe ich hinter mir gelassen. Jetzt habe ich dieses eine.«

An diesem Abend gehen wir aus, Liv und ich, um uns daran zu erinnern, dass es noch eine andere Welt gibt. Wir gehen in eine Pizzeria, in der wir in Ruhe reden können. Um uns herum fröhliche Menschen, vertieft in Gespräche. Auch wir haben so viel

Gesprächsstoff, dass wir gar nicht merken, wie der Abend zur Neige geht.

Erst während des Heimwegs spüren wir, dass sich die Atmosphäre auf der Straße verändert hat. Eine latente Unruhe. Liv blickt sich um, unsicher, was wohl der beste Weg zum Hotel ist.

»Nicht dorthin!«, sagt sie, als sie sieht, dass ich einen dunklen Parkplatz ansteuere – eine Abkürzung zu ihrem Hotel. Sie sieht etwas, das mir entgangen ist. Sie sieht mit den Augen einer Frau. Sie sieht mit einer Furcht, die ich nicht kenne. Ja, geht es mir durch den Kopf, sie hat andere Erfahrungen gemacht als ich. Sie weiß etwas, das ich nicht weiß.

Auf dem Parkplatz steigen zwei Männer aus einem Auto. Sie starren uns lange an.

»Komm«, sagt Liv und nimmt meinen Arm, »lass uns da gehen, wo die Straßenlaternen leuchten.«

Wir nehmen einen langen Umweg in Kauf. Doch so ist es wohl am sichersten.

Schließlich stehen wir wieder vor ihrem Hotel.

»Und meine Hausaufgaben?«, fragt sie lächelnd.

Ich denke kurz nach. »Vom Broadway – über das Weiße Haus – bis nach Afrika. Wäre das eine passende Überschrift?«

Sie nickt. Ich spüre, dass sie bereits haufenweise Gedanken in ihrem Kopf hat.

»Morgen früh um zehn, so wie immer?«

»Um zehn.«

Sie bleibt am Eingang stehen und sieht mir nach, bis ich sicher die Straße überquert habe und das Wyndham Grand Bay betrete. Mein alter Widersacher sitzt an der Rezeption und wirft mir, wie üblich, einen feindseligen Blick zu. Dann schwenkt er vielsagend einen Zimmerschlüssel durch die Luft.

Teil 4

Liv schreibt: »Einen Baum zu betrachten – meine Großmutter lehrte mich, dass Bäume Individuen sind. Dass sie leben. Wir tätschelten die Stämme und umarmten sie. ›Der Baum weinte, als er gefällt wurde – nein, er schrie!‹, sagte Großmutter.

In Florida haben wir eine merkwürdige Fichte. Es gab einmal einen großen Sturm namens Andrew, der sämtliche Bäume umknickte, mit Ausnahme unserer Fichte, und alle grünen Nadeln verschwinden ließ. Übrig blieben nur der Stamm und einige wenige Zweige.

Alle wollten den Baum fällen. Donald und der Gärtner sprachen darüber, ihn abzusägen und stattdessen eine Palme zu pflanzen. Ich hatte solche Angst und dachte mir, dass der Baum ihnen zuhörte. Dass er bereits innerlich zu schreien begann. Ich flehte sie an, nicht in Gegenwart des Baumes darüber zu diskutieren. »Er könnte euch hören«, sagte ich. Sie hielten mich sicher für ein bisschen verrückt. Doch der Stamm blieb stehen. Und heute, zehn Jahre später, strotzt diese Fichte nur so vor Leben, ist dichter und grüner als jeder andere Baum, den ich kenne.«

K. B.: »Die Geschichte von dem Baum, die du mir erzählt hast, handelt eigentlich vom Gefühl der Zusammengehörigkeit.«

L. U.: »Ja. Die meisten von uns wissen ja so wenig über Bäume. Wir denken so schnell, ein Baum sei ein Baum, was gibt es da groß zu reden? Doch mein Baum beherbergte drei Spechte und im Sommer ein paar wunderschöne Vögel mit blauem Gefieder, deren Namen ich nicht kenne. Mein Baum war auch die Heimat unzähliger Insekten. Und so ist es mit allen Bäumen dieser Erde. Allein durch ihre Existenz begründen sie eine kleine Gesellschaft.«

K. B.: »Ein Baum ist also mehr als ein Baum? Ein Haus, eine Heimat?«

L. U.: »Ja.«

K. B.: »So spiegelt diese Geschichte wohl auch deine eigene Entwicklung, deine Erfahrungen, die du in den siebziger Jahren gesammelt hast, dein Wissen um verborgene Zusammenhänge und, nicht zuletzt, um das Leid auf diesem kleinen Planeten.«

L. U.: »Ja, in gewisser Weise ist das richtig. Doch im Grunde geht es nicht nur um meine persönliche Entwicklung, sondern um Menschen, die mir den Weg gewiesen haben, die mir die Augen für Dinge öffneten, die mir bis dahin fremd waren.«

K. B.: »Damals warst du ein Star am Broadway. Schon deine allererste Rolle in New York war ein Triumph für dich. Darüber sollten wir zuerst sprechen, denn das ist ja eine sehr interessante Entwicklung: Ein gefeierter Star lehnt es ab, Star zu sein, und verbringt einen Großteil seiner Zeit lieber in klapprigen kleinen Flugzeugen über Afrika und Asien. Lass uns auf die *Nora*-Inszenierung zurückkommen. Du hast zum Ensemble von Joe Papp gehört, dem größten Theaterproduzenten der USA, nicht wahr?«

L. U.: »Ja, er hat das New York Shakespeare Festival gegründet, organisierte kostenlose Theateraufführungen im Central Park, schuf die beste Bühne für moderne Stücke im Public Theater und trug die Verantwortung für einige der größten Broadway-Erfolge, zum Beispiel *A Chorus Line* und *Hair*.«

K. B.: »Und du kamst mit deinem norwegischen Freund, dem Baskenmützenmann, zu ihm. Das sagt einiges über deine Treue aus.«

L. U.: »Ja, und es war auch nicht leicht. Ich war damals Mitglied des Norwegischen Theaters, und die Frage war, ob ich überhaupt in New York gastieren *durfte*.«

K. B.: »Der Baskenmützenmann hat dir vermutlich die Genehmigung erteilt, unter der Voraussetzung, dass er Regie führt.«

L. U.: »Das sind *deine* Worte. Außerdem erlaube ich dir nicht, ihn Baskenmützenmann zu nennen!«

K. B: »Aber so ist es gekommen. Und ich finde, das sagt eine Menge darüber aus, wie die Leute dich in all den Jahren benutzt bzw. versucht haben, dich zu benutzen. Ich habe später von einem bekannten norwegischen Schauspieler gehört, der besagtem norwegischen Regisseur wenige Tage vor der Premiere in New York auf der Straße begegnet ist und sich nach dem Stand der Proben erkundigte. ›Ach‹, hat dieser geantwortet, ›heute schauen sie sich mal die Beleuchtung an.‹ Um sich so nachlässig zu verhalten, muss man schon ein ausgeprägtes Phlegma haben. Ist die Beleuchtungsprobe für einen Theaterregisseur nicht eine enorm wichtige Angelegenheit?«

L. U.: »Doch. Aber du darfst nicht vergessen, dass die norwegische Theaterwirklichkeit sich damals fundamental von dem unterschied, was sich am Broadway abspielte. Es ist kein Geheimnis, dass Joe Papp kurz vor der Premiere die Probe unterbrach, auf die Bühne kam und die Regie übernehmen wollte.«

K. B.: »Er wollte den Regisseur feuern?«

L. U.: »Ja, und da blieb mir keine Wahl. Mein norwegischer Theaterfreund schaute mich an. Und ich schaute ihn an. Dann sagte Joe Papp: ›Ich muss mit dir reden.‹ Doch es war mit meiner Moral unvereinbar, sich so zu verhalten, auch wenn man Joe Papp hieß. Man kann nicht einfach auf die Bühne kommen und sagen: ›Du bist gefeuert, aus und vorbei!‹ Das ist brutal. Vielleicht bin ich auch einfach nicht hart genug. Ingmar hat dies oft als meine Schwäche bezeichnet. Wenn ein Kameramann nicht den Anforderungen genügt, tausche ich ihn nicht aus, sondern stelle mich auf die Gegebenheiten ein. Ich kann mich auch an Dreharbeiten erinnern, bei denen ich vollkommen falsch frisiert wurde. Doch weil ich vor allem darauf bedacht war, den Friseur nicht zu kränken, lief ich dann während des gesamten Films mit einer idiotischen Frisur herum.«

K. B.: »Und so hast du auch 1974 gedacht?«

L.U.: »Jedenfalls habe ich Joe Papp erklärt, dass ich aus der Produktion aussteigen würde, wenn er den Regisseur entließe.«

K. B.: »*Newsweek* schrieb, du würdest in einer enttäuschenden Inszenierung triumphieren. Das Magazin beschäftigte sich vier Seiten lang mit dir und bezog sich vor allem darauf, dass du in jüngster Vergangenheit in *Schreie und Flüstern* und *Szenen einer Ehe* deine größten Triumphe als Filmschauspielerin gefeiert hättest. Es muss eine unglaubliche Belastung für dich gewesen sein, auf der Bühne vor ein Publikum zu treten, das enorme Erwartungen hatte und sich bestimmt die Hände gerieben hätte, wärst du gescheitert.«

L.U.: »Ich war tatsächlich sehr nervös. Es geschah so vieles zur selben Zeit. Aber ich habe es geliebt, die Nora vor Amerikanern zu spielen. Sie waren so sehr an ihrem Schicksal und ihrer Entscheidung interessiert.«

Liv schreibt: »Manche Schauspieler erarbeiten sich kraft ihrer Fantasie die Details einer Rolle. Für mich liegt die Herausforderung darin, einen Augenblick der Wahrhaftigkeit herzustellen. Die Freude, die ich dabei empfinde, gleicht der Freude, wenn ich schreibe. In gewissem Sinne *schreibe* ich eine Rolle, eine Person. Alles, was ich von ihr weiß, will ich auf der Bühne mitteilen. Näher kann die Schauspielerin der Autorin nicht kommen.

Doch was ich tue, darf nicht allein auf Gefühlen basieren. Wenn alles auf Emotionen beruht, weiß ich heute nicht mehr, was mich in der gestrigen Vorstellung zum Lachen und zum Weinen gebracht hat, und so kann ich diese Gefühle nicht wieder mobilisieren …

Das Theater hat mir eine Sekretärin zur Seite gestellt. Sie heißt Debbie, ist klein und fröhlich und hält mir resolut alle Leute vom Hals, mit denen ich nichts zu tun haben möchte.

Der Friseur heißt Roy. Eines Tages komme ich in meine früher so kalte und unpersönliche Garderobe – und finde sie voller Teppiche und Kissen mit geblümten Bezügen vor. Über dem Stuhl hängt ein genauso gemusterter Schminkumhang, den er für mich genäht hat.

›Dies ist jetzt dein Raum‹, sagt er. ›Du kannst alles in deine zukünftigen Garderoben mitnehmen, dann wird es immer derselbe Raum sein.‹

Mein Raum.

Draußen steht ein bewaffneter Polizist.

Nachts sitzt ein Bodyguard in meinem Wohnzimmer und hält Wache.

Die ganze Wohnung ist von Drähten durchzogen – beim kleinsten Windhauch berühren sie einander und lösen einen Alarm aus. Wir trauen uns nicht, die Fenster zu öffnen. Dennoch gibt es Nacht für Nacht falschen Alarm. Vier große Männer stürmen mit gezogenen Pistolen herein. Vorübergehend schlafe ich nur wenige Stunden am Tag.

Meine Tochter sagt, dass sie auf keinen Fall in Amerika bleiben will.

Meine Schuld ist groß, mein schlechtes Gewissen ein Teil meines Alltags. Ich habe solche Angst, meiner Tochter nicht gerecht zu werden …«

K. B.: »Du hast viele verschiedene Menschen und Milieus kennen gelernt. Als Schauspielerin warst du weltberühmt, dann hast du *Wandlungen* geschrieben.«

L. U.: »Das Buch hat ja in der ganzen Welt große Aufmerksamkeit erregt. Es hat mir übrigens ermöglicht, ein Appartement in New York zu kaufen.«

K. B.: »In amerikanischen Magazinen aus dieser Zeit wirst du immer als große Feministin hingestellt. Sie liebten dich für deine Interpretation der Nora und für das, was in du in *Wandlungen* über die Rolle der Frau geschrieben hast. Die alleinerziehende Mutter Liv Ullmann.«

L. U.: »Ja, ich vertrete in meinem Buch ja einen entschiedenen Frauenstandpunkt. Ich kam viel mit Gloria Steinem zusammen, auch in Fernsehdiskussionen. Ich traf Marilyn French, Shere Hite und Erica Jong. Doch zu Hause in Norwegen wurde ich von der Frauenzeitschrift *Sirene* bloßgestellt.«

K. B.: »Was haben sie über dich geschrieben?«

L. U.: »Dass ich unterdrückt würde.«

K. B.: »Du?«

L. U.: »Ja, es stand auf der Titelseite: ›Die unterdrückte Liv Ullmann.‹«

K. B.: »Selbst nach so vielen Jahren bist du immer noch empört über das Gespräch zwischen Bitten Modal, Astrid Brekken und dir?«

L. U.: »Ja, das stimmt. Denn alles, wofür ich damals stand und mich engagierte, wurde in Norwegen in den Schmutz gezogen.«

K. B.: »Aber hast du sie nicht auch ein wenig dazu eingeladen? Am Anfang des Artikels wirst du folgendermaßen zitiert: ›Ich treffe viele Männer, die mir Komplimente machen und sich in mich verlieben. Wenn sie es nicht tun, glaube ich, dass etwas mit mir nicht stimmt. Im Grunde ist es schrecklich, dass ich mein Selbstwertgefühl davon abhängig mache, ob sich irgendein Mann von mir angezogen fühlt oder nicht. Es wäre schön, sich diese Belastung vom Hals zu schaffen. Ganz man selbst zu sein, bis man jemand begegnet. Doch oft sind das unbewusste Vorgänge.‹«

L. U.: »Vieles sage ich doch augenzwinkernd oder auf der Suche nach Gemeinsamkeiten. Ich will prüfen, ob sich jemand in meinen Worten wiedererkennt. Aber schließlich war ich nicht … fühlte ich mich zumindest nicht *unterdrückt*. Das war das Wort, dass sie benutzten, um mich in eine Schublade zu stecken, in die ich nicht gehörte.«

K. B.: »Im selben Gespräch hast du gesagt, dass die militantesten Frauenorganisationen, wie sie damals in den USA existierten, ihren eigenen Interessen schadeten.«

L. U.: »Ich wollte damit zum Ausdruck bringen, dass sie viele Männer verschreckten, deren Unterstützung sie gut hätten gebrauchen könnten. Außerdem verschreckten sie auch viele Frauen, denen es gut getan hätte, sich politisch zu engagieren und für die Frauenbewegung einzusetzen.«

K. B.: »Du hast gesagt, dass die radikalen Feministinnen viele Wünsche anderer Frauen außer Acht ließen und ihnen damit den Zugang zur Frauenbewegung versperrten.«

L.U.: »Ja, diese Frauen haben einer guten Sache geschadet.«

K.B.: »Gleichzeitig hast du eingeräumt, wie schwierig es sei, auf eigenen Beinen zu stehen. Du hast gesagt, die Menschenrechte funktionierten für Männer und Frauen nicht auf dieselbe Art und Weise. Und du bist fortgefahren: ›In meinem Beruf hätte ich vielleicht eine stärkere Position erlangt, wenn sie wüssten, dass ein Mann an meiner Seite wäre. Sie schalten und walten nicht so nach Belieben, wenn man einen Kavalier in der Hinterhand hat. Ist man ganz auf sich allein gestellt, wird der männliche Chef schon mutiger. Auf großen Festen ist es immer noch so, dass ein Mann mit seiner Frau oder einer weiblichen Begleiterin eingeladen wird. Uns bittet man hingegen allein, als Einzelperson. Ich spüre am eigenen Leib, wie schwer es eine alleinerziehende Mutter in der Gesellschaft hat. Führt sie ein selbstständiges Leben und hat einen Job, wird ihr dies eher vorgeworfen als einem alleinerziehenden Vater. Der wird mit Lob und Anerkennung überschüttet. Dass ein Vater in vergleichbarer Situation sein Kind nicht mit zur Arbeit nehmen kann, betrachten alle als selbstverständlich. Wenn ich das ebenfalls nicht tue, bin ich gleich eine Rabenmutter, die ihr Kind im Stich lässt. Und das wage ich nicht. Teils weil ich wirklich glaube, meinem Kind damit Unrecht zu tun, teils weil ich den Druck und die öffentliche Kritik nicht aushalte.‹«

L.U.: »Ja, zu all dem stehe ich nach wie vor. Aber ich war nicht *unterdrückt*. Ich war ehrlich. Ich habe meine entsprechenden Erfahrungen gemacht, habe gelernt, dagegen anzugehen und darüber zu sprechen.«

K.B.: »So haben wohl auch diese beiden Frauen dich ausgenutzt – wie auch manche Männer das versucht haben. Wenn ich heute diesen Artikel lese, wird mir wieder bewusst, wie verhärtet die Fronten damals waren. Vor allem schienen die beiden Journalistinnen unendlich enttäuscht von dir zu sein, weil du Werbung für Lux-Seife gemacht hast. Bitten Modal konnte nicht begreifen, dass du gesagt hast, du bräuchtest das Geld.«

L.U.: »Das brauchte ich auch. Doch obwohl ich im Prinzip keine Lust hatte, mich für Reklamezwecke einspannen zu lassen, musste ich doch dazu stehen. Mit meiner angeblichen Unterdrückung hatte das nichts zu tun.«

K. B.: »Für uns in Norwegen warst du damals auf dem Gipfel deines Ruhmes angelangt. Du warst einer von neun Filmstars, die für Lux warben. Außerdem musstest du zweimal nach Hollywood zurück, obwohl du inzwischen in New York gewohnt und am Broadway gespielt hast. Du wurdest zweimal für den Oscar nominiert. Die erste Preisverleihung, bei der du leer ausgingst, hast du ja in *Wandlungen* köstlich beschrieben. Dein ›Nähkränzchen‹ hat dich zwar angefeuert, aber dein Lächeln ist dir eingefroren. Wie ist die zweite Verleihung eigentlich gelaufen?«

L. U.: »Ich erinnere mich vor allem daran, dass meine Tochter dabei war.«

K. B.: »War sie mit im Saal?«

L. U.: »Ja, sie war meine Begleiterin an diesem Abend. Wir gingen zusammen über den roten Teppich und so weiter. Ihr Vater war ebenfalls nominiert, aber natürlich war er nicht anwesend. Später habe ich versucht, mich in sie hineinzuversetzen. Vielleicht hat sie gedacht: Erst hat Papa verloren und dann Mama. Wer weiß. Es ist immer schwer zu sagen, was ein kleines Kind fühlt. Vermutlich hätte ich mich mehr mit ihr beschäftigen sollen.«

K. B.: »War es schwierig, das zweite Mal zu verlieren?«

L. U.: »Nein. Das erste Mal habe ich geglaubt, dass ich gewinne, weil alle mir das prophezeit hatten.«

K. B.: »Stattdessen hat Liza Minnelli den Preis bekommen.«

L. U.: »Ja, für *Cabaret*. Das zweite Mal war ich besser darauf vorbereitet zu verlieren. Obwohl ich nicht ganz nachvollziehen konnte, warum Faye Dunaway ausgerechnet für *Network* einen Oscar bekam, war dieser Film doch sehr viel spektakulärer als *Von Angesicht zu Angesicht*, für den Ingmar und ich nominiert waren.«

K. B.: »Warst du auf vielen Oscar-Verleihungen?«

L. U.: »Ja. Ich habe einen Oscar für Ingmar entgegengenommen und selbst mehrere überreicht. Es war sehr lustig damals,

als Marlon Brando nicht kam und sich von einer Indianerin vertreten ließ. Da standen wir plötzlich neben ihr, Roger Moore und ich, und wussten nicht, was wir sagen sollten.«

K. B.: »Bist du heute noch ab und zu in Hollywood?«

L. U.: »Nein, ich war schon lange nicht mehr dort. Doch nachdem ich so viele Leute in Hollywood kenne und selbst zweimal für den Oscar nominiert war, freue mich sehr darüber, dem Oscar-Komitee anzugehören. Ich gehöre zu den zweitausend Leuten – oder wie viele es auch sein mögen –, die über die Sieger der alljährlichen Preisverleihung entscheiden. Ich betrachte das als große Herausforderung.«

K. B.: »Also stapeln sich bei dir zu Hause die DVDs?«

L. U.: »Ja, die DVDs und Videos vieler Jahre. Ich bekomme ja die besten und die schlechtesten Filme zugeschickt. Und ich liebe es, ins Kino zu gehen – oft ganz allein, mit Popcorn und Cola. Doch ich schaue mir die Filme genauso gerne zu Hause an, auch dort am liebsten allein. Gerne am frühen Morgen. Das ist wirklicher Luxus. Früh aufzuwachen, um fünf oder sechs, und einen guten Film anzuschauen. Dann ist es kein verlorener Tag.«

Liv schreibt: »Ich erwarte hohen Besuch.

Henry Kissinger will mich zu einem Fest abholen.

Die Nachricht hat sich natürlich schon herumgesprochen. Unmöglich, die undichte Stelle zu finden. Ich habe das Telefon unter Decken und Kissen vergraben, damit ich es nicht hören muss.«

K. B.: »Du hast Henry Kissinger in Los Angeles kennen gelernt?«

L. U.: »Ja. Ich wohnte in Beverly Wilshire.«

K. B.: »Im Vorfeld des ersten Treffens wurdest du von nordischen Politikern als eine Art Bote benutzt. Wer war der schwedische?«

L. U.: »Olov Palme.«

K. B.: »Was wollte er?«

L. U.: »Er wollte, dass ich etwas dementiere. Was auch immer. Doch offenbar war es ihm wichtig. Ich sollte Kissinger auf eine Gedenkfeier für John Ford begleiten, und es wurde ein sehr interessanter Abend. Ich bin ja eine gute Zuhörerin. Also hörte ich ihm zu. So wurden wir Freunde. Viele glaubten, wir hätten was miteinander. Doch es ist niemals auch nur zu einem Kuss zwischen uns gekommen.«

K. B.: »Das war vor seiner Zeit als Außenminister?«

L. U.: »Ja, aber wir haben tatsächlich miteinander telefoniert, als Nixon seine Ernennung bekannt gab. Er hat es selbst also gar nicht mitbekommen. Das hat er auch in seinen Memoiren geschrieben.«

K. B.: »Ihr habt euch eine Zeitlang ziemlich häufig gesehen?«

L. U.: »Ja, und wir haben viel telefoniert. Das verschaffte mir in den Hotels, in denen ich wohnte, enormen Respekt. ›Henry Kissinger is on the line.‹ Dann lud er mich ins Weiße Haus ein. Er schien sehr stolz auf sein neues Amt zu sein. Ich hatte damals eine PR-Frau, die fast achtzig Jahre alt war und sich nichts sehnlicher wünschte, als Henry Kissinger einmal persönlich gegenüberzustehen. Also nahm ich sie mit nach Washington. Mehr zu sich selbst sagte sie: ›Werde ich Kissinger sehen? Werde ich wirklich Henry Kissinger begegnen?‹ Als wir Kissingers Büro im Weißen Haus betraten, war er ein wenig erstaunt, dass ich eine ältere Dame dabeihatte. Ich sagte zu ihm: ›Es war ihr großer Traum, einmal ins Weiße Haus zu kommen und dem amerikanischen Außenminister die Hand zu schütteln.‹ Er schaute sie an und entgegnete: ›Wissen Sie was, dann werde ich Ihnen jetzt persönlich das Weiße Haus zeigen.‹ Das tat er dann auch. Er bat mich, im Vorzimmer zu warten, und führte sie herum.«

K. B.: »Da war er also der gutmütige, liebe Onkel. Viele haben ihn jedoch ganz anders gesehen. Kennst du Joseph Hellers Roman *Was geschah mit Slocum?* Da geht er mit Kissinger hart ins Gericht. Er ist sicher einer der umstrittensten amerikanischen Außenminister aller Zeiten.«

L. U.: »Das ist mir vollkommen klar. Doch die ›Hassbücher‹

waren damals noch nicht gedruckt oder geschrieben. Wir waren ja sehr verschieden, und die Unterschiede haben sich im Lauf der Zeit noch verstärkt. Er war schockiert darüber, dass ich an einer Friedensdemonstration teilnahm, die auch ihn und vor allem die Vorgänge in Kambodscha verurteilte. Er sagte, ich sei naiv und verstünde nicht, worum es eigentlich ginge. Allmählich wurde mein Verhältnis zu ihm, zu unserer Freundschaft, ambivalent. Ich zweifelte an seiner Persönlichkeit, und er muss sich gefragt haben, ob ich womöglich Kommunistin war. In den siebziger Jahren kam er einmal zu einem Staatsbesuch nach Oslo. Eine Woche zuvor war ich in der Sowjetunion gewesen und hatte einen befreundeten Regisseur besucht. Er wusste es, ohne dass ich davon erzählt hatte. Ich besuchte Michalkow…«

K. B.: »Michalkow? Der *Schwarze Augen* gemacht hat?«

L. U.: Nein, seinen Bruder. Andrej Kontschalowski. Der *Sibiriada, Shy People* und *The Inner Circle* gemacht hat. Er hat mich auf dem Flughafen in Moskau abgeholt. Das war zur Zeit des Kalten Krieges. Ich hatte damit gerechnet, sofort in mein Hotel gebracht zu werden, weil wir in Begleitung des KGB waren. Aber das tat er nicht. Er fuhr mich direkt zur Datscha seiner Mutter, die sich weit abgelegen auf dem Land befand. So etwas war damals eigentlich gar nicht möglich. Doch er war Andrej Kontschalowski, und sein Vater hatte die sowjetische Nationalhymne geschrieben. Als wir zur Datscha kamen, war auch sein Bruder Nikita da. Solche Männer habe ich in meinen Leben nie wieder erlebt. Schöne, fröhliche, kreative Männer. Ihr Vater war nicht mehr am Leben. Die Mutter schenkte uns Tee aus einem riesigen Samowar ein. Ich fühlte mich wie in einem Tolstoi-Roman und dachte daran, dass ich wenige Tage später Kissinger in Oslo treffen sollte. Dieser Gedanke amüsierte mich und war mein kleines Geheimnis. Andrej nahm mich mit zum Friedhof, auf dem sein Vater begraben lag. Seine Mutter hatte einen Proviantkorb mit Hühnchen und allem drum und dran vorbereitet. Er strich mir durch die Haare und sagte: ›I want to call you red straw.‹ Das fand ich wunderschön gesagt. Dann nahm er plötzlich seine Halskette ab, an der ein Ring befestigt war, und sagte: ›This has belonged to my father. I want you to have it.‹ Da ertrank ich geradezu in seinen schwarzen Augen, um es so auszudrücken. Nachher saßen wir mit Tarkowski zusammen, der mit den Brüdern befreundet war, tranken Wodka und erzählten uns Geschichten.«

K. B.: »Doch ihr wurdet kein Paar?«

L.U.: »Nein, ich entschied mich für einen anderen. Aber die Geschichte endete folgendermaßen: Ich traf ihn ein paar Jahre später in New York, kurz vor der Wahl Carters zum Präsidenten der Vereinigten Staaten. Wir gingen zu einem Konzert von Shirley MacLaine. Carters Mutter war da, und meine Tochter war auch mit dabei. Die Journalisten, die glaubten, sie sei Carters Tochter, erkundigten sich nach ihrem Vater. Sie dachte natürlich an ihren eigenen und antwortete, ihr Vater sei sehr empfindlich und scheue große Menschenmassen. Andrej nahm die Kaviardose, die er mir mitgebracht hatte, und gab sie Shirley, und drei Wochen später riefen sie mich aus Hollywood an und bedankten sich dafür, dass ich sie zusammengeführt hatte. Als Shirley MacLaine später ihre Memoiren schrieb, war dort viel Merkwürdiges zu lesen, u.a. dass sie ahnungslos unter einem Baum in Peru gesessen habe, als Olov Palme ermordet wurde. Doch plötzlich habe er über ihr im Baum gesessen und gesagt: ›Du hattest Recht, Shirley, es gibt ein Leben nach dem Tod!‹ Noch interessanter war es jedoch für mich zu lesen, wie sie einen Mann namens Andrej getroffen und sofort gewusst hätte, dass sie in einem früheren Leben Bruder und Schwester gewesen waren. Sie sei daraufhin nach Russland eingeladen worden, schrieb sie. Andrejs Mutter habe Tee aus einem riesigen Samowar eingeschenkt. Und am folgenden Tag nahm Andrej sie mit ans Grab seines Vaters. Seine Mutter hatte einen Proviantkorb mit Hühnchen vorbereitet. Und plötzlich strich ihr Andrej über die Haare und sagte: ›Red straw, can I call you red straw?‹ Dann nahm er seine Halskette ab, an der ein Ring befestigt war. ›This has belonged to my father. I want you to have it.‹ Da hatte meine Geschichte mit Andrej nicht mehr viel mit einem Tolstoi-Roman gemein.«

K. B.: »In Oslo hast du dann Kissinger getroffen?«

L.U.: »Ja, und Frydenlund, der norwegische Außenminister von der Arbeiterpartei, war auch da und nannte Kissinger seinen ›besten Freund‹. Meine Kritiker waren also nicht immer sehr konsequent. Doch es war natürlich leichter, mich zu kritisieren als Frydenlund, das verstehe ich. Kissinger wollte zum Tee in meine Wohnung kommen. Meine Tochter und ihre Freundin, beide acht, neun Jahre alt, spielten zu dieser Zeit Privatdetektive und freuten sich enorm, dass der Secret Service kommen sollte. Doch der nahm die Wohnung unter die Lupe, ehe die Kinder aus der Schule zurück waren. Sie schauten unters Sofa und solche Sachen, um sich zu vergewissern, dass alles in Ordnung war. Als meine Tochter und ihre Freundin hörten, was ihnen entgangen war, weinten sie vor Enttäuschung. Als ich Kissinger bei seinem Besuch davon erzählte, wollte er die Kinder sofort ins Grand Hotel einladen, damit sie den ganzen Wirbel um seine Person erleben konnten. Meine Mutter fuhr die Kinder dann später ins Grand Hotel, erfuhr jedoch zunächst, dass sie selbst nicht eingeladen sei, nur die Mädchen. Daraufhin fällt meine Mutter, die so gerne die Hauptperson gewesen wäre, dramatisch zu Boden und bricht sich beide Arme. Ein Krankenwagen kommt, sie wird auf die Bahre gelegt, und als man sie mit ihren gebrochenen Armen in den Wagen schiebt, wackelt sie mit den Zehen und ruft den schockierten Mädchen zu: ›Denkt nicht an mich! Denkt nicht an mich!‹«

K. B.: »So wie der Junge in Kincks *Der neue Kapelan*.«

L.U.: »Ja. Endlich werden die jungen Damen also ins Hotel geführt, aber da steht dieser Idiot von Amerikaner und sagt: ›The secretary will come soon.‹ Die Kinder verstehen nur Bahnhof. Schließlich hatten sie ja nicht den Sekretär treffen wollen. Das Ganze war ein völliger Reinfall. Die Mädchen wussten gar nicht, wenn sie da getroffen hatten. Und Kissinger war im Umgang mit Kindern vielleicht auch nicht allzu geschickt. Doch er hatte sie tatsächlich zu sich eingeladen, obwohl er ein unglaublich dichtes Programm zu absolvieren hatte. Solche Dinge sind es, die ich an ihm schätze. Seltsame Dinge. Sein Vater hatte ein Sammelalbum. Er schnitt alles über seinen Sohn aus. Es ist doch rührend, wenn jemand so stolz auf seinen Sohn ist.«

K. B.: »Ist Kissinger nicht sehr tierlieb?«

L.U.: »Doch. Dazu gibt es eine lustige Geschichte, die er mir mal erzählt hat. Er und seine Frau Nancy hatten stets Hunde. Labradors. Wenn einer starb, schafften sie sich sofort den nächsten an. Sie wohnten in New York, obwohl Kissinger viel in Washington arbeitete. Jeden Abend rief er zu Hause an, um seinem Hund gute Nacht zu sagen: ›Wuff, wuff, wuff!!!‹ Eines Abends wählt er wie üblich die Nummer seiner Frau. Sie pflegt den Hörer sogleich dem Hund entgegenzuhalten, der bereits angelaufen kommt. Kissinger kläfft wie üblich ins Telefon. Doch an diesem Abend hört Kissinger als Antwort eine aufgebrachte Frauenstimme in der Leitung: ›Who is this?! Who is this?! What's going on?‹ Als er begreift, dass er sich verwählt hat, legt er sofort auf. Er ist schließlich amerikanischer Außenminister. The Secretary of State! Er fragt sich, ob mit dem Telefon etwas nicht stimmt. Am nächsten Morgen versucht er es noch mal. Er will seinen Hund sprechen und fängt wieder an zu bellen: ›Wuff, wuff, wuff!!!‹ Erneut ist die Dame vom vorigen Abend am Telefon, diesmal völlig hysterisch. Er knallt den Hörer auf die Gabel und begreift erst jetzt, dass er bei seinen letzten beiden Versuchen vergessen hat, die Vorwahl zu wählen. Tagelang lebt er in der Angst, die Dame könne seine Telefonnummer herausbekommen und öffentlich bekannt machen, dass der amerikanische Außenminister fremde Frauen anruft und ins Telefon bellt.«

K. B.: »Was für ein Verhältnis hast du heute zu Kissinger?«

L.U.: »Wir treffen uns nur noch selten. Vielleicht bin ich keine so gute Zuhörerin mehr wie früher. Und vielleicht will ich ihm heute mehr Fragen stellen, die ich mir eigentlich sparen könnte.«

Liv schreibt: »Es ist der Tag, an dem zwei mächtige Nationen einen Friedenspakt unterzeichnen wollen. Nixon und Breschnew treffen sich zum Essen in der russischen Botschaft. Ich sitze zwischen Kissinger und dem russischen Botschafter. Verwundert darüber, was um mich herum geschieht, versuche ich ein paar selbstverständliche Worte und Gesten zu deuten. Ich befinde mich inmitten einer sonderbaren männlichen Verbrüderungsszene und fühle mich fast wie damals, auf dem Gymnasium, wenn die Jungs miteinander diskutierten und ich kaum glauben konnte, dass sie wirklich meinten, was sie sagten.

Der blasse Gromyko sitzt mit gebeugtem Kopf an einer Ecke des Tisches. Sein Mund ist traurig, die Lippen zusammengepresst. Er sieht aus wie mein melancholischer Onkel auf meiner Hochzeit. Doch in seinen Augen sehe ich auch Humor. Jedes Mal, wenn sein Name in einer Rede genannt wird, errötet er.

Breschnew wirkt ein wenig verlegen, doch er ist mir sofort sympathisch, als er meine Hand in seine breiten Pranken nimmt und sagt, er liebe den Film über die Emigranten. Ich danke Gott, dass ich keinen politischen Einfluss habe – so leicht, wie ich für Komplimente empfänglich bin.

Nixon wirkt im Sitzen so klein. Sein Oberkörper ist fast kleiner als der Kopf. Seine Schminke ist ein wenig verlaufen, und ich freue mich für ihn, dass keine Fotos mehr gemacht werden. Ich empfinde ein gewisses Mitleid mit diesem Gesicht, in dem das Schwarze um die Augen überhand genommen hat. Er würde eine großartige tragische Figur in einem Bergman-Film abgeben, wäre er nur ein besserer Schauspieler.«

K. B.: »Mochtest du Nixon?«

L. U.: »Ich kannte ihn nicht. Aber dieses Bild steht mir immer noch vor Augen: Wie er aufstand, eine Rede hielt und fortwährend schwarze Schminke über sein Gesicht lief.«

K. B.: »Ein Pierrot der Weltpolitik? Er muss eine große Melancholie verbreitet haben, trotz seiner schroffen Ausdrucksweise. Der Film von Oliver Stone und die meisterhafte Darstellung von Anthony Hopkins sind mir unvergesslich.«

L. U.: »Ja, ich empfand ein gewisses Mitgefühl für ihn. Und ich glaube, dass seine Präsidentschaft auch ihr Gutes gehabt hat, vor allem der beginnende Dialog mit China.«

K. B.: »Aber wir befinden uns immer noch in der Zeit des Kaltes Krieges. In *Wandlungen* gibt es eine rätselhafte Passage, in der du schreibst, du hättest dich ins Weiße Haus ›verirrt‹.«

L. U.: »Ja, im Grunde ist die Sache auch wirklich ein Rätsel. Es war kurz vor Nixons Rücktritt.«

K. B.: »Warst du inkognito?«

L. U.: »Ich weiß noch, wie ich plötzliche im Oval Office stand.«

K. B.: »Zusammen mit Nixon?«

L. U.: »Nein, Nixon war nicht dabei. Nur ich und mein Guide. Ich erinnere mich an die unwirkliche Atmosphäre. Alle wussten, dass etwas geschehen würde. Ich erinnere mich an Nixons Toilette, an das Telefon, das sich dort befand, samt den Klingelknöpfen seiner vier wichtigsten Berater, die er rund um die Uhr erreichen konnte. Doch zwei Mitglieder des inneren Kreises, Ehrlichman und Haldeman, waren schon nicht mehr dabei. Es muss einsam um den Präsidenten geworden sein. An den Keller erinnere ich mich auch. Die wichtigen Räume, in denen viele Besprechungen stattfanden. Wie merkwürdig, dass ich all das zu sehen bekam. Vielleicht habe ich es nur geträumt.«

K. B.: »Du hast mir gesagt, dass ich dich genau danach nicht fragen dürfte. Aber vielleicht kannst du mir trotzdem die letzte Geschichte von Kissinger erzählen.«

L. U.: »Das war viel später, als wichtige Dinge in meinem Leben geschahen. Ich war Repräsentantin aller Broadway-Schauspieler, und wir wollten einer Flüchtlingsorganisation zweihunderttausend Kronen spenden. Ich beendete eine Rede mit den Worten: ›Please call me – if you need me.‹ Bei der Organisation handelte es sich um das International Rescue Committee, deren Vorsitzender Leo Cherne war. Tausende kambodschanischer Flüchtlinge fristeten in thailändischen Lagern ein elendes Dasein. Leo Cherne rief mich an und fragte, ob ich ihn nach Thailand begleiten wolle. Er sagte, sie hätten Lebensmittel, Medizin und Ärzte und wollten diese nach Kambodscha bringen, ungeachtet, was die Vietnamesen sagten. Das erzählte ich meinem Agenten. Er ist ein kluger Mann und seit vierzig Jahren mein Ratgeber. Heute ist er über neunzig und so klug wie eh und je. Er sagte: ›An deiner Stelle würde ich das nicht tun! Ich glaube, das IRC wird von der CIA gelenkt.‹ Damit hatte er zwar nicht Recht, doch ich war verunsichert und fragte mich, wen ich noch um Rat fragen konnte. Henry Kissinger natürlich! *Er* musste doch wohl Bescheid wissen. Ich erreichte ihn auch sofort, obwohl er nicht in den USA war. Ich stand auf einer Liste von Leuten, die jederzeit zu ihm durchgestellt wurden. Und rate mal, wo er sich befand? Er führte gerade in China ein Gespräch mit Mao. Trotzdem ging er ans Telefon! Da habe ich ihn gleich gefragt, ob es stimme, dass Mao so viele wertvolle Gemälde besitze, unter anderem von Picasso. Dann habe ich mich danach erkundigt, ob das IRC tatsächlich von der CIA gelenkt werde, denn ich sei vom IRC nach Thailand eingeladen worden. Darauf antwortete er: ›Weißt du, Liv, wenn es so wäre, könnte ich es dir nicht erzählen. Und wenn es nicht so wäre, könnte ich es dir auch nicht erzählen.‹ Ich frage mich, ob er Mao von dieser naiven Norwegerin erzählt hat. Jedenfalls hat er diese Geschichte später noch oft zum Besten gegeben, unter anderem auf dem Begräbnis von Leo Cherne.«

Ich bin in Miami und rede mit Liv Ullmann über die amerikanischen Präsidenten, denen sie begegnet ist. Aber ich dringe nicht richtig zu ihr durch. Sie scheint mit ihren Gedanken woanders zu sein. Plötzlich wird mir klar, dass ich in einer alten Wunde gestochert habe. Sie denkt an Bitten Modal und Astrid Brekken, die norwegischen Feministinnen, die es gewagt hatten, für die erste Ausgabe ihrer Zeitschrift folgende Überschrift zu wählen: *Die unterdrückte Liv Ullmann.* 32 Jahre später ist Liv immer noch empört. Und in gewisser Weise finde ich das großartig. Denn darin kommt eine Sturheit zum Ausdruck, die der von Karen Blixen gleichkommt, als sie ihren intellektuellen Kammerdiener Thorkild Bjørnvik darum bittet, auf eine negative Kritik zu antworten, die zehn Jahre zuvor in *Politiken* erschienen ist. Da spielt es auch für Liv keine Rolle mehr, welches Verhältnis sie eigentlich zu Nixon oder Kissinger hatte. Schließlich sah sie sich einem ungerechtfertigten Vorwurf ausgesetzt. Und ich muss daran denken, dass ich sie irgendwann noch mit anderen Angriffen auf ihre Person bzw. ihr Werk konfrontieren muss, die heute völlig unfassbar erscheinen. Es ging um die Premiere ihres Films *Die Treulosen*.

Zeit fürs Mittagessen.

Wir trennen uns vorübergehend.

Liv wirkt ungewöhnlich geistesabwesend.

Ich finde den Weg zur Rezeption allein.

Dieses eine Mal spüre ich nicht ihren Blick in meinem Rücken. Sie hat sicher noch andere Dinge im Kopf als mich.

Doch als wir uns wenige Stunden später in ihrem Appartement treffen, ist sie wieder voller Energie und Enthusiasmus.

K. B.: »Du hast früh Jimmy Carter kennen gelernt.«

L. U.: »Ja, ich habe *Anna Christie* von Eugene O'Neill unter der Regie von José Quinteros gespielt. Wir gaben ein paar Vorstellungen in Washington – es war das erste Theaterstück, das sich Carter als Präsident anschaute. Am nächsten Tag lud er uns ins Weiße Haus ein. Diesmal sah ich das Weiße Haus mit anderen Augen. Fast schien es mir, als wäre ich nie dort gewesen, weil mein Leben sich seit Nixons Zeit so enorm verändert hatte. Ich lernte Carter persönlich kennen und bekam, nach seiner Präsidentschaft, sogar einen Preis von ihm. Einmal erzählte er mir, dass er jeden Abend gemeinsam mit seiner Frau Rosalyn gemeinsam in der Bibel lese. Erst sie und dann er. Da musste ich an Kristina und Oscar aus *Emigranten* denken. Für mich stellt Carter nach wie vor eine durch und durch integre Persönlichkeit dar. Immer wenn ich ihm begegnet bin und mit ihm sprechen konnte, fühlte ich mich bereichert. Ihm den Nobelpreis zu verleihen, war eine der wirklich klugen Entscheidungen, die das Nobelkomitee im Laufe der Zeit gefällt hat.«

K. B.: »Was hast du 1980 empfunden, als Ronald Reagan die Wahl gegen ihn gewann?«

L.U.: »Ich konnte es nicht glauben. Ich weiß noch, wie ich im Wohnzimmer vor dem Radio saß.«

K.B.: »In New York?«

L.U.: »Nein, in der Hafrsfjordgate in Oslo. Genau wie beim Mord an Kennedy weiß ich noch ganz genau, wo ich gewesen bin, als die Nachricht vermeldet wurde.«

K.B.: »Wo warst du, als Kennedy ermordet wurde?«

L.U.: »Beim Schauspieler Finn Kvalem in Oslo.«

K.B.: »Warst du nicht stolz, dass ein Schauspielerkollege der nächste Präsident der Vereinigten Staaten werden sollte?«

L.U.: »Nein, ich konnte es wirklich nicht fassen.«

K.B.: »Bist du Reagan mal begegnet, als er noch Gouverneur war?«

L.U.: »Nein ... oder vielleicht doch. Ich war ja eng mit Jerry Brown befreundet, dessen Vater vor Reagan Gouverneur gewesen war. Jerry folgte Reagan als Gouverneur nach. Aber ich habe keine bewusste Erinnerung an Reagan aus dieser Zeit.«

K.B.: »Bist du während Reagans Präsidentschaft mal im Weißen Haus gewesen?«

L.U.: »Ja, ein einziges Mal.«

K.B.: »Reagan hat ja durch seine Alzheimererkrankung später ein schlimmes Schicksal erlitten.«

L.U.: »Vor seiner Krankheit wirkte er wie ein gütiger Landesvater. Doch meiner Meinung nach hat er für sein Land und die Welt einige verhängnisvolle Entscheidungen getroffen.«

K.B.: »Und dann kam Clinton ...«

L.U.: »Clinton lernte ich kennen, so wie ich Carter kennen gelernt hatte – gleich zu Beginn seiner Präsidentschaft. Ich hatte die ehrenvolle Aufgabe, die Einwanderer in die USA zu repräsentieren, und las bei der offiziellen Inaugurationsfeier ein für diesen Anlass geschriebenes Gedicht.«

K.B.: »Ist da Michael Jackson nicht auch aufgetreten?«

L.U.: »Interessiert der dich etwa? Es waren so viele da: Jack Nicholson, Shirley Bassey ... ich kann mich gar nicht an alle erinnern. Später bin ich Clinton begegnet, als er im Boston Park

Plaza wohnte, einem Hotel, das Donald besitzt und das oft von Präsidenten in Anspruch genommen wird, die zu Gast in Massachusetts sind. Damals hat er mir erzählt, dass Hillary und er alle Bergman-Filme so lieben würden. Manchmal säßen sie noch spätabends im Bett und schauten sie sich auf Video an. Damit hatte er mich natürlich um den Finger gewickelt. In den acht Jahren seiner Präsidentschaft lud er uns mehrmals ins Weiße Haus ein, manchmal auch zu Filmabenden. Einmal saßen wir in seinem privaten Kinoraum, tranken Cola und aßen Popcorn, als er plötzlich ans Telefon gerufen wurde. ›Just run the film‹, sagte er. ›I'll come right back.‹ Das tat er dann auch.«

K. B.: »Genau wie in der Fernsehserie *The West Wing*, die den Alltag des amerikanischen Präsidenten schildert?«

L. U.: »Ja, aber ich glaube nicht, dass der Anruf damals besonders wichtig war. Einmal habe ich ihn unmittelbar nach dem Lewinsky-Skandal getroffen. Alle, die ihm nahestanden, haben damals sicher irgendwas Aufmunterndes zu ihm gesagt. ›I believe in you‹, sagte ich. Das hörte sich bestimmt ziemlich plump an, aber irgendwas musste ich schließlich sagen. Bevor er abreiste – er wohnte wieder im Boston Park Plaza – sagte er zu Donald: ›Tell your wife that what she said meant a lot to me.‹ Das war bestimmt nur eine Floskel. Aber es gehörte zu seinem Stil, der ein Grund für seine enorme Beliebtheit war. Er gab jedem Einzelnen das Gefühl, etwas ganz Besonderes zu sein. Doch unter seiner Präsidentschaft wurde Jugoslawien bombardiert. Diese Entscheidung habe ich nie verstanden. Ich konnte sie nicht akzeptieren.«

K. B.: »Dachtest du auch an Dragan?«

L. U.: »Nein, nicht in diesem Zusammenhang. Aber mit Bomben erlangt man keinen Frieden. Ich bin Pazifistin! Ich glaube nicht daran, Menschen auf diese Art und Weise ›befreien‹ zu können. Ich war so irrsinnig enttäuscht, dass er solch eine Entscheidung fällte. Als er eines seiner großen Abschiedsfeste in Washington veranstaltete, waren Donald und ich auch eingeladen. Ich wollte nicht hingehen – wegen der Bombardierung. Donald aber wollte, also gingen wir hin. Alles sollte im Weißen

Haus vor sich gehen, doch als wir ankamen, wurden wir auf ein großes Zelt im Garten verwiesen. Sollten wir etwa in einem Zelt sitzen? Ich sagte zu Donald: ›Du hättest auf mich hören sollen. Das hat doch keinen Sinn hier.‹ Doch der Präsident war auch im Zelt, und plötzlich fasst mich jemand am Arm und sagt, ich solle am Tisch des Präsidenten Platz nehmen. Daraufhin wurde ich an den Tisch geführt und sollte direkt neben Clinton sitzen! Warum das so war, ist mir immer noch ein Rätsel. Ich war sehr still. Was hätte ich auch sagen sollen? Es war schließlich sein Abschiedsfest. Wir konnten ja nicht über Bomben und so etwas reden. Das war mein letzter Besuch im Weißen Haus. Bush hat mich nie eingeladen.«

K. B.: »George Bush ist wahrscheinlich nicht dein Fall?«

L. U.: »Einmal sollte er im Boston Park Plaza wohnen. Donald als Eigentümer des Hotels wollte auch anwesend sein. Ich war mit meiner Schwester und zwei meiner besten Freundinnen in Florida und sagte ihm, dass ich nicht mitkommen würde. Aber natürlich war ich neugierig, und das waren die anderen auch. Also flogen wir alle gemeinsam nach Boston, obwohl ich solche Flugangst habe.«

K. B.: »Flugangst? Das ist das Erste, was ich höre.«

L. U.: »Doch, ich habe tatsächlich große Angst vor dem Fliegen.«

K. B.: »Aber du hast doch früher sogar darüber geschrieben, wie gerne du fliegst.«

L. U.: »Ja, früher war das anders. Da habe ich im Flugzeug immer gearbeitet und die ganze Zeit geschrieben. Doch heute habe ich Angst.«

K. B.: »Na, du musst es ja wissen … Ihr kamt also nach Boston.«

L. U.: »Ja. Meine Schwester und meine Freundinnen saßen gespannt in unserer Wohnung und lauschten, was draußen vor sich ging, während Donald und ich auf dem Gang vor Donalds Suite standen. In dieser wundervoll eingerichteten Suite, die besonderen Gästen zur Verfügung gestellt wird, sollte der Präsident wohnen. Die Anweisungen vom Weißen Haus waren eindeutig. Die Bar sollte leer sein und der Fernseher entfernt werden. Warum gerade der Fernseher, weiß ich nicht. Wie dem auch sei – Donald, der Hotelmanager und ich hatten also vor der Suite Aufstellung genommen, um Präsident Bush willkommen zu heißen. Uns gegenüber lag die große Treppe. Zuerst kamen zehn Männer, die… das ist wirklich wahr… die wie Froschmänner aussahen.«

K. B.: »Sie trugen Taucheranzüge?«

L. U.: »Jedenfalls hatten sie Schnorchel, Hämmer und verschiedene andere Werkzeuge. Sie gingen an uns vorbei, und wir starrten uns an.«

K. B.: »Wie in einem Ridley-Scott-Film?«

L. U.: »Ja, so in etwa. Dann kamen die Leute vom Secret Service, auch sie ungefähr zu zehnt. Alle trugen schwarze Anzüge und sprachen unausgesetzt in ihre Mikrofone, hatten Ohrstöpsel und so weiter. Sie sahen uns an und redeten in einer Tour. Dann gingen sie an uns vorbei und bogen um die Ecke. Nach ihnen kamen die wirklich wichtigen Personen, unter denen sich auch ein paar Frauen befanden. Alle hatten sich mächtig in Schale geworfen. Die feine Gesellschaft aus Boston samt der Leute aus dem Weißen Haus. Unter ihnen befand sich einer, der ein wenig kleiner als die anderen war und diesen merkwürdigen Gang hatte. Die Arme hielt er ein Stück vom Körper entfernt. Vermutlich lag das aber nicht daran, dass er eine…«

K. B.: »… kugelsichere Weste trug?«

L. U.: »Nein, denn ich glaube, er geht immer so. Ein bisschen erinnert er mich an diesen zornigen Jungen im Vigelandspark in Oslo.«

K. B.: »*Sinnataggen*, der Trotzkopf?«

L. U.: »Genau! Der hält die Arme auch so weit vom Körper entfernt. Immer wenn ich Bush sehe, tut er das. Ich glaube, dass er tief in seinem Innern sehr zornig ist. Darum lächelt er auch so viel. Und deshalb ist es vielleicht auch gut, dass er keinen Schnaps in seiner Bar hat. Denn wenn er wütend wird, muss er wahrscheinlich Schnaps trinken. Vermutlich soll er deshalb auch nicht fernsehen. Weil er dann womöglich etwas hört, das seine Laune noch weiter verschlechtert.

Dann kommt er. Von Menschen umringt. Die anderen Leute gehen weiter, während der Trotzkopf vor uns stehen bleibt und der Hotelmanager sagt: ›This is Donald Saunders. He owns the hotel.‹ Der Trotzkopf und Donald schütteln sich die Hände. ›And this is his wife, Liv Ullmann«, sagt der Manager. Der Trotzkopf gibt mir die Hand. Er lächelt. Es wird still. Herrgott, ich muss doch irgendwas sagen, denke ich. ›I'm Norwegian‹, sage ich schließlich. ›We are associated«‹, entgegnet er lächelnd. Ich war mir nicht ganz sicher, wie er das meinte. Erneute Stille. Er sieht mich unverwandt an. Dann sagt er plötzlich: ›Blue eyes.‹ Ich nicke, denn damit hat er schließlich Recht. Wieder wird es still. Dann schaltet sich der Hotelmanager ein: ›Oh, we wish you could have stayed here longer, Mr. President.‹ Bush denkt nach, weiß aber offensichtlich nicht, was er darauf entgegnen soll. Auf einmal legt er mir die Hand auf die Schulter und beginnt: ›My wife ...‹«

K. B.: »Er sagt ›My wife ...‹, während seine Hand auf deiner Schulter liegt?«

L. U.: »Ja, vermutlich wollte er sagen, dass er sich wünschte, seine Frau wäre ebenfalls hier. Er beendet seine Sätze ja nicht immer, wie du weißt. Dann geht er der Tür entgegen. Die Tür öffnet sich, und das war's. Unsere erste Begegnung. Und unsere letzte.«

Liv schreibt: »*I Remember Mama*, ein rührendes und humorvolles Buch, soll zu einem Broadwaymusical umgearbeitet werden. Der Regisseur sagt mir, ich sei die einzige Person auf der Welt, mit der er sich eine Zusammenarbeit vorstellen könne. Richard Rogers, der die Musik komponieren soll, sagt, er könne mir zu einer Gesangsstimme verhelfen, obwohl ich zuvor nie gesungen habe. Der Produzent meint, die Rolle der Mutter würde eine Befreiung für mich sein, da ich so häufig neurotische Frauentypen spiele.«

K. B.: »Der legendäre Richard Rogers schrieb sein letztes Musical für dich?«

L. U.: »Ja, das tat er.«

K. B.: Es ist mir ein Rätsel, dass noch kein einziger Intendant in Norwegen das Musical auf den Spielplan gesetzt hat. Die Musik stammt von einem der größten Musicalkomponisten der Welt. Zudem handelt es von einer norwegisch-amerikanischen Frau, Katrin, die zu Beginn des 20. Jahrhunderts in der Steiner Street in San Francisco an ihre norwegische Mutter und Familie zurückdenkt.«

L. U.: »Stimmt, das ist merkwürdig. Denn auch die Melodien sind wunderbar, musst du wissen.«

K. B.: »Speziell für dich geschrieben …«

L. U.: »Ich werde nie vergessen, wie ich ihm vorgesungen habe. Er war ja schon alt und krank. Doch wiederum nicht so alt, wie ich geglaubt hatte. Er hat mich ermutigt und war sich ganz sicher, dass es gut gehen würde. Ich sagte: ›Es tut mir so leid, aber ich kann wirklich nicht singen.‹ Der Produzent blieb ganz ruhig. ›Das macht nichts‹, entgegnete er. Und Richard Rogers sagte: ›Ich habe schon mit so vielen Menschen zusammengearbeitet. Die meisten von ihnen konnten überhaupt nicht singen. Doch ich passe die Musik einfach ihrer Stimmlage an.‹ ›Ich kann aber wirklich nicht singen‹, wiederholte ich. ›Sing doch mal Happy Birthday für mich‹, bat Richard Rogers und schlug einen Ton an. ›Ist die Tonlage okay?‹ Ich nickte und sang Happy Birthday für ihn. Und ich sah, dass er um zehn Jahre alterte, wie er da am Klavier saß. Doch er hat niemals auch nur eine Andeutung darüber gemacht, dass ich womöglich sein letztes großes Werk ruiniert hatte. Gewissermaßen fiel ich auch den Umständen zum Opfer. Hätten sie mir einen Sprechgesang gestattet, wie Rex Harrison es in *My Fair Lady* gemacht hat, statt mich wirklich singen zu lassen, hätte ich mich sehr viel besser geschlagen.«

K. B.: »Dabei hast du doch so eine intensive Beziehung zur Musik.«

L. U.: »Ja, und im Grunde hat mir das Singen sogar Spaß gemacht. Andererseits war es mit so viel Stress verbunden. Ich musste die Launen des Regisseurs ertragen, der irgendwann gegen einen zweiten ausgetauscht wurde, dem später ein dritter Regisseur folgte. Mir als Star der Produktion konnten sie nicht kündigen. Also wurden die anderen ausgetauscht, abgesehen von dem Schauspieler, der meinen Mann spielte, und meinen Kindern. Mit einer Broadway-Inszenierung ist nicht zu spaßen. An jedem einzelnen Abend kamen die Produzenten und feuerten irgendjemand. Die Leute versammelten sich in meiner Garderobe, die in dieser Zeit gewissermaßen der sicherste Ort war. Ich bin wirklich musikalisch, doch mein musikalischer Ausdruck ist anders als erwartet. Mit technischer Vollkommenheit kann ich nicht dienen. Doch ich kann mit Musik leben, mit ihr tanzen. Ich glaube, es hätte phantastisch werden können, wenn sie mir diese Freiheit zugestanden hätten. Die Balletttänzer wurden meine besten Freunde. Sie wussten, wie es mir ging. Doch wir hatten *eine* großartige Nummer. Wir träumten uns in die Vergangenheit zurück, mein Mann und ich. In die Zeit, als wir noch jung waren. Uns kennen lernten, ineinander verliebten, aneinander freuten. Ich saß auf einer Bank. Er kam zu mir herüber und machte eine schöne Verbeugung. Ich stand auf und senkte den Kopf. Dann begannen wir zu tanzen. Oh, du hättest sehen sollen, wie wir getanzt haben! Er hat mich wunderbar geführt, es war herrlich. Dann begann er zu singen, mein Mann. Und ich erwiderte den Gesang mit einem Flüstern. Ich flüsterte meine Träume, meine Liebe zu ihm. Ich tanzte wie ein junges Mädchen, wie die Liv, an die ich mich erinnerte – auf diese Nummer freute ich mich jeden Abend. Hätten sie nur die Augen aufgemacht und begriffen, dass dies die einzig praktikable Form für mich war, hätte ich Richard Roger nicht diesen Bärendienst erweisen müssen.«

K. B.: »Du musstest jeden Abend sieben Lieder singen?«

L. U.: »Ja, ich habe sie gemeinsam mit dem Pianisten einstudiert. Orchesterbegleitung bekam ich erst zwei Tage vor der Premiere. Bei all den Klängen und Rhythmen wusste ich gar nicht mehr, wo meine Melodien geblieben waren. Es war eine

Qual, die niemand verstehen kann – jeden Abend auf die Bühne zu gehen und diese sieben Lieder zu singen. Außerdem hatte ich eine Ersatzsängerin, auf die ich heute noch sauer bin. Sie war hübsch und hatte eine schöne Singstimme. Obwohl sie selbst eine Nebenrolle im Musical hatte, übte sie jeden Abend meine Lieder – direkt vor meiner Garderobentür.«

K. B.: »Ist das wirklich wahr?«

L. U.: »Ja, sie ging auf dem schmalen Gang auf und ab. Heute hätte ich die Tür geöffnet und gesagt: ›Hau ab und bleib in deiner Garderobe!‹ Doch stattdessen tat ich das, was ich viel zu oft in meinem Leben getan habe. Ich tat mir leid, grummelte ein bisschen vor mich hin, ohne etwas zu unternehmen.«

K. B.: »Wie hat Richard Rogers all den Wirbel um die Inszenierung aufgenommen?«

L. U.: »Er wich mir nicht von der Seite. Die Premiere fand ja vor vollem Haus statt und bekam auch ein paar glänzende Kritiken, nicht nur Verrisse. Rogers kam Abend für Abend ins Theater und hielt meine Hand. Ich dachte: Das werde ich einmal meinen Enkeln erzählen. Aber dazu wird es natürlich nicht kommen, weil Enkel an solchen Geschichten für gewöhnlich kein Interesse haben. Heute sitzen die Großmütter eher den Enkeln auf dem Schoß, wenn du verstehst, was ich meine. Wenn ich heute an *I Remember Mama* zurückdenke, sehe ich ein kleines Mädchen im Majestic Theatre vor mir, dem die Musicallegende Richard Rogers jeden Abend die Hand hält.«

K. B.: »Du hast in den USA immer eine enorme Bühnenpräsenz gehabt?«

L. U.: »Ja, eine viel stärkere Bühnenpräsenz als in Norwegen. Das hat mit der Sprache zu tun. Denn in den USA ist es völlig okay, einen Akzent zu haben. Außerdem ist es für mich eine Selbstverständlichkeit, englisch zu sprechen. Vielleicht, weil ich während des Krieges in Kanada und New York gelebt habe. Obwohl mein Akzent ziemlich stark ist, spreche ich mühelos, während mich mein Akzent in Norwegen immer behindert hat. Ebenso in Schweden. Dort habe ich nie richtig zu meiner Stimme gefunden, habe mich in der Sprache nie wirklich zu

Hause gefühlt. Das gilt auch für das Fernsehen. Es ist so, als wollten die Worte sofort zurück in den Mund, sobald ich sie ausgesprochen habe. In meiner Glanzzeit war ich in den USA für meinen Witz und meine Inspiration bekannt, während ich in Norwegen immer die Heulsuse gegeben habe. Und das hat mit der Sprache zu tun. Die Sprache, die ich in Norwegen spreche, lässt mich trauriger und langsamer wirken, während die Sprache in den USA mir Freude und Energie vermittelt.«

K. B.: »Die Umstände der Premiere von *I Remember Mama* waren ziemlich speziell, nicht wahr?«

L. U.: »Nach der Premiere kam Elizabeth Taylor in die wunderbare Garderobe, die ich damals hatte – mit eigener Toilette und Badezimmer. Später sollte die Premierenfeier stattfinden, und Elizabeth sagte: ›Oh, lovely, lovely‹ – was man halt so sagt nach Premieren. Dann verschwand sie in meinem Badezimmer, in dem ich eigentlich duschen, mich umziehen und für die Premierenfeier zurechtmachen wollte. Sie blieb dort eine geschlagene Stunde.«

K. B.: »Was hat sie die ganze Zeit gemacht?«

L. U.: »Keine Ahnung. Aber sie ist immer spät dran. Schließlich musste ich mir eine andere Dusche in der Statistengarderobe suchen, um mich für den Abend zurechtzumachen. Als ich umgezogen zurückkam, um all die anderen prominenten Gäste zu begrüßen, die mir schmeichelhafte Dinge sagten, war Elizabeth Taylor immer noch in meinem Badezimmer. Und ich konnte ja meine Garderobe nicht verlassen, solange sie da drin war.«

K. B.: »Andere Leute hätten an die Tür geklopft und gesagt: ›Komm endlich raus!‹«

L. U.: »Stimmt. Aber so bin ich eben nicht. Irgendwann ist sie dann herausgekommen, worauf Elizabeth Taylor und ich Arm in Arm und mit zwei Stunden Verspätung zur Premierenfeier erschienen.«

K. B.: »Hast du je die Eifersucht berühmter Kollegen gespürt?«

L. U.: »Nein, aber manche wollten mir sagen, wo's langgeht.

Katharine Hepburn kam einmal nach der Vorstellung in meine Garderobe gestürmt: ›Change your hair! Change your hair! You can't have that long hair all the time. We don't see your face. So, get a hairdresser. Cut your hair.‹ Dann rannte sie wieder hinaus. So war sie eben. Und sie fühlte sich sicher berechtigt, so mit mir umzuspringen.«

K. B.: »Nachdem sie bereits vier Oscars gewonnen hatte?«

L. U.: »Ja, aber der Ton macht ja bekanntlich die Musik. Und da ich ein people-pleaser bin, ist mir dieses Benehmen ziemlich fremd. Bei Bette Davis war es anders. Sie war sehr fürsorglich und hat mich auf jede erdenkliche Art unterstützt. Nachdem sie *Herbstsonate* gesehen hatte, rief sie meinen Agenten an und sagte: ›Tell Liv she must not have glasses in films like that. You know she spoiles some of her incredible face. No glasses. Tell her that.‹«

Liv Ullmann im Dagbladet, 4. August 1979. Ein Sommerbrief vom Broadway:

»Heute ist der Theaterkritiker der New York Times gefeuert worden.

Nachdem er zuvor *I Remember Mama* verrissen hatte, schickten wir ihm ein Telegramm: ›We are still running. What's new with you?‹

Während der Probenzeit zu einem Broadwaymusical bekommt man eine gewisse Distanz zum Rest der Welt. Die meisten Beteiligten lesen kaum noch Zeitung – es sei denn, es steht etwas über sie oder Konkurrenzproduktionen darin. Im Laufe eines Monats lesen wir von neun Broadwayproduktionen, die eine Woche nach ihrer Premiere abgesetzt wurden.

Andere Begebenheiten interessieren uns nur am Rande. Ich bin völlig überrascht, als meine Schwester aus Trondheim anruft und erzählt, in einem Atomreaktor, nur hundert britische Meilen von unserem Theater in Philadelphia entfernt, sei ein Leck entdeckt worden. Sie hätten schon über einer Landkarte gesessen, die Entfernung gemessen und überlegt, ob ich nicht lieber nach Hause kommen solle. ›In Norwegen wird so was schrecklich übertrieben‹, sage ich. Mein Friseur nickt und ist ganz meiner Meinung.

Ich verbringe jeden Tag ein paar Stunden damit, die Hunderte von Vorschlägen, Drohungen, Bittbriefen, Anfragen, Geschenken und Telegrammen zu beantworten, die ein Broadwaystar täglich erhält. Es macht hoffentlich nichts, dass ich mich selbst als ›Star‹ bezeichne, da diese Bezeichnung hier völlig normal und ein Teil des Systems ist. Ich verspreche, dass ich mich bei meiner Rückkehr nach Norwegen schön blamieren werde, indem ich so bescheiden und schüchtern wie möglich auftrete…

Jeden Donnerstag kommt ein Mann während des letzten Akts in die Vorstellung, um mich heftig auszubuhen, wenn ich mich vor dem Publikum verbeuge. Beim ersten Mal war ich traurig und wollte mich in Zukunft überhaupt nicht mehr verbeugen. Aber jeder wusste natürlich, dass das Unsinn ist und ich nur ein bisschen pathetisch war. Also hat mir der Produzent Blumen und Champagner geschenkt und was man halt sonst noch macht, um einen aufgebrachten Star zu besänftigen. An den nächsten Tagen jubelte mir der ganze Saal zu, als ich alleine vor das Publikum trat und mich verbeugte.

Jetzt lächele ich nur ein wenig betrübt, wenn mich der Mann am Donnerstag ausbuht. Wir fragen uns alle, ob er Geld dafür bekommt, und wenn ja, von wem. Ich frage mich, ob auch der Jubel bezahlt ist, und wenn ja, von wem. Aber das sage ich niemandem, denn ein »Bravo!« am Broadway macht ebenso viel Freude wie in Oslo…

Janov ist übrigens der Dritte, den die Presse in diesem Monat als »Mann in meinem Leben« bezeichnet hat.

Der Erste war ein alter Freund, Sven Nykvist – der Kameramann vieler Filme, in denen ich mitgespielt habe. Als wir uns anlässlich der Premiere hier am Broadway umarmen, ist allen Journalisten natürlich sofort klar, dass wir bald heiraten werden. Sie wissen zu berichten, dass wir uns seit zwanzig Jahren lieben, was uns allerdings selbst nicht bewusst gewesen sei.

Die nächste ›Romanze‹ habe ich angeblich mit einem Nobelpreisträger, der alles über das menschliche Gehirn weiß. (Achten Sie darauf, wie diskret ich mit meinen Bekanntschaften angebe. Was noch gar nichts ist im Vergleich zu dem, was ich tun könnte – hätte ich nicht so viel Angst vor einer negativen Reaktion, falls ich irgendwann nach Oslo zurückkehre.)...

Woody Allen ist der Einzige, mit dem ich ausgehen kann, ohne dass es kommentiert wird. Wir reden kaum miteinander, weil wir beide gleich schüchtern sind. Es scheint also gar nicht so, als würden wir uns kennen, auch wenn wir zu zweit am selben Tisch sitzen...

Ingmar (Bergman) ruft mich und sagt, dass Kritiken nichts bedeuten, weder in New York noch in Oslo. Für einen Schauspieler sei es am wichtigsten, auf der Bühne ein Geheimnis zu bergen, das den Zuschauer gefangen nimmt. Er hat gut reden, da er mit all seinen Geheimnissen nach Deutschland gezogen ist.

Ich wage nicht mal mehr, beim Tanzen auf meine Beine zu schauen (obwohl ich in der Rolle eigentlich schüchtern und unsicher bin). Und das nur, weil der gefeuerte Kritiker der New York Times schrieb, ich würde unablässig meine Füße beobachten, die Schritte und den Takt zählen. (Dabei kann ich weder Schritte noch Takt zählen, wenn das Orchester einsetzt.) Angeblich kläffe ich meine Lieder, lächle wie Corn Flakes und dirigiere die Kinder auf der Bühne wie Zinnsoldaten herum. In Anbetracht solch eines Urteils ist es nicht leicht, auf der Bühne geheimnisvoll zu wirken. Doch wenn Ingmar es sagt, dann will ich es versuchen. Leider ist heute Donnerstag – Zeit für den Buh-Mann.

In dieser dritten Saison am Broadway werde ich vierzig Jahre alt.

Meine Aussicht sind die Wolkenkratzer, und meine Zukunft ist ungewiss. Ich muss keine Entscheidungen treffen, weil ich ohnehin nicht weiß, was der morgige Tag bringt. Ich habe mich nur dazu entschieden, im Hier und Jetzt zu leben und niemand darüber Rechenschaft ablegen zu müssen, was mein Privat- oder Berufsleben angeht.

Darf man sich nicht einfach freuen, hier ein Zuhause zu

haben und das turbulente, sich stets verändernde Straßenleben des Broadway zu erleben – im Bewusstsein, dass es Tausende von Kilometern entfernt eine wunderschöne Bergkuppe mit Aussicht auf einen norwegischen Fjord gibt? Eine Aussicht, die ich mit fast allen geteilt habe, die mir nahestehen. Eine Landschaft, die ebenfalls zu mir gehört.

Das ist meine jetzige Herausforderung. Ich gehöre zwei Ländern an – darin liegt auch eine Freude.

Schon möglich, dass ich in dem kleineren oder dem etwas größeren Land mit meinen Vorhaben scheitere.

Ob mit einem missglückten Eintopf in Sandefjord oder einem Erfolg am Broadway – ich kann damit leben.

Entschuldigung, es kann natürlich auch umgekehrt sein.«

K. B.: »Dann kam die wichtige Begegnung mit Leo Cherne.«

L. U.: »Ja, das war gegen Ende der *I Remember Mama*-Periode. Er war, wie gesagt, Präsident einer der größten Flüchtlingsorganisationen der Welt, des IRC. Er hatte mich eingeladen, mit ihm die thailändischen Flüchtlingslager zu besuchen, damit ich etwas lernen und vielleicht darüber schreiben könnte. Mein erstes Buch war in den USA ein Bestseller, und er hoffte, ich hätte noch mehr zu sagen.«

K. B.: »Der Beginn einer großen Freundschaft?«

L. U.: »Er hat mein Leben verändert, und ich habe ihm *Gezeiten* gewidmet, mein zweites Buch. Er hat mir so unendlich viel beigebracht. Immer wenn wir beisammen waren, hatte ich Block und Bleistift dabei.«

K. B.: »Und dann hast du eine Wirklichkeit kennen gelernt, die mit der des Broadway nichts gemein hatte.«

L. U.: »Zuerst zeigte er mir Kinderzeichnungen von Menschen mit abgeschlagenen Köpfen und verstümmelten Gliedmaßen. Für kambodschanische Jungen und Mädchen gehörte dieser Horror, verursacht von den Roten Khmer, ebenso zum Alltag wie für meine Tochter die Hausaufgaben.«

K. B.: »Unmittelbar nach der letzten Vorstellung von *I Remember Mama* bist du dann nach Asien geflogen?«

L.U.: »Gemeinsam mit Elie Wiesel und Alexander Ginsberg habe ich nahe der kambodschanischen Grenze gelegene Flüchtlingslager in Thailand, Hongkong und Macau besucht. Wiesel war ein Überlebender von Auschwitz, während Ginsberg, mit seinen verkrüppelten Beinen, den Gulag überlebt hatte. Wir bewegten uns unter Menschen, die großes Leid erlebt hatten. Kranke, hungernde Kinder. Viele von ihnen hatten ihre Familien verloren und waren vollkommen allein. Wir begegneten Kindern, die gezwungen worden waren, zu töten. Auch ihre eigenen Eltern.«

K. B.: »Was war der politische Hintergrund?«

L.U.: »Wir demonstrierten für die Überlebenden und für diejenigen, die durch das Terrorregime von Pol Pot ihr Leben verloren hatten. Wir demonstrierten auch gegen die vietnamesische Invasion. Wir hatten mehrere Wagenladungen mit Medikamenten und Lebensmitteln sowie zahlreiche Ärzte und Krankenschwestern dabei, die den Kranken und Sterbenden in Kambodscha helfen wollten.«

K. B.: »Doch Sara Lidman hat dich noch vor deiner Abreise für dein Engagement kritisiert.«

L.U.: »Was mich ziemlich schockiert hat.«

K. B.: »Lidmann war in den sechziger Jahren in Hanoi gewesen und eine Gegnerin des Afghanistan-Komitees. Wollte sie die Lösung des Konflikts allein Vietnam und den Kommunisten überlassen?«

L.U.: »Ich weiß nicht, was sie im Sinn hatte.«

K. B.: »Aber du hast ihr geantwortet. Lass uns mal einen Blick auf deinen damaligen Brief werfen:

Liv schreibt: »Tokio, 1. Februar. Liebe Sara Lidman, was für einen Sinn soll es haben, weiter über das unfassbare Elend zu diskutieren, das die Menschen aus Kambodscha in den letzten Jahre erdulden mussten. Die Zeit für Moralpredigten und moralische Empörtheit sollte eigentlich vorbei sein. Darum will ich keine weitere Zeitungsdebatte mit Ihnen führen. Was mich zwingt, Ihnen dieses eine Mal zu antworten und mich damit an alle zu wenden, die Ihren Zorn über die Aktion in Thailand teilen, an der ich teilhabe, ist Ihr geschmackloser und verlogener Vergleich, mit dem Sie die humanitäre Hilfsaktion für ein sterbendes Volk mit der Unterstützung Idi Amins und des Schreckensregimes von Pol Pot auf eine Stufe stellen. Eine solche Verzerrung der Fakten gehört womöglich zu Ihrem Diskussionsstil, doch er ist nicht der meine, und ich will ihn auch nicht erlernen, weder von Ihnen noch von Ihren Parteifreunden…

Was den von Ihnen so genannten Promikonvoi betrifft, so würden sich Ärzte und Krankenschwestern, die wochenlang unbewaffnet an Kambodschas Grenzen ausharrten, um endlich ins Land gelassen zu werden, gegen Ihren Ausdruck verwahren. Auch sie gehören nämlich zu unserer Initiative.

Wie Sie sicherlich wissen – da dies in der ganzen Welt bekannt ist –, lässt es das Regime in Phnom Penh nicht zu, dass Nahrungsmittellieferungen und medizinisches Personal ins Land gelangen. Dabei wäre eine solche Hilfe weitaus schneller und effektiver als die von Hanoi diktierte zweifelhafte Einreiseerlaubnis für gewisse Schiffe und Flugzeuge. In der Zwischenzeit läuft den Menschen die Zeit davon. Von den vielleicht vier Millionen Überlebenden in Kambodscha werden mindestens die Hälfte in allernächster Zeit verhungern. Gegen diesen Massenmord, dessen Rituale und Symptome Tag für Tag verfälscht dargestellt werden, muss etwas unternommen werden, so aussichtslos unsere Aktion auch erscheinen mag. Lassen Sie uns für einen Augenblick unsere ideologischen und politischen Gegensätze vergessen. Lassen Sie uns für einen Augenblick die zahlreichen und oft mechanisch unterzeichneten Appelle vergessen. Wir sind dazu aufgerufen, unseren Worten Taten folgen zu lassen, persönlich vor Ort zu sein und an einer Grenze, die zu einem Todeslager geworden ist, einen physischen Druck ohne Waffen aufzubauen. Erst kürzlich schrieb Nahn Dan, Hanois Prawda, über Kambodscha: ›The situation is hardly satisfactory and radiant.‹ Daher, liebe Sara Lidman, werden einige von uns am 5. Februar zwischen Aranjaprathet und Poipet an der kambodschanischen Grenze stehen und darum bitten, sich mit eigenen Augen vom gegenwärtigen Zustand überzeugen zu dürfen.«

K. B.: »Du warst selbst dabei?«

L. U.: »Ja, und an unserem Marsch nahmen renommierte französische Ärzte teil, Gewerkschaftsführer, Wirtschaftsbosse, Pfarrer, Bankiers, Anwälte, Schriftsteller, Intellektuelle und zwei aktive Künstler: Joan Baez und ich selbst.«

K. B.: »Aber ihr seid nicht ins Land hineingekommen?«

L. U.: »Nein, wir hatten zwanzig Wagenladungen mit Nahrungsmitteln und Medikamenten dabei, außerdem fünfzig Ärzte, die nur darauf warteten, ins Land gelassen zu werden, um den Menschen Hilfe zu leisten, doch das von Vietnam gestützte Regime drohte uns für den Fall, dass wir die Grenze überschreiten würden, Gewalt an. Daher waren wir zum Rückzug gezwungen und brachten die Hilfsgüter in thailändische Flüchtlingslager.«

K. B.: »Du bist den Menschen damals sehr nahegekommen.«

L. U.: »Ja, dabei habe ich mich stets davor gefürchtet, mit fremden Menschen einen Raum zu teilen, doch plötzlich schlief ich mit zwanzig anderen in einem engen, kleinen Haus. Da wir nicht genug Matratzen hatten, schliefen wir abwechselnd. Und am Morgen wurden wir durch das Krachen der Granaten geweckt.«

K. B.: »Es gibt so viele Dinge, für die du dich hättest engagieren können. Warum ist der Einsatz für die Menschenrechte so wichtig für dich geworden?«

L. U.: »Vielleicht weil man sich mit zunehmendem Alter wieder an das erinnert, woran man als Kind geglaubt hat: dass die Welt für alle da ist. Je mehr Erfahrung man hat, desto deutlicher spürt man die Ungerechtigkeit der eigenen Privilegiertheit. Und da man immer mehr Einblicke in die Lebensumstände anderer Leute gewinnt, wird es schwieriger, diese Ungerechtigkeit zu akzeptieren. Jedenfalls habe ich es so empfunden, als ich vierzig wurde. Es wäre sicherlich nicht passiert, hätte ich nicht ein so unglaublich privilegiertes Leben geführt und wäre ich als Protestantin nicht dazu erzogen worden, mich für die meisten Dinge schuldig zu fühlen. Ich fühlte mich schuldig, weil ich so privilegiert war. Wann würde die Strafe folgen? Da ich die Antwort nicht wusste, war es für mich eine enorme Befreiung, diesen Organisationen anzugehören, die es mir ermöglichten, andere Teile der Welt kennen zu lernen und mich mit eigenen Augen von deren Zustand zu überzeugen.«

K. B.: »Wie haben diese Erfahrungen dein Leben beeinflusst?«

L. U.: »Meine Prioritäten haben sich verändert. Ich habe nicht meine gesamte Habe verkauft und alles hinter mir gelassen, doch ich wollte mich für die Dinge einsetzen, an die ich glaubte. Wollte für Menschen arbeiten, die weniger hatten als ich.«

K. B.: »Dennoch hat es den Anschein, dass du viel Zeit darauf verwandt hast, persönlich mit Menschen zu sprechen, die für andere nur statistischen Wert haben. Du hast der Welt einen Einblick in ihre Persönlichkeit und ihr Leben verschafft – ob es sich nun um ein Kind in einem thailändischen Flüchtlingslager oder um eine alte Frau am Strand von Macau handelt.«

L. U.: »Das war viele Jahre lang meine Hauptintention.«

Liv schreibt: »Inmitten des Flüchtlingslagers gibt es eine Unterkunft für Aussätzige, die von Nonnen gepflegt werden, deren lange, graue Kleider in der Hitze rascheln.

Ich bleibe vor einer uralten Frau stehen, die gekrümmt wie ein Säugling auf ihrer Matratze liegt.

Ihr schwaches Wimmern ist das einzige Geräusch im Raum. Lange starre ich sie hilflos an, meine Arme hängen unbeholfen herunter. Eine vorbeigehende Nonne gibt mir einen Klaps auf die Schulter und macht eine kurze Kopfbewegung in Richtung der Frau ohne Finger und Zehen, deren halbes Gesicht völlig unkenntlich ist. Ich beuge mich langsam zu ihr hinunter.

Während ich sie umarme, werde ich von der Erinnerung an meine Großmutter erfüllt.

Ich liebkose sie sanft. Wiege sie behutsam.

Graue, zu einem langen Zopf geflochtene Haare. Schmächtige Schultern. Oh, Großmutter, ich erinnere mich an deine Umarmung und den Duft deiner Haut.

Als ich sie berühre, gibt die Vietnamesin ein erleichtertes Seufzen von sich, so wie ein weinender Säugling noch einmal aufschluchzt, wenn man ihn auf den Arm nimmt. Ich werde von unendlicher Zärtlichkeit für diese Frau aus der Ferne ergriffen. Ihr dürrer, kleiner Körper so dicht an meinem.

Nach einer Weile des Friedens bette ich sie wieder behutsam auf ihre Matratze. Sie schaut mich furchtsam an und schluchzt erneut. Ein verwundetes kleines Tier würde so weinen wie sie.«

L.U.: »Ich möchte die Unterschiede zwischen den Menschen verwischen. Denn es gibt keine Unterschiede. Das Herz der alten Frau in Macau schlägt ebenso heftig wie meines, ihre Angst gleicht der meinen, und sie ist genauso empfänglich für Zärtlichkeiten. Ich wünsche mir, dass alle das verstehen. Es sollte in der Schule gelehrt werden – so wie Biologie und Geschichte. Auch die Bedingungen dafür, wie wir andere Menschen verstehen. Die Kriegsreportagen zeigen ja nur das Schlachten und Morden, ohne uns ein wirkliches Bild vom ›Feind‹ zu vermitteln. Und die Unterhaltungsindustrie schlägt in dieselbe Kerbe. Filme wie der *Der Terminator* und all seine Nachfolger sind kein Zufall. Sie werden finanziert und produziert, um in der Gesellschaft ihre Wirkung zu entfalten, und unabhängig davon, wie menschlich der amerikanische Präsident zu sein versucht, trägt er durch seine Politik doch dazu bei, den *Terminator* zu idealisieren. Je öfter wir solche Filme sehen, desto mehr schwindet unsere Fähigkeit, uns anderen Menschen emotional zu öffnen, uns in sie hineinzuversetzen und in ihnen wiederzuerkennen. Der Dichter John Donne hat Recht. Jeder Wecker, der klingelt, klingelt für uns alle. Wir sind ein Teil des Ganzen.«

Liv schreibt: »Lassen Sie mich Ihnen die Geschichte des Kamels erzählen, das am Horn von Afrika lebt. Wenn die Nomaden von einem Ort zum anderen ziehen, beladen sie das Kamel mit all ihrer Habe, ihren Möbeln und Gegenständen.

Hinzu kommen die Matten, die ihren Hütten als Dach dienen, die Äste, die den Stamm der Hütte bilden, die Essensbehälter, Wasserkrüge, die Milchvorräte, der Säugling sowie die neugeborenen Kamele, hin und wieder auch Alte und Kranke.

Wenn du dich einem Kamel nicht in vollkommener Ruhe näherst oder wenn dein Jeep zu viel Krach macht, dann kann es in Panik geraten und blindlings davonlaufen. Unmöglich, es aufzuhalten. Nicht einmal der Besitzer, der seinen Namen ruft, kann es zum Stehen bringen. Und während es läuft, fallen nacheinander die Dinge zu Boden, die es auf dem Rücken trägt.

Wasserkrüge, Äste, das Essen, die Kinder.

Alles fällt von seinem Rücken – die neugeborenen Kamele, die Alten und Kranken.

Wenn ein Kamel in Panik davonrennt, wird es gefährlich.

Ein Kamel kann nie ganz gezähmt werden und ist nicht sonderlich intelligent. Es ist ein schwieriges Tier, das viel Aufmerksamkeit erfordert. Menschen, die ein Kamel besitzen, brauchen eine besondere Einstellung zu ihm. Für den Nomaden bedeutet das Kamel alles.

Das Kamel führt den Menschen zu fruchtbarem Land, doch fällt es dem großen Tier nicht leicht, sich durch die Büsche zu schlagen. Also muss der Mensch ihm den Weg bahnen. Der Mensch entfernt abgerissene Zweige, verteidigt es gegen wilde Tiere und pflegt es bei Krankheiten.

Das Kamel und der Mensch leben in Symbiose. Sie helfen einander.

Weit entfernt, im nordwestlichen Teil der Ogadenwüste, singt ein Mann für sein Kamel, erzählt ihm, sie beide seien die einzigen lebenden Wesen in der riesigen Salzwüste, die sie durchwandern. Nicht einmal Mücken oder Fliegen sind imstande, hier zu überleben, nur der Mann und sein Kamel.

So singt er für sein Tier:

›Mein Liebstes, du bist das schönste Tier der Welt.
Du bist das einzige Tier, das hier leben kann.
Du bist nicht nur voller Kraft, sondern hast auch Mut.
Du König aller Tiere.

Sieh die Berge droht drüben.
Dort verbirgt sich eine Löwin.
Doch du hast keine Angst vor ihr.
Sie ist es, die dich fürchtet.‹

Und während er so für sein Kamel singt, ersinnt er auch dessen Antworten, ahmt seine Stimme nach: ›Ja, du hast Recht, mein Freund.‹

Sehr lang ist das Lied, in dem der Mann seinem Tier Komplimente macht, während sie langsam durch eine Wüste aus Stein wandern.

Und das Kamel gibt ihm in jeder Hinsicht Recht. Eine tiefe, heisere Stimme, die selten laut wird.

Ein Nomade und sein Kamel wandern langsam Seite an Seite. Und keiner von ihnen fühlt sich allein.«

K. B.: »Du hast von der Begegnung mit Menschen geschrieben, die vollkommen besitzlos sind und dennoch eine große Liebe zeigen, sowohl einander als auch dir gegenüber.«

L.U.: »Ja, das ist eine beeindruckende Erfahrung. Ich glaube nicht, dass arme Menschen besser sind als wir. Doch ich glaube, das Beste in ihnen hat eine größere Chance, sich zu entfalten. Je mehr wir besitzen, desto größere Angst haben wir doch, es wieder zu verlieren. Wir finden Sicherheit in den Dingen und haben größere Schwierigkeiten, andere Werte im Leben zu erkennen, die uns dieselbe Sicherheit geben können. Natürlich kommt es vor, dass sich die Flüchtlinge in den Lagern bestehlen und ums Essen schlagen, doch wir wissen auch, welche Würde Menschen unter solchen Umständen entwickeln können, zu welcher Fürsorge sie imstande sind. Ich sage nicht, dass dich Armut und Elend zu einem guten Menschen machen. Doch wer im Elend lebt, kann menschliche und moralische Eigenschaften zeigen, die von einer anderen Qualität sind als in reicheren Teilen der Welt. Sieh dir die afrikanische Frau an. Sie versorgt die Familie, ist draußen auf dem Feld. Sie trägt ihr Kind. Sie holt Wasser. Sie baut ein Haus. Sie ist der Arzt. Und sie hört zu, wenn jemand ins Dorf kommt, um ihr etwas beizubringen. Natürlich gilt das nicht für alle afrikanischen Frauen, doch für sehr viele ist dies Realität. Sie tun es für ihre Familien. Und was ist mit uns, die wir alles haben? Wir klagen, weil der Praktikant oder das Aupairmädchen krank ist, weil wir uns vor und nach der Arbeit, wenn der Kindergarten geschlossen hat, selbst um unsere Kinder kümmern müssen. Wir haben kein Gefühl mehr für die eigene Privilegiertheit, sondern empfinden den Alltag, der uns so viele beschwerliche Pflichten abfordert, als Bürde. Die Unterhaltungsindustrie spuckt derweil aggressive Computerspiele und gewalttätige Unterhaltung auf den Markt, die den Rest unserer Fantasie und Empathie ersticken.«

Im Februar 1980 schreibt Liv in Bangkok einen Bericht für den 96. Amerikanischen Kongress (Congressional Record):

»Ich habe die Popularität hinter mir gelassen und bin hier als Mensch, eine Frau und Mutter in den Vierzigern …

Unzähligen Menschen in Kambodscha wird bereits Hilfe zuteil, und ich wurde gebeten, dem Protestmarsch fernzubleiben, um diese Hilfe nicht zu gefährden. Hanoi, oder wer auch immer das Sagen hat, könnte sich durch unser Engagement provoziert fühlen, heißt es. Doch habe ich das Recht, meine Augen und Ohren vor der übrigen kambodschanischen Bevölkerung, die gegenwärtig *keine* Hilfe bekommt, zu verschließen? Habe ich das Recht, sie zum Tode zu verurteilen, damit einige wenige die Freiheit erlangen?

Hat es nicht schon andere Freiheitsmärsche gegeben, deren Teilnehmer zur Mäßigung aufgerufen wurden – mit der Begründung, alle Probleme würden sich schon lösen, solange man nur vorsichtig und diplomatisch genug sei? Danke, Martin Luther King, dass du nicht auf diesen Rat gehört hast. Hat es nicht einen Gestank aus den rauchenden Öfen in Polen gegeben, der manchen Leuten suspekt vorkam? Und haben nicht diejenigen, die damals Bescheid wussten und sogar die Lager mit den Öfen inspizierten, geschwiegen?«

K. B.: »Du hast dich entschieden, nicht zu schweigen. Du hast sogar deinen französischen Orden zurückgegeben, den von der Ehrenlegion?«

L. U.: »Ja, aus Protest gegen die Atomversuche im Südpazifik habe ich meine Medaille bei der Französischen Botschaft in Oslo abgegeben. Nur die Schleife, oder wie das heißt, blieb mit anderen Ehrengaben in meinem Safe liegen. Jetzt weiß ich gar nicht mehr, was wozu gehört.«

K. B.: »Aber die Rückgabe des Ordens war ein direkter Protest gegen Präsident Mitterrand?«

L. U.: »Ich glaube, es war Chirac.«

K. B.: »Kanntest du Mitterrand gut?«

L. U.: »Ich bin ihm oft begegnet. Ich bin Mitglied der kulturellen Akademie, die Mitterrand gemeinsam mit Elie Wiesel ins Leben gerufen hat. Wir saßen im Louvre auf unseren Stühlen, auf deren Rückseite unsere Namen in goldener Schrift standen. Es war interessant. Große Schriftsteller, Philosophen und Musiker waren anwesend. Doch inzwischen gehe ich nur noch selten zu diesen Treffen.«

K. B.: »Du hast Wichtigeres zu tun?«

L. U.: »Nein, nichts Wichtigeres. Dort kommen die führenden Intellektuellen der Welt zusammen, darunter zahlreiche Nobelpreisträger. Viele von ihnen engagieren sich für humanitäre Dinge. Aber *mir* ist es einfach nicht möglich, stundenlang am Tisch zu sitzen und an den Diskussionen über die Probleme dieser Welt teilzunehmen. An diesen intellektuellen Debatten. Ich lasse mich immer von meinen Gefühlen leiten. Es gibt ja verschiedene Arten des Diskutierens. Außerdem kann ich besser schreiben als reden.«

K. B.: »Hast du dich auch von deinen Gefühlen leiten lassen, als du auf den Philippinen mit Präsident Marcos und seiner Frau gesprochen hast?«

L. U.: »Von meinen Gefühlen und meiner Vernunft. Ich engagierte mich zu dieser Zeit gegen den Gebrauch von Milchpulver in armen Ländern. Mit verunreinigtem Wasser gemischt, wird Milchpulver zu einem tödlichen Gift. Auf den Philippinen sollte ich an einer Fernsehsendung teilnehmen, doch untersagten sie mir, über den Gebrauch von Milchpulver zu sprechen. Dieses Thema war verboten. Weder im Fernsehen noch im Radio wurde darüber berichtet. Das konnte ich nicht gutheißen, also sagte ich das Ganze ab. Am nächsten Tag gab ich eine Pressekonferenz. Dort erzählte ich, dass mir verboten worden sei, im philippinischen Fernsehen über den Gebrauch von Milchpulver zu sprechen. Ich habe auch über den Besuch eines Dorfes berichtet, in dem ich vielen Müttern kranker Kinder begegnet war. Manche hatten ihre Kinder verloren. Sie hatten Milchpulver mit verunreinigten Wasser vermischt. Doch unter all den dürren, unterernährten Kindern befand sich ein großes, wohlgenährtes Baby, dessen Name Rexus war. Ich fragte die Mutter, warum ihr Sohn so anders als die anderen Kinder sei. Und sie antwortete mir, dass sie ihn stillte, weil sie kein Geld für Milchpulver hätte. Das erzählte ich auf der Pressekonferenz, und ich glaube, es so lebendig geschildert zu haben, dass mir die Aufmerksamkeit der Presse gewiss war. *Mein* großer Erfolg kam ein Jahr später, als Marcos' Tochter ein Kind bekam. Da schrieben die Zeitungen: ›Sie wird ihr Kind stillen!‹ Eigentlich war es ja Rexus' Erfolg! Und der seiner Mutter.«

K. B.: »Du hast für das IRC und für UNICEF gearbeitet. Es war James Grant, der frühere Leiter von UNICEF, der dich 1979 – nachdem du ihm vom IRC erzählt hattest – fragte, ob du die erste weibliche Botschafterin der Organisation werden wolltest. Später hast du dann noch eine eigene Organisation gegründet.«

L. U.: »Ja, die Women's Commission for Refugee Women and Children, die sich inzwischen unter dem Dach des IRC befindet, obwohl wir eine selbstständige Gruppe sind. Wir sind mittlerweile ziemlich groß und haben an Einfluss gewonnen.«

K. B.: »Wie bist du auf diese Idee gekommen?«

L. U.: »Das war ich nicht allein. Entscheidend war für mich der Besuch eines Flüchtlingslagers in Hongkong. Ich sah, wie diese Frauen lebten. Wer seine Menstruation hatte, bekam eine

Binde und musste die benutzte Binde später vorzeigen, um eine neue zu bekommen. Schwangere Frauen wurden im siebten Monat in ein Gefängniskrankenhaus eingeliefert, das zwei Stunden entfernt lag. Dort bekamen sie eine Nummer. Das Kind ebenso. Drei Tage nach der Geburt wurden sie wieder ins Flüchtlingslager zurückgeschickt. War mit dem Kind etwas nicht in Ordnung, blieb es im Krankenhaus. Oft wurden auch die Nummern verwechselt, sodass die Mütter nicht ihre eigenen Kinder wiederbekamen. Während wir in Hongkong waren, gab es dort eine Frau, die im siebten Monat schwanger war. Bevor sie ins Gefängniskrankenhaus gebracht wurde, band man ihr die Oberschenkel zusammen, damit das Kind nicht herauskommen konnte. Doch als sie dort ankam, war das Kind tot. Erstickt. Ein anderes Beispiel aus demselben Lager: Die Frauen mussten in die Hocke gehen, während sie mit den Aufsehern sprachen. Den männlichen Inspektoren von der UNO war das nicht aufgefallen. Jedenfalls haben sie nichts dagegen unternommen. Sie haben nicht den Blick, den wir Frauen haben. Also hielten wir Frauen eine Pressekonferenz in Hongkong ab. Nachdem wir von unseren Beobachtungen erzählten, wurden wir beinahe aus der Stadt gejagt. Doch diese war auch der Beginn eines großen Erfolgs. Wir gründeten die Women's Commission und haben später viele Gesetze verändert, die von Männern für Männer geschaffen worden waren und zur Folge hatten, dass so viele Frauen in den Flüchtlingslagern der Welt gedemütigt wurden.«

UN Cronicle, nr. 3, 2000. Honorary Chairman of Women's Commission for Refugee Women and Children, Liv Ullmann schreibt: »Flüchtlinge? Wer sind sie? Die alte Frau mit ihren blutigen Füßen in den ausgetretenen Sandalen? Die verängstigte Mutter? Das weinende Kind? Wie beschreiben wir ihre Gegenwart in unserem Leben? Die Schilderungen der Medien passen nicht – dort werden sie als traurige Gestalten beschrieben, flüchtende Massen, die eine Grenze überqueren. Ein kleines Baby, das ein Fremder einem anderen mit der Frage überreicht: ›Wissen Sie, wem es gehört?‹ Das Gesicht des Krieges und die Gesichter seiner Opfer sind stets anonym. Nach einer Weile haben wir sie zu oft gesehen.

Ich denke an meine Freunde in Pristina, die ich vor anderthalb Jahren besuchte. Wie wunderbar es war, mit ihnen zusammen zu sein und am Morgen ihr selbstgebackenes Brot mit Honig mit ihnen zu teilen. Der Vater der Familie hat uns die Stadt und ihre Umgebung gezeigt. Er erzählte uns *seine* Geschichte des Kosovo. Er sagte, wenn die Situation im Kosovo eskaliere, sei alles verloren. Ihr Haus – ihr Zuhause – gibt es nicht mehr. Sie leben unter einem Traktor, acht an der Zahl.

Ich rief meine Freunde in Belgrad an – den Medien zufolge die Feinde meiner Freunde im Kosovo (obwohl *sie* es waren, die mich damals dorthin fuhren). Alles, was sie sagten, war: ›Unsere Bäume stehen in voller Blüte, und der Himmel ist wolkenlos. Doch wir haben Angst, weil wir keine Ruhe mehr haben, an den Blumen zu riechen, und weil der klare Himmel den Blick auf uns freigibt.‹

Ich erinnere mich auch an meinen Besuch in Albanien. Damals, vor ein paar Jahren, war es noch schwierig, ins Land zu gelangen. Heute ist es leichter. Albanien nimmt so viele der Menschen auf, die wir Flüchtlinge nennen. Ein Bauer hatte 48 von ihnen in seinem Stall einquartiert; ein Kind war gerade geboren worden. Albanien ist das ärmste Land Europas, doch die Solidarität seiner Einwohner steht in großem Kontrast zur offiziellen und individuellen Selbstzufriedenheit in anderen Ländern. (…)

Ich sehe mir die Börsennachrichten auf CNN an: Der Wert des Dollars steigt, der der norwegischen Krone ebenfalls. Der Preis für ein Menschenleben verfällt, aber so etwas wird ja nicht an der Börse notiert.

Dann las ich von diesem kleinen Mädchen: Sie war zwölf Jahre alt und verlor fünfzig Meter von der Grenze entfernt ihr Leben. Ihr Name war Zejnete. »Mama, könntest du meinen Rucksack nehmen?«, waren ihre letzten Worte. »Dann rannte sie plötzlich los«, sagte ihre Mutter, »der mazedonischen Grenze entgegen. Ich lief ihr hinterher und trat sofort auf eine Landmine. Und während es um mich herum dunkel wurde, riefen meine vier Kinder: ›Mama ist tot! Mama ist tot!‹ Dann hörte ich eine zweite Explosion und den Schrei Zejnetes. Ich kroch zu ihr hin und umarmte sie. Da fragte sie mich, ob ich ihren Rucksack nehmen könnte. Dann verlor sie das Bewusstsein. Ihr kleiner Bruder trug sie die letzten fünfzig Meter bis zur Grenze, doch es war zu spät. Das Blut strömte heraus, wo ihr Bein gewesen war. Ich, ihre Mutter, verlor einen Teil meiner Zunge, einen Arm und ein Stück meines Oberschenkels. In der Stadt jenseits der Grenze, in der wir uns Frieden erhofften, ist ein neues Grab hinzugekommen. An der Seite des Begräbnisplatzes, der Mekka zugewandt ist, steht mit Kugelschreiber auf ein Stück Holz geschrieben: ›Zejnete Avdiv, 29.4.99 Mama‹.«

K. B.: »Eine der eindringlichsten Szenen, die du beschrieben hast, ist die von der Frau aus Äthiopien, die dir nachläuft – gerade als du dich anschickst, sie und die kriegsverwüstete Gegend zu verlassen – und voller Würde sagt: ›Was andere Frauen besitzen, weiß ich nicht. So können sie vielleicht auch nicht ermessen, was mir fehlt. Sagen Sie ihnen, dass ich nichts besitze außer diesem Tuch. Vielleicht sind sie dann bereit, mir zu helfen. Wenn nicht, werde ich langsam sterben. Sie müssen es ihnen erzählen!‹«

L.U.: »Es sind viele solcher Szenen, die sich in mein Gedächtnis eingebrannt haben.«

K. B.: »Ich denke in diesem Zusammenhang an den norwegischen Schriftsteller Jens Bjørneboe, der während der Arbeit an seiner Trilogie, der *Geschichte der Bestialitäten*, seine Kraft einbüßte und den Boden unter den Füßen verlor. Er war dem menschlichen Leid *zu* nahe gekommen und erholte sich nicht mehr davon. Ich weiß ja, dass auch *du* in diesen Jahren Probleme bekommen hast, weil du so viel Elend und Leid mit ansehen musstest – und zwar auf eine viel konkretere Art als Bjørneboe. Dessen Kamera war die Fantasie, waren Bücher, fremde Dokumente. Doch du hast alles mit eigenen Augen gesehen.«

L. U.: »Doch *ich* bin es nicht, die leidet. Das darf ich nie vergessen. *Sie* leben im Elend. Und wir lassen es zu, solange wir schweigen.«

K. B.: »In *Gezeiten* schreibst du von einem Hubschrauber ohne Wände.«

L. U.: »Auf den langen Reisen in die verschiedenen Kriegsgebiete nahmen wir ja teilweise sehr kleine und merkwürdige Fluggeräte. Ich habe über fünfzig Länder besucht. Manchmal wusste ich gar nicht mehr, wo ich war. Geografie zählt nicht gerade zu meinen Stärken. Manchmal habe ich mir mit einem Kugelschreiber den Namen des Landes in die Hand geschrieben.«

Liv schreibt: »Surma liegt in Äthiopien, unmittelbar an der Grenze zum Sudan. Es gibt keine Straßen nach Surma, dessen Name auf keiner Karte verzeichnet ist: Seit Jahrhunderten lebt hier ein Nomadenvolk. Erst als die Menschen nach einer unendlichen Trockenperiode zu sterben begannen, wurde die Welt auf sie aufmerksam. Auf einer Ebene zwischen ausgetrockneten Bäumen hat man die Wüstensteine entfernt und eine provisorische Start- und Landebahn angelegt. Mitten im Niemandsland.

›Engel der Gnade‹ – so nennt man hier eine 40 Jahre alte DC-3, eine fliegende Trophäe, die ein bisschen Hoffnung in diesen vom Hunger geplagten Winkel bringt. Zwei Tonnen Getreide sollen auf dreizehn Provinzen verteilt werden …

Stumme Menschen, die in langen Reihen auf der Erde hocken. Von Staub bedeckt, starren sie in den Himmel, lauschen unaufhörlich auf die wechselnden Geräusche des Windes. Vielleicht kommt heute der ›Engel der Gnade‹.

Wir legen eine holprige Landung hin. Angeblich bin ich die erste weiße Frau, die Surma besucht. Wir werden nur so lange bleiben, wie es dauert, unsere Lebensmittelvorräte zu verteilen.

Geduldige drei- und vierjährige Kinder bekommen ihre bescheidene Ration, tragen ihre halb gefüllte Holzschale mit sich fort, deren Getreide für eine ganze Familie reichen muss. Heute stehen nur kleine Kinder in der Essensschlange …

Ich betrachte die Frauen, viele mit einem Baby, das an ihren leeren Brüsten saugt. Oft ist ein weiteres Kind auf ihrem Rücken festgebunden. Sie müssen stundenlang wandern, um ein paar Nüsse oder Beeren oder dürre Zweige für ihren Unterschlupf zu finden. Da Trockenzeit ist, müssen sie enorm tiefe Wasserlöcher graben – ihre bloßen blutigen Hände krallen sich tief in den harten Grund, um schließlich ein wenig trübes, braunes, verunreinigtes Wasser zu finden. Kilometer um Kilometer sieht man die leeren Krater in der Wüste…

Dann ist die Zeit des Aufbruchs gekommen.

In meiner Erinnerung singt eine Gruppe von Frauen, weiterhin mit leeren Händen, während unser Flugzeug über die schmale Startbahn rollt…

Wie ich erfahre, mangelt es dem ›Engel der Gnade‹ an verschiedenen Reserveteilen. Flugzeuge – wie Menschen – haben ihre Zeit.

Obwohl es mir niemand sagt, so weiß ich doch, dass die Menschen in Surma in einem Jahr immer noch in den Himmel starren und unaufhörlich auf die wechselnden Geräusche des Windes lauschen werden. Doch der ›Engel der Gnade‹ wird nicht kommen. Nicht an diesem und nicht an jenem Tag. Nie mehr.

Die Zeit des Engels ist bald vorbei.«

L.U.: »Meine große Reise besteht aus Millionen von Schritten. Begonnen hat sie damit, worüber wir gesprochen haben: dass ich den einen entscheidenden Schritt alleine getan habe.«

K.B.: »Worauf sich die Welt für dich geöffnet hat und du vielen Menschen begegnet bist.«

L.U.: »Ja, doch meine innere Reise ist nur ein einziger Schritt – in die Gegenwart –, der Wille, im Hier und Jetzt zu leben. Und merkwürdigerweise schließt dieser eine Schritt alle anderen mit ein, die ich auf meinem Weg getan habe.«

K.B.: »Wann ist dir das klargeworden?«

L.U.: »Sehr wichtig ist Peder Cappelen, mein Verleger, für mich gewesen. Er hat mir so vieles beigebracht. Wir haben immer Halvorsens Konditorei in Oslo besucht und stundenlang über das Leben geredet.«

K. B.: »Er starb sehr jung und plötzlich?«

L. U.: »Ja, aber bevor er starb, hat er viel geleistet. Er war auch Schriftsteller, Dichter. Er schrieb über Mythen und die Begegnung des Menschen mit der Natur.«

K. B.: »Hat er nicht ›Alene med vidda‹* geschrieben?«

L. U.: »Stimmt! Und er hat mir eine Geschichte erzählt. Er hat die Hochebene ja geliebt. Irgendwo dort oben hatte er auch eine Hütte. Er sagte: ›Eines Tages könntest du mich vielleicht dorthin begleiten. Es sind nie irgendwelche Menschen da.‹ Doch wir wussten beide, dass das unmöglich war, denn ich kann nicht so lange wandern. Dann schrieb er *Alene med vidda*. Ein Jahr nach Erscheinen des Buches wollte er seine traditionelle Herbstwanderung unternehmen und seinen Lieblingsort aufsuchen. Acht Stunden war er zu Fuß unterwegs. Dann kam er zu einem kleinen See. Hier fand er stets Ruhe und Frieden. Der See wartete auf ihn, Jahr für Jahr. Doch diesmal war ihm ein Mann zuvorgekommen. Peder Cappelen war wie vom Donner gerührt. ›Wer sind Sie?‹, fragte er entgeistert. ›Ihr Leser‹, antwortete der Mann.«

Liv schreibt: »Ich hatte einen sehr nahen Freund, Leo Cherne. Ich begleitete ihn auf einem Teil seines Weges, als er nur noch wenig Zeit hatte. Er wusste stets, wie er die wenigen, die ihn besuchten, von seinen Plagen verschonen konnte. Er nutzte die langen Perioden, in denen er allein war, dazu, mit ihnen zurechtzukommen.

Als er noch im Vollbesitz seiner Kräfte war, wusste er, wo er das Einzigartige in jedem Menschen finden konnte, wo auch immer er sich aufhielt. Er fand überall Gehör. Doch die Zeit veränderte ihn.

In seiner letzten Lebenswoche rasten Kriege rund um die Erde. Es las davon in den Zeitungen, und wie üblich hatte er

* »Allein mit der Hochebene«

seine Erklärungen, doch nun waren es nur noch wenige, die ihn nach seiner Meinung fragten. Als es still um ihn wurde, lächelte er traurig und zitierte Yeats: ›... and yet the beauties that I loved are in my memory. I spit into the face of time that has transfigured me.‹

Ja – alt zu werden ist schwieriger als zu sterben. Er zeigte mir, und vielen anderen, dass Freundschaft eine Kunstform ist, für die nur wenige Menschen eine natürliche Begabung besitzen.«

Es ist später Abend. Ich habe ein schlechtes Gewissen. Ich habe Liv viel länger in Anspruch genommen als verabredet.

»Du brauchst mich nicht bis zur Rezeption zu begleiten«, sage ich. »Es ist doch schon so spät.«

»Aber ich will noch ein Fax holen«, entgegnet sie.

Wir nehmen den Aufzug.

Die Rezeption ist unbesetzt. Selbst die Bar ist leer. Vor der großen Glastür wiegen sich die erleuchteten Palmen im Wind.

»Was wirst du jetzt tun?«, fragt sie. »Weißwein trinken?«

»Kann schon sein«, antworte ich. »Und du?«

»Vielleicht Tee. Oder Red Bull. Ich weiß nicht. Kommt auf meine Hausaufgabe an. Aber ich neide dir den Weißwein.«

Ich denke nach.

»Morgen ist unser letzter gemeinsamer Tag in Miami«, sage ich. »Und wir haben immer noch nicht über wichtige Stationen deiner Schauspielerkarriere gesprochen – von deiner Arbeit als Regisseurin ganz zu schweigen.«

»Dann gehe ich jetzt in meine Wohnung und denke darüber nach. Aber ich habe auch noch etwas für dich, das du vor dem Einschlafen lesen kannst.«

Sie reicht mir ein paar Blätter. Handgeschriebene Notizen. Kopien aus Artikeln oder Büchern.

»Gute Nacht«, sage ich.

»Gute Nacht«, sagt sie.

Dann überquere ich die Straße, auf der immer noch dichter Verkehr herrscht.

Mein Widersacher sitzt wie üblich an der Rezeption. Er weiß nicht, ob er lächeln oder mich ignorieren soll. Er entscheidet sich für eine Grimasse und mustert mich von Kopf bis Fuß, während er wie üblich mit meinem Schlüssel wedelt. Zufrieden konstatiert er, dass meine Jacke und Hose ganz zerknittert sind.

Liv schreibt: »Ich verbringe die Nacht mit einigen der vielen tausend kolumbianischen Straßenkinder. Sie sind so lebhaft und voller Ideen, was wir gemeinsam tun sollten, jetzt, da wir uns kennen gelernt haben. Wie wär's mit einem Restaurant? In einem schmuddeligen, kleinen Lokal essen wir Hühnchen und Pommes frites, und jedes Mal, wenn ihre kleinen Finger nach dem Essen greifen, bieten sie mir zuerst davon an.

Kleine, schmutzige Hände ruhen in meinem Schoß, irgendein Arm liegt immer um meine Taille. Ein sechs- oder siebenjähriges Kind lehnt wie zufällig seinen Kopf gegen meine Schulter, tut so, als ob es einschliefe, während es seinen schmächtigen Körper an mich schmiegt. Kleine Jungen – wir lachen, küssen und berühren uns, haben keine andere gemeinsame Sprache. Bedürfen keiner anderen.

Als sie schließlich müde werden, fragen sie, ob ich sie nach Hause begleiten wolle. Dort ist ein Bett in Form eines Streifens Pappe, den sie versteckt haben. Vor einem Goldschmied ist ihr Platz immer noch frei. Ihre Decke ist der Sack, den sie die ganze Nacht mit sich herumgeschleppt haben. Mit Gesten geben sie mir zu verstehen, dass ich sie zudecken soll.

Kleine Arme strecken sich mir entgegen – hartgesottene Straßenkinder werden zu verletzlichen, verlassenen Jungen, die einen Gutenachtkuss haben wollen.

Für einen kurzen Moment lege ich mich zu ihnen. Sie lassen es zu, dass ich sie umarme, ihnen ganz nah bin. Ich spüre ihren warmen Atem, streiche ihnen über die Stirn, halte ihre Hände und lasse sie ganz nah bei mir liegen, bei der Mutter, die sie vermissen.

In diesem Augenblick sehne ich mich nicht mehr nach meiner eigenen Kindheit. In ihrem Vertrauen geborgen, weiß ich plötzlich, was ich gesucht, warum ich diese Reise unternommen habe.

Ich bin bei mir.«

Teil 5

Liv schreibt: »Seinen Beruf als schaffender Künstler fortzusetzen, bedeutet auch, sich damit abzufinden, dass nicht alle Wünsche in Erfüllung gehen. Trotzdem will ich weitermachen, aktiv sein. Denn dies ist mein Leben – auch wenn man sich manchmal für einen falschen Weg entscheidet, den Kurs aus den Augen verliert oder auf den falschen Zug aufspringt. Alle haben wir Augenblicke, Stunden, Tage, an denen wir sozusagen unsere Nase gegen eine Glasscheibe pressen und uns ausgeschlossen fühlen. Dabei vergessen wir, dass unsere Träume in uns selbst beginnen. Ich *bin* die Musik, die ich liebe; die Bücher, die mich fesseln; der Tanz, den ich spüre, wenn ich mich allein in den Klippen bei Sandefjord aufhalte – oder wenn ich an die Wohnung meiner Mutter in Trondheim denke. Dass dies alles zu mir gehört, dafür bin ich dankbar.

Wir kommen mit einem besiegelten Auftrag zur Welt, sagt Kierkegaard. Aber ich glaube, dass ich meine Identität als Mensch und als Künstler beeinflussen kann. Die Identität eines Menschen kennt per se keine Grenzen, denn auch nach dem Tod wird sich das Bild, das man von mir hat, verändern. Insofern gehöre ich – so wie alle anderen – der Zukunft an.«

Mein letzter Tag mit Liv in Miami. Nachts konnte ich nicht schlafen. Der Wind hat aufgefrischt und kündigt einen Orkan an. Ich trat ans Fenster und blickte zum Ritz Carlton hinüber. Und tatsächlich, im achtzehnten Stock brannte noch Licht. War da nicht ein Schatten an der Wand? Saß da nicht Liv an ihrem Schreibtisch und schrieb? Je mehr wir miteinander sprachen, desto stärker habe ich ihr den Drang angemerkt, selbst zur Feder zu greifen – um ihre Worte zu präzisieren und die Hintergründe zu erklären. Als sie mich an diesem Morgen empfängt, liegen neue Blätter auf ihrem Couchtisch und warten auf mich.

K. B.: »Ein besiegelter Auftrag. In gewisser Weise war es also vorherbestimmt, dass du nicht in *Fanny und Alexander* mitspielen solltest?«

L.U.: »Ja, vielleicht. Denn ich glaube wirklich sehr an Kierkegaards Worte. Manchmal lässt sich nur schwer nachvollziehen, warum unser Leben eine bestimmte Richtung einschlägt. Ich habe damals in vielen Komödien mitgespielt, war in den USA und in Europa sehr beschäftigt. Doch obwohl ich mich nach Norwegen zurücksehnte, wurden mir dort keine Rollen angeboten. Dann rief Ingmar mich an und sagte mir, dass er eine Komödie schreibe. Ich freute mich darüber, hatte aber auch ein mulmiges Gefühl, denn in Ingmars Welt hatte ich so viele Frauen gespielt, die älter als ich und stets depressiv waren. Ich wollte jetzt Ja zum Leben sagen. Ingmars Drehbuch war schon weit fortgeschritten. Als Per Bronken mir also die Rolle der Jenny anbot, Sigrid Undsets *Jenny*, freute ich mich sehr, weil dies ein Grund für mich war, nach Norwegen zurückzukehren. Und obwohl Bronken ein merkwürdiger Mann und die Zusammenarbeit mit ihm höchst kompliziert war, dachte ich: Jetzt geschieht ein Wunder. Denn er war ja – trotz all seiner Macken – ein großartiger Regisseur. Doch dann erhielt ich Ingmars Drehbuch. Die Dreharbeiten sollten zur selben Zeit wie die von *Jenny* stattfinden. Ich las also *Fanny und Alexander* – beileibe keine Komödie, trotz des amüsanten Beginns. Es war eine erschütternde Tragödie. Doch dann fällte ich einen unglaublichen Entschluss. Ich schickte Ingmar ein Fax, in dem ich schrieb, dass ich ihm leider absagen müsse. Ich hätte bereits meine Zusage gegeben, die Jenny zu spielen, und die Dreharbeiten ließen sich nicht verschieben. Natürlich wusste ich, dass auch Ingmar die Dreharbeiten niemals verschieben würde. Er hatte seinen Zeitplan, und nach dem hatten sich alle zu richten.«

K. B.: »Was passierte dann?«

L. U.: »Ich bekam postwendend eine Antwort. Er schrieb: ›Jetzt hast du das Recht der Erstgeborenen verspielt.‹ Was genau er damit meinte, verstehe ich bis heute noch nicht. Doch zum ersten Mal, seit wir uns kannten, vergingen anderthalb Jahre, in denen wir überhaupt nicht miteinander sprachen. Er war so unglaublich zornig auf mich. Ich hatte mich für *Jenny* und gegen *Fanny und Alexander* entschieden.«

K. B.: »Wie waren die Dreharbeiten zu *Jenny*?«

L. U.: »Ungeheuer schwierig. Wir drehten in Italien und teils in der Nacht. Es war kalt, und wir hatten keine Wohnwagen. Von Ingmar hatte ich gelernt, dass Wohnwagen wichtig sind – nicht um die Schauspieler zu verwöhnen, sondern weil sie schließlich vor der Kamera stehen müssen. Wenn sie blaue Gesichter haben, sieht man das auf der Leinwand. Aber so hat man bei dieser Produktion nicht gedacht. Wir mussten uns in einer eiskalten Toreinfahrt umziehen. Zuvor hatten wir bereits erfahren, dass wir uns vom Mittagessen etwas für später mitnehmen sollten, weil es kein Abendessen mehr geben würde. Da standen wir also mitten in der Nacht in der Toreinfahrt und warteten. Wir fragten uns, wo nur der Regisseur, der Kameramann und die Techniker geblieben waren, denn sie verschwanden jedes Mal, wenn wir eine längere Pause machten. Schließlich schlichen wir ihnen nach, und es zeigte sich, dass sie ein Restaurant aufsuchten, das sie extra dafür bezahlt hatten, die Nacht hindurch geöffnet zu sein. Dort saßen sie und aßen. Wir öffneten die Tür. Am besten kann ich mich an das Gesicht des Regisseurs erinnern, während ihm die Spaghetti aus dem Mund hingen. Er schämte sich nicht einmal, auf frischer Tat ertappt worden zu sein. Vielmehr schien er verärgert, dass wir ihn gefunden hatten. In den Pausen wollte er mit den Schauspielern nichts zu tun haben. Sie irritierten ihn nur. Und italienisch konnten sie auch nicht, also musste er übersetzen. Und jetzt belästigten sie ihn mit vielerlei Fragen, während er seine Ruhe haben wollte. Da dachte ich: In diesem Moment drehen sie *Fanny und Alexander* – und ich bin nicht dabei. Dennoch war es interessant, die Jenny gespielt zu haben. Sie ist ein interessanter Charakter. Doch mit den Dreharbeiten war ich nicht glücklich.«

K. B.: »Wir beurteilst du rein künstlerisch das Ergebnis?«

L.U.: »Es wäre besser gewesen, wenn der Regisseur mehr Vertrauen in uns Schauspieler gehabt hätte. Wir mussten uns innerhalb eines engen Kamerarahmens bewegen und an bestimmten aufgezeichneten Punkten stehen bleiben. Eine technische Herangehensweise, die uns keine Freiheiten ließ. Wir waren gehemmt. Hinterher hatte ich das Gefühl, all die Frustration auf mich nehmen zu müssen, unter der wir Schauspieler gelitten haben. Es war eine einsame Angelegenheit. Außerdem war dies meine schlimmste Zeit in Norwegen, wo damals ein extrem kleinbürgerlicher Geist herrschte. Ich erinnere mich, dass ich fest entschlossen war, zurück in die USA zu reisen. Ich hatte nicht nur Ingmars Film verschmäht, ich hatte auch noch seine Freundschaft verspielt. Das gab mir das Gefühl, einfach alles verloren zu haben. Doch auch Per Bronken hatte in meinen Augen viel von seinem Renommee eingebüßt. Ein paar Jahre vor seinem Tod, zirka zwanzig Jahre später, habe ich ihn in Oslo wiedergetroffen. Dieser große, geniale Mann, der ein Dichter und Visionär war, hatte auch seine scheußlichen Seiten. Doch niemand konnte so gut Geschichten erzählen wie er. In seiner Gesellschaft herrschte stets große Heiterkeit. Ich erzählte ihm von dem Bild, das ich im Gedächtnis behalten hatte – wie ihm damals die Spaghetti aus dem Mund hingen. Und er vertraute mir an, dass ihn das norwegische Fernsehen als Regisseur abserviert und ihm stattdessen einen Job im Archiv oder in der Bibliothek angeboten hatte, denn so seien die Zeiten nun mal geworden. Er habe natürlich abgelehnt.

Kurze Zeit später ist er gestorben. Heute bin ich froh, dass wir einander die Hände geschüttelt haben. Nach so vielen Jahren des Schweigens.«

K. B.: »Du hast wirklich eine ganz besondere Fähigkeit, mit Leuten ins Reine zu kommen. Das habe ich selbst erlebt. Aber was ist mit Bergman?«

L. U.: »Nach anderthalb Jahren rief er mich an und sagte: ›Ich möchte, dass du nach Schweden kommst, Liv, und die Allererste bist, die sich *Fanny und Alexander* ansieht. Und dann müssen wir wieder Freunde sein.‹ Ich saß mit Ingmar in einem kleinen Kinosaal in Stockholm, sah mir den sechs Stunden langen Film an und habe die ganze Zeit geweint. Der Film war so großartig. Und sie, die meine Rolle bekommen hatte, war einfach zauberhaft.«

K. B.: »Ewa Fröhling?«

L. U.: »Ja, Ewa Fröhling. Er hatte die Rolle für sie umgeschrieben. Sie ist mindestens zehn Jahre jünger als ich. Und während ich dasaß und weinte, dachte ich: Diese Rolle hätte ich spielen können, statt in einer eiskalten Toreinfahrt stehen und mit ansehen zu müssen, wie dem Regisseur die Spaghetti aus dem Mund hängen. Doch dann dachte ich nicht länger an mich selbst, sondern war vollkommen erfüllt von dem Meisterwerk, das Ingmar geschaffen hatte. Denn *Fanny und Alexander* ist von imponierender Größe. Hier findet sich Ingmars ganze Welt: die Emotionen einer Familie, die Farben, all die Traumata, die ich früher selbst erlebt und interpretiert habe, doch auch seine komödiantische Seite. Danach sprachen wir nie wieder von dem, was uns entzweit hatte.«

Liv schreibt: »Ich war über vierzig, als ich mein erstes Drehbuch schrieb und selbst Regie führte: Es handelt sich um den Kurzfilm *Parting*.

Ein alter Mann erwacht allein in einem Doppelbett. Sein Gesicht wird in goldenes Morgenlicht getaucht, als er sich mit einem lautlosen Seufzen zum Fenster dreht. Nach einer Weile setzt er behutsam seine nackten Füße auf den Boden.

Gedankenverloren sitzt er in einer riesigen Badewanne, während sein kleiner, ehrwürdiger Kopf über den Rand ragt. Die Hitze lässt den Schweiß auf seinen Schläfen perlen.

Er frühstückt, isst Toast und trinkt Tee. Der Küchentisch ist sorgfältig gedeckt. Eine Katze springt ihm auf den Schoß. Stört für einen Augenblick seine Einsamkeit, springt jedoch wieder herunter, als er sie streicheln will. Mit zitternden Händen füllt er einen Picknickkorb. Er beobachtet aufmerksam eine siedende Bouillon und füllt sie anschließend in eine Thermoskanne, wobei er ein wenig verschüttet. Frisch gepresster Orangensaft sowie eine sorgsam gefaltete rotkarierte Tischdecke verschwinden im Korb, gefolgt von einer Flasche mit Leitungswasser.

Er geht umher und sucht nacheinander verschiedene Dinge zusammen, während eine Veränderung in ihm vorgeht. Die Erwartung spiegelt sich in seinen Bewegungen und seinem Gesichtsausdruck. Der alte Mann birgt ein Geheimnis. Wir sehen die rituellen Vorbereitungen zu einem Rendezvous. Ein altes Gesicht lässt süße Träume erahnen. Ein einsamer Mann in gespannter Erwartung.

Dann sehen wir ihn auf der Straße. Kinderlachen in der Ferne. Menschen hasten vorbei, und niemand achtet auf den leicht gebeugten Herrn, der es eilig zu haben scheint. Mit entschiedenen Schritten tritt er durch das Eingangstor eines großen, grauen Gebäudes. Durchquert endlose Korridore. Blickt weiß gekleidete Krankenschwestern und Ärzte herausfordernd an, als wolle er sagen: Wagt es ja nicht, mich aufzuhalten! Endlich bleibt er vor einer Tür mit abblätternder Farbe stehen. Er tritt ein – und lächelt! Was für ein strahlendes Lächeln. Das Lächeln eines Liebhabers. Ein alter Mann lässt ein dunkles Krankenzimmer erstrahlen.

Und da ist sie!

Vor langer Zeit hat sich ein Traum seiner Frau bemächtigt. Seit damals liegt sie unbeweglich da und starrt die Wand an.

Doch jetzt ist ihr Ritter mit einem Korb voller Geschenke in ihre Burg gekommen. Füllt das Zimmer mit all der Liebe, die sie verband. Umfängt ihr Bett mit Zärtlichkeit…

Da nicht gesprochen wird, folglich auch keine Mikrofone vorhanden sind, kann ich meine Anweisungen bei laufender Kamera geben:

›Leg ihr das Kissen zurecht, Charles. Dann die Serviette. Mustere ihre Hände. Sehen sie nicht kalt und steif aus? Dann beginnst du, sie mit der mitgebrachten Suppe zu füttern. Du zitterst, Charles… kleckerst auf ihre Decke… wie schwer es doch ist, alt zu werden… Errötet sie?… Versuch, ihr noch einen Löffel einzuflößen… aber sie nimmt ihn nicht, hatte schon immer ihren eigenen Kopf.‹

Dann sieht man, wie der alte Mann ihre Hände massiert, die auf der Decke ruhen. Wie er die Brille aufsetzt und ihre alte, abgenutzte Bibel zur Hand nimmt. Schließlich zu lesen beginnt. Durch das tiefe Dunkel, das sie umschließt, dringt seine unendlich milde Stimme:

›Wenn ich mit Menschen- und mit Engelszungen redete und hätte der Liebe nicht, so wäre ich ein tönend Erz oder eine klingende Schelle.

Und wenn ich weissagen könnte und wüsste alle Geheimnisse und alle Erkenntnisse und hätte allen Glauben, sodass ich Berge versetzte, und hätte der Liebe nicht, so wäre ich nichts.

Und wenn ich alle meine Habe den Armen gäbe und ließe meinen Leib brennen und hätte der Liebe nicht, so wäre mir's nichts nütze.‹

Auf der Fensterbank steht eine kleine Topfpflanze. Vorsichtig wässert er sie aus der mitgebrachten Flasche.

Seine Hand streicht behutsam über ihr Gesicht – oh, so zärtlich – und heilt ihre Einsamkeit.

Die Schönheit dieser Hand, die sich kümmert.

Schließlich geht er. Erneut sehen wir einen kleinen, alten Mann, an dem die Menschen vorbeihasten, ohne ihn wahrzunehmen.

Er biegt um die Ecke – und lässt die Straße leer zurück.«

K. B.: »Dann hast du deinen ersten abendfüllenden Film gedreht, *Sophie,* der von dem unschuldigen, neunundzwanzigjährigen jüdischen Mädchen handelt, das in den 1880er Jahren mit seinen Eltern in Kopenhagen lebt. Die Eltern arrangieren ihre Ehe mit dem jüdischen Geschäftsmann Jonas. Sie liebt den talentierten Maler Høiby, der kein Jude ist. Aber diese Liebe hat keine Chance. Denn Sophie ist eine Frau, die gelernt hat, ans Leben keine allzu hohen Ansprüche zu stellen. Als ginge es nicht wirklich um sie. Ich werde nie die Filmpremiere in Haugesund vergessen. Ich kannte dich damals noch nicht, doch rein zufällig stand ich nach der Vorführung mit all deinen Freundinnen beisammen. Allerdings waren wir kaum in der Lage, uns zu unterhalten, weil wir alle so heulen mussten. Ich war erschüttert darüber, wie sehr diese Frau, Sophie, ihre Träume und Sehnsüchte unterdrückte. Ihre Nähe war allen, die sie teils brauchten und dennoch übersahen, so unentbehrlich. Das erinnert ein wenig an den Bruder in Carson McCullers *Das Herz ist ein einsamer Jäger*, der sich am Ende das Leben nimmt. Sophie aber lächelt nur. Sie lächelt und winkt, als ihr Sohn sie verlässt und in die Welt hinauszieht. Doch der hat für dieses Lächeln mit all seiner Zärtlichkeit, Liebe und Resignation keinen Blick. Genauso wenig, wie sie für ihre Mutter einen Blick hat, als sie sich umdreht und auf ihr Leben zurückblickt. Aber das ist natürlich nur meine Interpretation. Wovon handelt *Sophie* deiner Meinung nach?«

L.U.: »Was soll ich darauf antworten? Das ist ja eine Frage, bei der es um die Wurzeln künstlerischer Kreativität geht. Ich will mich nicht mit Beethoven vergleichen, doch hätte man ihn gefragt, wovon seine Symphonien handeln, hätte er vermutlich gesagt: ›Hören Sie einfach zu!‹ Und das sage ich auch: Man muss zuhören und hinsehen. Jeder kann selbst entscheiden, was ihm *Sophie* bedeutet, wovon dieser Film handelt. Jedenfalls hat er sehr viel mit mir zu tun, weshalb ich vermute, dass er auch viel mit anderen zu tun hat. Kunst ist immer persönlich. Ist sie es nicht, dann ist es keine Kunst. Offensichtlich handelt der Film ja von verschiedenen Formen der Liebe oder, wie du es ausgedrückt hast, von Sehnsüchten, Träumen und Resignation.«

K. B.: »Nach einer Filmvorführung in Boston hast du gesagt, der Film enthalte all dein Wissen darüber, wie es sei, Frau und Mensch zu sein. So habe ich es in Haugesund auch empfunden.

Und obwohl aus weiblicher Perspektive erzählt wird, war ich als Mann ergriffen. Denn wir sehnen uns doch alle danach, jemanden zu lieben. Vor allem wollen wir nicht übersehen werden. Mit der Figur des Jonas hast du außerdem einen außerordentlich starken männlichen Charakter geschaffen.«

L.U.: »Der Film handelt ja auch sehr davon, wie wenig wir auszudrücken vermögen. Jeden Abend, wenn Jonas sein Geschäft abschließt, hört er innerlich Musik. Es ist eine Schönheit in ihm, die er nicht mitteilen kann. So erleben wir es sicher alle hin und wieder im Leben.«

L.U.: »Weißt du was, Ketil, ich habe noch mal über die Sache mit der Musik in uns nachgedacht. Ich glaube, ich habe manchmal einen Drink zu viel genommen, weil ich mich nach dieser Musik gesehnt habe. Wenn alles grau um mich war, dachte ich, ein Glas Rotwein würde mir die Wärme verschaffen, die ich brauchte. Ein Glas Wodka, dachte ich, würde mir Mut geben. Zwei Gläser würden helfen zu vergessen. In gewisser Weise glaubte ich, der Alkohol könnte Gefühle wie Freundschaft und Zugehörigkeit ersetzen. Eigentlich hatte ich zum Trinken schon immer eine merkwürdige Einstellung. So habe ich mich vor vielen Jahren entschlossen, keinen Alkohol mehr anzurühren. In dieser Beziehung bin ich konsequent. Denn ich gehöre einfach zu den Menschen, die es nicht bei einem einzigen Glas belassen können. Wenn ich mit jemandem eine Flasche Wein öffne, denke ich immer, ich muss die ganze Flasche austrinken. Deshalb habe ich mich entschieden, die zweite Hälfte meines Lebens vollkommen abstinent zu verbringen. Ich möchte nicht, dass meine Enkelkinder jemals erleben, wie ich lalle oder Unsinn rede.«

K. B.: »Wie hat das angefangen? Wann hast du begriffen, dass irgendetwas nicht in Ordnung ist?«

L.U.: »Schon in Stavanger. Ich feierte eine große Geburtstagsparty, war noch nicht mal zwanzig. Da begann ich plötzlich zu trinken, weil ich das Gefühl hatte, nicht dazuzugehören. Ich ging nach draußen und setzte mich auf eine Treppe. Es war der

16. Dezember. Ich hatte nur ein Kleid an und dachte: Jetzt werde ich erfrieren. Ich war nicht einmal unglücklich. Aber ich fühlte mich eben als Außenseiter. Ich dachte, sie würden mich irgendwann vermissen und zu suchen anfangen. So viele Gedanken schossen mir damals durch den Kopf; ich weiß gar nicht mehr, was ich alles zu denken versuchte. Doch niemand kam.

Um mein Verhältnis zum Alkohol scheint es also schlecht bestellt zu sein, wenn ich mich im Dezember auf eine Treppe setze und erfrieren will, nur um mein Selbstwertgefühl zu stärken. Genauso wie ich glaubte, der Alkohol habe eine befreiende Wirkung und würde meiner Kreativität auf die Sprünge helfen.«

K. B.: »In Norwegen hat es eine Untersuchung über den Alkoholkonsum von Schriftstellern gegeben. Es kam heraus, dass die Mehrheit der Literaturnobelpreisträger ein sehr nahes Verhältnis zum Alkohol hat. Was man ja bei allen kreativen Berufen beobachten kann...«

L. U.: »Nicht bei Balletttänzern.«

K. B.: »Doch! Ein Freund von mir, prominentes Mitglied eines berühmten Ballettensembles, saß manchmal bis vier Uhr morgens bei mir und trank, obwohl er am selben Tag Premiere hatte.«

L. U.: »Das kann ich kaum nachvollziehen. Außerdem wissen wir ja nicht, was diese Menschen ohne Alkohol geleistet hätten.«

K. B.: »Ich denke an *Schlachthof 5* deines alten Freundes Kurt Vonnegut, den ich so bewundere. Zu Beginn des Romans ist er ein alkoholisierter Schriftsteller, der zu den unpassendsten Tageszeiten herumtelefoniert und seine Freunde anruft. Kennst du das auch? Dass du morgens aufwachst und dich fragst, wen du gestern Abend angerufen hast?«

L. U.: »Natürlich. Der Alkohol verstärkt das Bedürfnis, sich anderen Menschen mitzuteilen, am besten gleich mehreren. Man kommt spät von einer Party nach Hause und will jemand anrufen. Aber es legt ja nicht jeder Wert darauf, um zwei oder drei Uhr nachts angerufen zu werden. Und wenn man das dringende Bedürfnis verspürt, jemand anzurufen, dann sollte man etwas mitteilen wollen, was man zuvor nie hatte mitteilen können. Etwas Schönes. Etwas Freundliches. Aber so ist es ja nicht immer. Statt mit dem Trinken aufzuhören, begann ich erst mal damit, das Telefonbuch zu verstecken. Ich deponierte es an den unmöglichsten Orten, um mich selbst von diesen nächtlichen Anrufen abzuhalten. Doch was lag neben meinem Bett, als ich morgens aufwachte? Das Telefonbuch. Denn man vergisst schon vieles, wenn man ein paar Drinks genommen hat, doch wo ich das Telefonbuch versteckt hatte, vergaß ich nie. Also musste ich mich fragen, wen ich in der Nacht alles angerufen hatte. Ich weiß gar nicht, was geschehen wäre, wenn ich so weitergemacht hätte.«

K. B.: »Du hast dich also entschieden aufzuhören?«

L.U.: »Ich war an einem kritischen Punkt angelangt. Ich musste mir Mut antrinken. Brauchte ein Gläschen, um die Zeit totzuschlagen, und ein Gläschen, um mich zu verkriechen. Ich dachte, mit Hilfe des Alkohols würde ich alle Probleme durchstehen können. Doch dann spielte ich in *Geliebter Lügner* am Theater.«

K. B.: »Was für ein passender Titel.«

L.U.: »Ja. Ich spielte in Oslo gemeinsam mit Toralv Maurstad und hatte großes Lampenfieber. Nie in meinem Leben habe ich während der Arbeit getrunken. Doch Toralv sagte: ›Du kannst es doch machen wie Frau X. Sie trinkt oft ein Glas Sekt, bevor sie auf die Bühne muss.‹«

K. B.: »Das erinnert mich an Edvard Munch. Als seine Inferno-Periode vorüber war, zu Beginn des 20. Jahrhunderts, wollte er in Zukunft keinen Alkohol mehr anrühren. Das bedeutete – wie er selbst schrieb –, dass er nur eine Flasche Champagner trank, bevor er am Nachmittag zu arbeiten begann, mehr nicht.«

L.U.: »Also ich sprach natürlich von Piccoloflaschen. Vor der Generalprobe genehmigten wir uns ein kleines Glas. Und ich bekam glänzende Kritiken. Für eine Komödie, noch dazu in Norwegen! Es bedarf also nur ein wenig Sekt, dachte ich, um in den Augen meiner Landsleute aus der schwermütigen, melancholischen Liv eine Komödiantin zu machen. Daraufhin trank ich vor jeder Vorstellung ein Gläschen. Doch eines Abends war kein Piccolo vorhanden. Für Toralv spielte das keine Rolle. Er ging auf die Bühne und spielte so wie immer. Doch ich bekam eine Riesenpanik und sagte zum Inspizienten, dass ich unbedingt ein Gläschen trinken müsse. Dieses Glas war meine Krücke geworden. Nach einer Weile hatte ich das Gefühl, dass die Wirkung des Sekts verflogen war, wenn der zweite Akt begann. Also trank ich ein weiteres Glas in der Pause – was nicht heißt, dass ich auf der Bühne betrunken gewesen wäre. Nicht von zwei Gläsern. Doch ich bildete mir ein, diese Krücke zu brauchen. Aber der Alkohol, das weiß ich heute, ist keine Krücke. Er war vielmehr der Stock, über den ich stolperte und der mein bis dahin so schönes Leben zerstörte.«

K. B.: »Plötzlich hast du dich von außen betrachtet?«

L. U.: »Ja, ich habe mich selbst gesehen und mit Toralv verglichen, den es nicht störte, wenn kein Sekt da war, weil er ihn nicht brauchte. Ich brauchte ihn auch nicht, habe mir aber eingeredet, ihn zu brauchen. Dafür bin ich Toralv sehr dankbar, obwohl ich ihm das nie erzählt habe.«

K. B.: »Wie haben Donald und all deine Freunde darauf reagiert?«

L. U.: »Merkwürdigerweise hatte Donald nie das Gefühl, dass ich ein Alkoholproblem hatte. Meine Freunde auch nicht. Ich allein wusste, warum ich nicht mehr trinken wollte.«

K. B.: »Fühlst du dich heute von irgendjemand unter Druck gesetzt, der die trinkende Liv Ullmann vermisst?«

L. U.: »Druck üben nur die praktizierenden Alkoholiker aus. Sie bekommen Panik, wenn ein anderer aufhört zu trinken, denn sie wollen ja nicht auffallen. Von Menschen gesehen zu werden, die genauso betrunken sind wie du, spielt natürlich keine Rolle. Doch von anderen… Wenn abends ein gewisser Punkt erreicht ist, gehe ich lieber nach Hause.«

K. B.: »Und der Alkohol ist keine Verlockung mehr für dich?«

L.U.: »Früher ist er das gewesen, doch jetzt nicht mehr. Am Anfang dachte ich, ich würde langweilig wirken, wenn ich nicht trinke, und vielleicht ist meine Schüchternheit etwas größer geworden. Dafür sitze ich aber auf keiner Treppe mehr und will erfrieren. Außerdem werde ich von diesen verzweifelten Einfällen verschont, die ich manchmal hatte, als ich noch trank. Ich habe eine besondere Erfahrung mit einem sehr guten Freund gemacht, der mich oft einlädt. Meist hatte ich das Gefühl, ein langweiliger Gast zu sein, wenn ich nicht trinke. Er und seine Freunde scheinen den Alkohol jedenfalls zu genießen, während ich mit meiner Cola dasitze. Doch eines Tages rief er mich an und sagte: ›Du, Liv, ich will auch mit dem Trinken aufhören. Kann ich mit dir reden?‹ Also war ich vielleicht doch nicht so langweilig, wie ich gedacht habe. Jedenfalls weiß ich, dass ich meinen Seelenfrieden gefunden habe. Der ist mein ›Freund‹. Ein viel besserer als der Alkohol. Für mich. Ich bin in meinem Leben gegenwärtig.«

K.B.: »Wie reagierst du, wenn du mit Leuten zusammenarbeitest, die irgendwelche Rauschmittel nehmen, um künstlerisch tätig sein zu können?«

L.U.: »In der Zusammenarbeit mit mir ist das sehr schwierig, denn ich kann nur mit Leuten zusammenarbeiten, die hundertprozentig bei der Sache sind. Leider trat dieses Problem während der Dreharbeiten zu *Kristin Lavranstochter* auf. Manches hatte ich vorher gewusst, anderes nicht. Heute würde ich in jedem Fall entschiedener reagieren. Damals wollte ich die Dreharbeiten einfach unter Dach und Fach bringen – egal unter welchen Umständen. Aufgrund der Technikcrew und meiner großartigen Schauspieler ist uns das auch gelungen.«

K.B.: »Genau wie Ingmar Bergman hast du immer den richtigen Instinkt für starke Schauspieler gehabt.«

L.U.: »Von Ingmar habe ich gelernt, mich mit starken, kreativen Schauspielern zu umgeben. Natürlich muss der Regisseur ihnen Anweisungen geben und bestmögliche Bedingungen für sie schaffen, damit sie sich im Bild gut bewegen können, aber sie sollen ja auch etwas erschaffen. Ich sage ihnen nicht: ›Jetzt bist du wütend, dein Herz schlägt schneller. Man muss dir bis zum Ende der Szene ansehen, dass du wütend bist, bis sich deine Gesichtszüge plötzlich glätten.‹ Regisseure, die solche Anweisungen geben, töten die Kreativität der Schauspieler. Wenn du mit einer Bibi Andersson oder einer Ghita Nørby zusammenarbeitest, dann hast du es mit Menschen zu tun, die über einen reichen Erfahrungsschatz verfügen und möglicherweise mehr wissen als du selbst. Wenn du eine Rose hast, musst du sie so behandeln, wie es für eine Rose am besten ist – nicht wie eine Lilie, auch wenn du Lilien lieber mögen solltest. Der schönste Augenblick für mich als Regisseurin ist es, wenn ich neben der Kamera sitze und beobachte, wie etwas entsteht. Vielleicht sage ich dann: ›Das war ein wenig zu viel.‹ Oder: ›Du hast so viel zu geben! Du spielst phantastisch, aber lass mich an allem teilhaben, was du – als Mensch – über diese Situation weißt!‹ Wenn wir uns einen Film anschauen, sollen wir nicht denken: Das ist aber ein guter Schauspieler! Wir sollen einem Menschen zusehen. Als ich *Sophie* gemacht habe, sagten viele, die Hauptrolle hätte ich selbst spielen können. Doch es war ein wunderbares Erlebnis, hinter der Kamera zu sitzen und eine andere Frau dabei zu beobachten, wie sie Dinge macht, auf die ich selbst nie gekommen wäre. Statt das dumme Ullmann-Gesicht vorgesetzt zu bekommen, konnte man eine Schauspielerin betrachten, die wie eine Rose erblühte. Ich hatte keine Lust mehr, mich herumdirigieren zu lassen, und war die Zusammenarbeit mit schlechten Regisseuren endgültig leid. Daher hatte ich Glück, dass Nordisk Film mich bat, ein Drehbuch zu schreiben. Während ich es schrieb, fragten sie mich dann, ob ich auch die Regie übernehmen wolle. Bei den Dreharbeiten dachte ich: Deshalb habe ich also so lange als Schauspielerin gearbeitet. Ich habe gelernt, Schauspieler so zu behandeln, wie ich selbst behandelt werden möchte und wie nicht zuletzt Ingmar es tut. Er inspiriert die Schauspieler und gibt ihnen eine enorme Freiheit.«

K. B.: »*Sophie* war die erste deiner Regiearbeiten, nicht wahr?«

L. U.: »Ja, dabei war die Initiative, wie gesagt, gar nicht von mir ausgegangen, sondern von Nordisk Film. Ich weiß noch, wie ich in Dänemark an einem Drehbuch saß und sie mich fragten, ob ich an der Regie interessiert sei. Ich dachte, ich träume. Auf dem Heimweg, vom Flughafen aus, habe ich Ingmar angerufen. Wir hatten damals noch keine Handys. Ich kann mich noch genau erinnern, wie ich die Münzen in den Automaten gesteckt habe und zu Ingmar sagte: ›Sie haben mir die Regie zu *Sophie* angeboten. Glaubst du, dass ich dazu in der Lage bin?‹ Seine Antwort war sehr wichtig für mich. Hätte er mir abgeraten, dann aus gutem Grund. Vielleicht hatte er früher einmal etwas an mir beobachtet, dass ihn jetzt skeptisch werden ließ. Doch stattdessen sagte er: ›Also ich finde, das Angebot solltest du absolut annehmen!‹ Danach traute ich mich, Ja zu sagen. Im Grunde war ich selbst voller Zweifel, hielt mich für zu nervös, zu harmoniesüchtig. Was sollte ich zu all den Leuten sagen – zu den Schauspielern und Technikern? Doch es zeigte sich, dass ich auch *das* von Ingmar gelernt hatte. Hat man sich sorgfältig vorbereitet, kann man auch improvisieren. Und ich hatte mich sorgfältig vorbereitet. Obwohl ich die ganze Zeit herumlief, um irgendjemand Kaffee zu holen, und Angst hatte, zu schroff zu den Schauspielern zu sein, konnte mir niemand absprechen, dass ich gut vorbereitet war; dass ich wusste, wohin ich mit diesem Film wollte. Ich fand sogar den Mut, mit dem Kameramann zu streiten. Im Grunde stritten wir uns die ganze Zeit, versöhnten uns aber nachher wieder, weil er den Film wirklich mochte.«

K. B.: »Du hast also allmählich an Selbstvertrauen gewonnen?«

L. U.: »Ja, aber ich versuchte auch mich anzupassen. Um meine Kompromissbereitschaft zu demonstrieren, habe ich mich auf Einstellungen und Kamerawinkel eingelassen, von denen ich wusste, dass ich sie nie verwenden würde. Heute würde ich das nicht mehr tun. Als die erste Woche vorüber war und alle anderen auf eine Party gegangen waren, kam ein Journalist der dänischen Zeitung *Politiken*, um sich nach dem Stand der Dreharbeiten zu erkundigen. Er fand mich weinend hinter einem Haus vor. ›Aber warum weinen Sie denn?‹, fragte er, ›ist irgendwas schiefgelaufen?‹ – ›Nein‹, antwortete ich, ›ich weine, weil alles so gut gelaufen ist. Weil ich jetzt weiß, dass ich es kann, und weil ich keine Angst mehr habe. Das ist es, wonach ich mich gesehnt habe. Hier habe ich es gefunden!‹«

Liv schreibt: »Du fragst mich nach meinen Träumen, nach den Jahreszeiten. Was soll ich darauf antworten? Vielleicht hat sich meine Einstellung zu den Jahreszeiten verändert. Als ich noch jung war, habe ich mich unendlich über den Frühling gefreut, weil er so viele Träume und Erwartungen mit sich führte. Wenn es jetzt Frühling wird, dann sehe ich nur die Natur, beobachte ihre Veränderungen, die knospenden Bäume, das zunehmende Licht – die Hoffnung in der Luft, die ein weiteres wunderbares Jahr, zumindest einen Frühling verheißt. Doch ist dies nicht mehr von anderen Menschen abhängig. Es geht nur darum, was *ich* tue, was *ich* sehe. Ich verspüre den Drang zu schreiben – etwas Wichtiges, das zumindest einen einzigen zufriedenen Leser zurückschreiben lässt. Ja, das möchte ich tun. Ich möchte für meine Familie da sein, für meine Schwester, meine Tochter und ihre Kinder. Es ist der Traum, für jemand zu sorgen, der mich braucht, statt wie früher ständig unterwegs und mit anderen Dingen beschäftigt zu sein.

Jahrelang habe ich geträumt, wieder auf der Schulbank zu sitzen. Ich bin ja ein Jahr zu früh von der Schule abgegangen. Im Traum bin ich erneut mit meinen alten Klassenkameraden zusammen, die sich verwundert fragen, was ich dort auf einmal zu suchen habe. Doch ich träume diesen Traum nicht mehr, seit ich meinen Mitschülern vor ein paar Jahren in einer Fernsehsendung wiederbegegnet bin. Es war ein merkwürdiges Treffen, bei dem mir auffiel, dass nicht nur ich, sondern auch alle anderen sich verändert hatten. Einige habe ich nicht einmal wiedererkannt. Sie waren gealtert, manche stärker als ich. Seitdem ist dieser Traum nie zurückgekehrt.

Ich träume auch hin und wieder von unserem Haus in der Nähe von Oslo, in dem ich mit meiner Tochter wohnte, als sie noch klein war. Mal bin ich im Traum alleine dort, mal mit ihr. Dann träumte ich wiederholt von einem dunklen Raum, dessen Tür ich finden muss. Denn wenn ich sie nicht finde, würde sich eine Hand auf meine Schulter legen. Diesen Traum habe ich aber schon lange nicht mehr gehabt. Ein stets wiederkehrender Traum ist der, in dem ich in einem Flugzeug sitze. Das Flugzeug fliegt sehr schnell, und plötzlich sehe ich eine Wand auf uns zukommen, doch das Flugzeug – oder das Auto? – kann nicht anhalten. Unmittelbar vor der Explosion hört der Traum auf. Diesen Traum habe ich ständig. In einem anderen Traum, der sich regelmäßig einstellt, fliege ich sehr niedrig über den Boden. Es ist ein lustiges Gefühl, so niedrig über den Boden zu fliegen, und ich denke: Genau so soll es sein. Wenn die Leute mich fragend ansehen, sage ich nur: ›Schaut mich an, hier bin ich!‹ Die Leute finden das sehr merkwürdig. Das ist mein Lieblingstraum – niedrig über den Boden zu fliegen. Tja, so sind meine Träume beschaffen.«

K. B.: »Plötzlich warst du eine weltbekannte, preisgekrönte Regisseurin, die unter anderem den *Grand Prix Spécial du Jury* in Montreal bekommen hatte. Wie zufällig bist du dann nach Norwegen zurückgekehrt, um an einem der größten Erfolge der norwegischen Filmgeschichte teilzuhaben: der Verfilmung von Sigrid Undsets *Kristin Lavranstochter*. Von Kritik und Publikum bejubelt, war der Film für dich und die Produktionsfirma, Norsk Film, zeitweise zum Albtraum geworden. Warum herrschte zwischen dir und dem Produzenten nahezu völlige Funkstille, als die Premiere stattfand?«

L. U.: »Es fällt mir nicht leicht, über die damaligen Konflikte zu sprechen, weil es so wirken könnte, als wolle ich im Nachhinein schmutzige Wäsche waschen, und das will ich nicht.«

K. B.: »Das verstehe ich gut. Aber du ziehst ja über niemanden her, sondern gibt's nur deiner Verärgerung Ausdruck und verschaffst uns einen Einblick, mit welchen Umständen du es bei der Entstehung eines Films zu tun hast. Umstände, von denen wir Laien keine Ahnung haben… von all den Intrigen und Problemen, die sich hinter einem Kunstwerk verbergen. Wir haben anfangs von Harry-Harry gesprochen, von Männern, die nicht empfänglich für Anregungen sind, sondern nur ihre Macht ausspielen. Da ist es doch naheliegend, auch über Tom-Tom zu reden.«

L. U.: »Es ist, wie gesagt, schwierig für mich. Außerdem war Tom-Tom, wie du ihn nennst, nicht der Produzent während der Dreharbeiten, sondern wurde erst später eingestellt. Ich habe ihm bei einer späteren Gelegenheit die Hand gereicht. Wir haben uns ausgesprochen. Das ganze Projekt begann ja mit einem Eklat. Regie führen sollte eigentlich nicht ich, sondern ein schwedischer Regisseur. Der sprang jedoch bald ab, weil er mit einem der Produzenten nicht klarkam – demjenigen, den ich später ›geerbt‹ habe –, das hat er mir selbst erzählt. Ich dachte hingegen, dass niemand besser geeignet wäre, *Kristin Lavranstochter* zu verfilmen als ich.«

K. B.: »Du hast ja schon 1959 in Tormod Skagestads Bühnenfassung am Rogaland Theater mitgespielt.«

L. U.: »Genau. Und weil ich gerade *Sophie* beendet hatte und einige Leute plötzlich begriffen, dass ich wirklich Regie führen konnte, sprach sich wohl auch herum, dass ich ein großes Interesse an diesem Projekt hatte. Allerdings war die Regie schon einem anderen norwegischen Regisseur versprochen worden.«

K. B.: »Dennoch hat man sich für dich entschieden?«

L. U.: »Ja. Dem norwegischen Regisseur sagte man zum Ausgleich zwei andere Filme zu, obwohl sich seine Regieerfahrung – genau wie bei mir – bis dahin auf einen einzigen Film beschränkte. Als ich ins Studio von Nordisk Film kam, hatte der andere Regisseur schon sein Büro bezogen, während ich draußen auf dem Flur sitzen musste. Solche Dinge waren es, die mich ziemlich in Rage brachten.«

K. B.: »Du hast kein Büro bekommen?«

L. U.: »Nein, anfangs nicht. Sie zeigten mir von Beginn an die kalte Schulter. Es hat mich schockiert, dass ich keinerlei Unterstützung von denen bekam, die mich engagiert hatten. Dass der erste Produzent – der später rausgeschmissen wurde – ständig betrunken war und im Bus auf dem Boden lag, als wir nach geeigneten Drehorten suchten, machte die Sache natürlich auch nicht besser.«

K. B.: »Und dann Tom-Tom …«

L. U.: »Du solltest ihn in diesem Buch nur deshalb erwähnen, weil er als Beispiel dafür dienen kann, wie hart das Filmgeschäft ist – wie du ja selbst erfahren hast, als wir am Ole-Bull-Drehbuch gearbeitet haben. Man kann sich leicht einreden, dass der Produzent nicht auf deiner Seite ist. Vielleicht habe ich da auch etwas missverstanden, weil ein offener Dialog für mich unerlässlich ist. Ich habe keine Probleme damit, mich auf die Gegebenheiten einzustellen, den Budgetrahmen zu akzeptieren etc., aber ich brauche das Gefühl, dass wir, der Produzent und ich, an einem Strang ziehen. In diesem Fall wurde unmittelbar vor Produktionsstart mein Drehbuch akzeptiert. Die Voraussetzungen waren also klar. Die Produzenten wussten, dass der Film lang und teuer werden würde. Sie hatten es *akzeptiert*, und ich war bereit, mein Äußerstes zu geben, und freute mich – trotz allem – auf eine fruchtbare Zusammenarbeit.«

K. B.: »Stattdessen wurde es ein zähes Ringen um viele Dinge – nicht zuletzt über die Länge und das Format.«

L. V.: »Ja, mein Drehbuch hätte einen dreistündigen Film ergeben, und eine solche Version ist zunächst auch entstanden. Die sorgte allerdings dafür, dass der Produzent von Nordisk Film von seinem Stuhl kippte und aus dem Kinosaal getragen werden musste, als unsere Vertriebsleute kamen, um sich das fertige Produkt anzusehen. Am Film an sich kann es nicht gelegen haben, denn er war schon nach fünf Minuten eingeschlafen. Leider ist es dem Verkauf nicht dienlich, wenn der Produzent schnarchend aus dem Saal getragen werden muss. Der neue Produzent übte einen enormen Druck auf mich aus. Während eines Mittagessens verlangte er eine kürzere Version von mir. Ich entgegnete, dass es viele erfolgreiche Filme gebe, die drei Stunden dauerten. Ich hatte das Drehbuch geschrieben.

Ich war die Regisseurin. Ich brauchte diese drei Stunden, um meine Geschichte zu erzählen. Also stand ich auf und ging. Später erfuhr ich dann, wie derjenige, den du Tom-Tom nennst, unmittelbar nach unserem Essen mit meinem Cutter sprach: ›Diese Liv Ullmann ist doch eigentlich eine weiche Persönlichkeit. Was können wir tun, um sie ein bisschen zu erschrecken? Sollen wir ihr vielleicht einen Anwalt auf den Hals hetzen?‹«

K. B.: »Der Produzent hat erwogen, dich zu verklagen?«

L. U.: »Ja. Und in solch einem künstlerischen Klima konnte ich nicht arbeiten. Das ist doch absurd. Sie glaubten, mit mir umspringen zu können, wie es ihnen passt. Sie meinten wohl, ich würde mich rasch abregen und die Tür wieder öffnen, die ich gerade geschlossen hatte. Wie kann man jemand verklagen wollen, mit dem man eine künstlerische Zusammenarbeit plant? Wo ist da der Respekt? Wo ist die Dialogbereitschaft? Ich habe das Handtuch geworfen, war wütend und verzweifelt. Den Film habe ich um eine halbe Stunde gekürzt.«

K. B.: »Es ist eine amüsante Fußnote, dass es Männer waren, die sich so aufplusterten. Denn der Film war ja vor allem bei Frauen sehr erfolgreich. Ist es nicht interessant, Sophie und Kristin zu vergleichen? Die eine folgt der Tradition, erfüllt die Forderungen, die an sie gestellt werden, während die andere ihrem Herzen folgt. Glaubst du, sie hätten sich gut verstanden, wenn sie sich begegnet wären?«

L. U.: »Tja, Kristin hätte vermutlich gefragt: ›Warum hast du deine Träume nicht ernstgenommen? Und warum bist du trotzdem so glücklich, obwohl keiner deiner Träume in Erfüllung gegangen ist?‹ Die Kristin in Sigrid Undsets Roman ist sehr viel unreifer als Sophie, egoistischer und weniger sensibel, was die Gefühle anderer Menschen betrifft.«

K. B.: »Und was hätte Sophie zu Kristin gesagt?«

L. U.: »›Was für ein aufregendes Leben du geführt hast! Aber willst du dir nicht mal meine Familienbilder ansehen und meinem Sohn diese Geschichte vorlesen?‹ In gewisser Weise hat Sophie mehr von ihren Zielen realisiert, jedenfalls im Vergleich zu meinem Film über Kristin, der sich ja nur mit dem ersten Teil von Sigrid Undsets Trilogie beschäftigt. Bis zu einem bestimmten Punkt im Leben ist Sophie die Klügere, doch Kristin hat mehr Leidenschaft. Sie ist unglaublich stark, außerdem ist Kristin härter und unnachgiebiger, weil sie keine Rücksicht auf ihren Vater nimmt. Sie trampelt auf ihm herum, um ihr Ziel zu erreichen. Das hätte Sophie nie getan.«

K. B.: »In welcher der beiden Figuren erkennst du dich mehr wieder?«

L. U.: »Ich habe viel von beiden. Definitiv. Manchmal war ich Kristin, als ich Sophie sein wollte; andere Male war ich Sophie, wenn ich gern wie Kristin gewesen wäre. Vor allem Letzteres. Am schlechtesten ist es um mich bestellt, wenn ich nur bin wie eine von ihnen. Aber dir ist doch sicherlich aufgefallen, dass ich einige biografische Details mit Sigrid Undset gemein habe: alleinerziehende Mutter, lange Zeit in den USA, viele Reisen und zahlreiche Vorträge. Mit Sigrid Undsets Leben kann ich mich weitgehend identifizieren.«

K. B.: »War es nicht beklemmend, einen Film über die Person zu drehen, zu der fast jede erwachsene Norwegerin eine so enge Beziehung hat?«

L. U.: »Doch, schon. Aber das ist ja auch etwas, das wir Frauen gemeinsam haben und verstehen können. Das gilt übrigens auch für *Jenny*. All diese Frauen wurden in Krisensituationen zu ihren Entscheidungen gezwungen. Doch bis es soweit ist, lassen sie andere Menschen – vor allem die Liebe – für sie entscheiden.«

K. B.: »Tun Männer das nicht auch?«

L. U.: »Doch, aber auf eine andere Art und Weise. Ich glaube, Frauen fällt es leichter zu erkennen, was sie einem anderen Menschen bedeuten können. Außerdem sorgt das Leben für manche Prämisse. Wenn ein Kind aus deinem Bauch kommt, musst du dich ja irgendwie zu ihm verhalten. Als Mann kommt kein Kind aus deinem Bauch. Vielleicht ist das einer der Gründe dafür, dass Männer und Frauen verschiedene Erfahrungen machen und unterschiedliche Entscheidungen treffen.«

K. B.: »Ich habe Fotos von dir am Set von *Kristin Lavrans-*

tochter gesehen. Du hast dein Cap auf und siehst aus, als hättest du alles souverän unter Kontrolle. Du hast bei den Dreharbeiten zu *Sophie* sicherlich viel gelernt.«

L.U.: »Ja, sie haben mir ständig erzählt, dies und jenes könne ich nicht tun. Manchmal habe ich mich daran gehalten, andere Male nicht. Inzwischen weiß ich, dass sie nicht unbedingt Recht haben. Zum Beispiel hieß es damals in einer bestimmten Szene, noch näher könne man bei einer Nahaufnahme nicht kommen. Ich wollte aber trotzdem, dass die Kamera noch näher kommt. ›Unmöglich!‹, sagten sie. ›Es muss gehen‹, erwiderte ich. ›Na gut‹, sagten sie schließlich. ›Dann nehmen wir eben ein 200-mm-Objektiv.‹ – ›Warum habt ihr das nicht gleich getan?‹, fragte ich. Das hätte ich mich bei *Sophie* noch nicht getraut. Doch seit *Kristin Lavranstochter* lasse ich mir von niemand mehr sagen, was geht und was nicht.«

K. B.: »Du bist selbstbewusster geworden. Ist dein Cap eine Art Krone?«

L.U.: »Die Krone einer Königin. Du musst dir die Bedingungen vergegenwärtigen. Der eine Produzent war ständig betrunken und nie vor Ort. Der andere befand sich zu Dreharbeiten im Ausland, obwohl er mir versprochen hatte, das würde nicht der Fall sein. Auch er war nur selten da. Die Aufnahmeleiter waren abwechselnd krank, und ich war einfach nur wütend, unglaublich wütend, was mir eine große Entschlossenheit verlieh. Ich wusste, dass die Schauspieler hundertprozentig hinter mir standen, ich hatte eine wunderbare Technikcrew und den besten Kameramann der Welt, Sven Nykvist, von dem mich niemand trennen konnte. Außerdem wusste ich, dass ich viel besser vorbereitet war als diese Produzenten. Aber wir waren vom Pech verfolgt. Als die Darstellerin der Kristin sich den Arm brach, wäre fast der ganze Dreh abgebrochen worden, weil keiner der Produzenten den Mut hatte weiterzumachen. Aber wir haben weitergemacht. Um dir die Tragweite meines Zorns zu verdeutlichen, muss ich dir schildern, wie einer der Produzenten plötzlich am Set auftauchte und seine Macht demonstrieren wollte. Wir waren gerade mit einer wichtigen Szene beschäftigt: Ein Pferd sollte eine Treppe hinaufgehen und ein Paar stören, das auf dem Dachboden gerade seine Hochzeitsnacht verbrachte. Ich fand das ziemlich komisch – im Gegensatz zum Produzenten, der sagte: ›Nein, das gefällt mir nicht, wir gehen gleich über zur nächsten Szene!‹ Daraufhin beorderte er die ganze Crew dorthin, wo die nächste Szene gedreht werden sollte. *Er* war der Produzent. Alle Mitarbeiter mussten nach seiner Pfeife tanzen. Doch er konnte nicht sagen: ›Kamera ab!‹, denn das kann nur der Regisseur. Während alle anderen seiner Anordnung Folge leisteten, blieben ich und das Pferd, das gelernt hatte, die Stufen hinaufzugehen, an der Treppe stehen. Als ich dem Pferd einen Blick zuwarf und es freundlich zurückblickte, empfand ich eine enorme Freude. Denn nie zuvor in meinem Leben hatte ich gewagt, mich derart zu widersetzen. Alle hatten mich verlassen, doch ich stand immer noch an der Treppe. Selbstgewiss. Ohne Angst. Ich hatte Zeit. Und schließlich blieb dem Produzenten nichts anderes übrig, als alle zu mir zurückzuschicken. Das Pferd schaute mich an – ich glaube, es zwinkerte. Die Statisten waren zufrieden. Und endlich konnte ich sagen: ›Kamera ab!‹«

Unsere letzte Pause in Miami. Ich gehe über die Straße zu meinem Hotel. Gleißendes Sonnenlicht und starker Wind. In der Lobby ist es wie üblich eiskalt. Mein Widersacher an der Rezeption hat Gott sei Dank keinen Mittagsdienst. Ich setze mich ins Restaurant, bestelle einen Salat und vertiefe mich in die neuen Unterlagen, die Liv mir gegeben hat. In dem Wust eigener Texte, Interviews und anderer Papiere, die ihrer Meinung nach für unser Buch in Betracht kommen könnten, entdecke ich eine Aussage von ihr, die sie gegenüber dem amerikanischen Journalisten David Andrews gemacht hat, der sie im Laufe der Jahre wohl häufiger interviewte als jeder andere: »Der Film kann etwas Fantastisches sein. Wie traurig, dass er sich vor allem zu einer Unterhaltungsform entwickelt hat, die man bei Popcorn und Cola light konsumiert. Ich liebe es selbst, ins Kino zu gehen, Popcorn zu essen und Cola light zu trinken, aber Film kann so viel mehr sein.« Ja, denke ich. Liv Ullmann hat den Film stets ernstgenommen, als Schauspielerin und als Regisseurin. Dann lese ich plötzlich, was andere Menschen, die sie viel besser kennen als ich, über Liv gesagt haben.

Erland Josephson: »Liv scheut die Emotionen nicht. Sie ist mutig und stark, wenn es um die sentimentalen, guten und positiven Gefühle geht. Sie brauchte keine Geschichten voller Destruktion und Verzweiflung, um ihren Mut unter Beweis zu stellen. Ihr Mut besteht darin, so positiv zu sein.«

Jesper Christensen: »Liv – sie erzeugt Liebe. Sie muss Menschen lieben. Schauspieler liebt sie auf jeden Fall, da bin ich mir sicher. Sie sorgt dafür, dass sie sich brillant, attraktiv und wertgeschätzt fühlen, auf dem Gipfel ihrer künstlerischen Ausdrucksfähigkeit. Und wer wünscht sich das nicht? Kaum jemals – wenn überhaupt – fühlte ich mich von so viel Liebe umgeben wie in Livs Gegenwart. Sie stellt eine Atmosphäre der Konzentration und Aufmerksamkeit her, um das zu ermöglichen, was wir erschaffen wollen. Und sie hält dich für den Besten der Welt. Wer mit solch einer Regisseurin zusammenarbeitet, der liefert nicht automatisch brillante Leistungen ab, doch es hilft unheimlich, ihren Erwartungen entsprechen zu wollen.«

Elie Wiesel: »Ich glaube, dass jeder Mensch dieses Jahrhunderts in gewisser Weise ein Flüchtling ist. Weil wir alle so viele Grenzen überschreiten. Manche verstehen das, andere verstehen es nicht. Liv ist – aufgrund ihrer Arbeit als Schauspielerin und Autorin – ein intellektueller Flüchtling. Es zieht sie von einem Ort zum nächsten. Sie wechselt von einer Geschichte zu einer anderen, zu einer anderen Erinnerung, einem anderen Bild, einer anderen Rolle … Sie bewegt sich ebenso zwischen fiktiven wie zwischen realen Personen, und sie weiß, wie sie als Brücke zwischen diesen fungieren kann.«

Nach ein paar Stunden überquere ich erneut die Straße und steuere das Ritz Carlton an. Liv holt mich an der Rezeption ab. Ich sehe ihr an, dass sie sich viele Gedanken gemacht hat. Sie zweifelt stets daran, dass sie mir genug Material für unser Buch gegeben hat. Sie sucht nach dem Ungesagten, dem Übersehenen, dem Unabdingbaren.

K. B.: »Aber du hast doch gesagt, dass nicht unbedingt alles in das Buch hinein muss.«

L. U.: »Stimmt schon. Das habe ich immer an Ingmar bewundert: Er reduziert und reduziert, bis schließlich das, was übrig bleibt, wichtiger ist, als alles, was er sonst noch gesagt hat.«

K. B.: »Man sollte glauben, *Kristin Lavranstochter* hätte dir in Norwegen alle Türen geöffnet, aber so war es nicht, oder?«

L. U.: »Nein. Seit *An-Magrit*, einem Film von 1969, ist mir in Norwegen keine Rolle mehr angeboten worden. Und seit *Kristin Lavranstochter* auch keine Regie. Außerdem ging damals die Initiative von mir aus. Ich hatte verschiedene Ideen, habe aber keine realisieren können. Und wenn jemand auf mich zukam mit einem Projekt, war es nicht richtig durchdacht, und ich fühlte mich ausgenutzt.«

K. B.: »Empört dich das?«

L. U.: »Ja, ein bisschen schon. Ich fange jetzt nicht an zu weinen, aber ich spüre, dass ich zornig bin. Dann bekomme ich übrigens immer diese lächerliche Stimme. In meiner Wohnung wurde einmal ein Fernsehinterview gemacht. Der Tontechniker erzählte mir, wie glücklich er darüber sei, mich kennen zu lernen, und wie sehr er mich bewundere. Dann machten wir das Interview, ich saß mit dem Kameramann im Wohnzimmer, der Tontechniker war mit seinem Aufnahmegerät in der Küche. Jedes Mal, wenn wir mit einer Sequenz fertig waren, kam der Tontechniker zu uns ins Wohnzimmer und sagte: ›Ach, ist das schön, in der Küche zu sitzen, Ihre herrliche Stimme und Ihre wunderbaren Worte zu hören!‹ Nach einer Weile begann der Interviewer von Filmen zu sprechen und fragte mich, warum ich schon so lange nicht mehr in Norwegen gearbeitet habe. Da brach ich zwar nicht in Tränen aus, spürte aber, wie sehr ich verletzt war. Ich steigerte mich in meinen Zorn hinein, klagte darüber, in meinem Heimatland stets als Bittstellerin auftreten zu müssen. Als diese Sequenz vorbei war, kam der Tontechniker erneut ins Wohnzimmer und sagte: ›Um Gottes willen, Ihre Stimme war ja vollkommen verändert. Ich wusste gar nicht, dass Sie so klingen können. Wer *sind* Sie, wenn Sie so reden?‹ Ich sah ihm an, dass er von meiner Veränderung wenig begeistert war. Daraus habe ich zu lernen versucht. Ich dachte daran, wie viel Negatives dieser Zorn in mir auslöst. Wie er mich kleinherzig macht, überkritisch und empfindlich. Stattdessen sollte ich mir sagen: Ist schon in Ordnung. Ich bin schließlich nicht die erste norwegische Künstlerin, die in Norwegen nicht arbeiten kann. Ich will mich durch solche Dinge in meiner Persönlichkeit nicht beeinträchtigen lassen, und meine Stimme soll in Zukunft nicht mehr zornig und kalt klingen.«

Liv schreibt: »Die Jahre haben mir Falten beschert, doch meine Seele braucht keine Falten zu werfen. Nicht wenn ich weiß, dass die Sonne singt, wenn ich aufstehe. Meinem Enkel brauche ich nicht zu erklären, dass die Sonne singt. Wenn er will, dass wir seine Matratze in mein Zimmer tragen, *weiß* ich, dass er es weiß, ohne dass wir darüber reden.

Inzwischen ist er dafür zu groß geworden.

Unruhe – nicht an sich selbst zu glauben. Angst – legt die Seele in Falten und macht sie zu Staub.

Ob ich nun 16 oder 60 bin – die Seele ist mein wertvollster Besitz. Das Selbst, wie ich es nenne. Die Gewissheit, im Hier und Jetzt zu leben, die unvergleichliche Freude, den Sternenhimmel zu betrachten und alles, was leuchtet wie die Sterne. Das einzigartige Erlebnis, erwartungsvoll aufzuwachen. Die Freude am Dasein.

Ich bin so jung wie mein Glaube und so alt wie mein Zweifel – so jung wie meine Hoffnung und so alt wie meine Angst.

Jugend ist kein Lebensabschnitt, sondern die Gewissheit der eigenen Existenz – die einzige Wahrheit, die ich besitze.«

K. B.: »Dann hast du *Einzelgespräche* gedreht – den Film über die junge Anna, die gegen den Willen ihrer Mutter den schwermütigen Theologiestudenten Henrik heiratet. Sie begegnet Thomas – und entdeckt die Liebe. Als sie jedoch einen guten Freund, Pastor Jacob, aufsucht, führt sein Rat zu ungeahnten Konsequenzen. Was hast du gedacht, als Ingmar Bergman dir das Drehbuch zuschickte?«

L. U.: »Ich war nicht einmal sicher, ob ich Regie führen würde. Ich wusste nur, dass dies das größte Geschenk war, das ich hätte bekommen können. Ich hatte *Sophie* und *Kristin Lavranstochter* gemacht, glaubte endlich selbst an meine Fähigkeiten als Regisseurin, hatte somit einen neuen Beruf ergriffen, und plötzlich ruft mich mein Lehrer an und sagt: ›Ich habe ein Drehbuch geschrieben, und ich möchte dich als Regisseurin.‹ Es war, als würde ich mir endlich meiner neuen Identität bewusst, weil Ingmar, zu dem ich die engste künstlerische Verbindung habe, zu mir sagte: ›Geh einfach den Weg weiter, den du eingeschlagen hast.‹ Das löste in mir solch ein Glücksgefühl aus, dass ich fast wie ein Kind reagiert habe.«

K. B.: »Was ist der Unterschied zwischen der Verfilmung eines fremden und eines eigenen Drehbuchs?«

L. U.: »Diese Vorlage ließ mir viele Freiheiten, weil Ingmar seine Filmmanuskripte wie Romane schreibt. Ich konnte also mein eigenes Drehbuch daraus machen. Außerdem hat Ingmar mir sein Originalmanuskript und darüber hinaus fünf Tagebücher überlassen, die er parallel dazu geschrieben hatte. Er konnte meine Arbeit im Grunde nicht kontrollieren. Zwei Szenen, die im Manuskript nicht vorkamen, habe ich aus den Tagebüchern ›geklaut‹.«

K. B.: »Standst du während der Dreharbeiten in engem Kontakt zu ihm?«

L. U.: »Nein. Er kam nur an dem Morgen zu uns, an dem seine Frau Ingrid gestorben war. Er wollte mir nicht hineinreden. ›Es handelt von Gott‹, hat er zu mir gesagt, ›von meinem Verhältnis zu Gott, besser gesagt, meinem mangelnden Verhältnis. Aber du sagst ja, dass du eine Verbindung zu ihm hast. Und die

Person, die diesen Film macht, sollte gläubig sein.‹ Ingmar meint, die Musik verbinde uns mit dem Göttlichen; Pastor Jacob spricht im Film darüber. Ingmar zweifelt – ich glaube. Ich hoffe, er trifft seine Frau auf der anderen Seite. Das ist es, wovon er träumt. ›Jetzt ist es dein Film‹, sagte er. Ja, ich fühlte mich frei. Aber ich habe für das Drehbuch ja nicht meine eigenen Worte benutzt. Alles stammte von ihm. Und die beiden Szenen, die aus den Tagebüchern, bekam er zu sehen, bevor die Endfassung hergestellt war – und hat sie geliebt. Ich glaube, er hatte vergessen, dass sie gar nicht zum eigentlichen Manuskript gehörten. Später kam es dann zu einer Situation, die sehr viel schwieriger war. Es ging um das Ende des Films, als Anna – gespielt von Pernilla August – einen Weg hinuntergeht, sich umdreht – und weit oben auf dem Hügel sich selbst als junge Frau sieht. Gemeinsam mit Pfarrer Jacob. Sie schaut und schaut und setzt ihren Weg schließlich lächelnd fort. Ja, so war das Leben. Sie hat gesehen, wer sie einst war, und sie hat verstanden, wer sie geworden ist. Nun setzt sie ihren Weg leichteren Herzens fort. Als Regisseurin wollte ich es so haben. Denn auch Sophie hatte sich umgedreht und zurückgeblickt. Das hat mir etwas bedeutet.«

K. B.: »*Das* war also das Leben? Und *das* war die Liebe?«

L. U.: »Ja. Sie lächelt – und geht weiter. Aber genau das wollte Ingmar nicht. Er wollte vorher aufhören, wie es im Manuskript vorgesehen war. Doch ich fand das zu lapidar. Für mich war das kein richtiges Ende. Als Ingmar meinen Schluss sah – während wir gemeinsam am Schneidetisch saßen –, regte er sich fürchterlich auf. Er pfefferte irgendwas auf den Tisch, sodass mein Cutter erschrocken aufsprang. »Diese Szene muss raus!«, rief er. Da kam wieder die Nora in mir zum Vorschein, und ich begann zu weinen. Zugegeben, ein bisschen waren die Tränen auch gespielt. Ingmar sah mich schockiert an und fragte: ›Weinst du, weil es so viel für dich bedeutet?‹ – ›Ja‹, antwortete ich. ›Genau diese Szene ist sehr wichtig für mich.‹ – ›Na gut‹, lenkte er ein, ›dann lassen wir es eben dabei.‹«

K. B.: »Hat er gewusst, dass du ein bisschen gespielt hast?«

L.U.: »Das weiß ich nicht. Aber natürlich kennt er mich genau. Und später hat er *Einzelgespräche* als einen seiner Lieblingsfilme bezeichnet, inklusive der Schlussszene. Manchmal ruft er mich sogar an, um zu sagen, dass er ihn wieder gesehen hat.«

K. B.: »Die Geschichte, die der Film erzählt, ist von so erschütternder Ehrlichkeit.«

L.U.: »Vielleicht, weil es viel um Lügen geht. Und weil er die Frage nach der Notwendigkeit von Lügen aufwirft. Kann die Wahrheit ein Feind sein? Kann die Wahrheit zur Lüge werden? Und kann sich eine Lüge mit der Zeit gar in Wahrheit verwandeln? Wenn man über so ernste Dinge spricht, muss man absolut ehrlich sein. Darum haben wir uns bemüht. Weil die Story stark genug ist, kamen wir nicht in Verlegenheit, uns »drumherum« viel ausdenken zu müssen, wie das bei schlechteren Storys der Fall ist. Nein, die Story trägt, ist aber dennoch schwierig zu erzählen, weil sie nicht sehr handlungsreich ist und nur wenige unterhaltsame Elemente enthält.«

Liv schreibt: »Meine Mutter erzählte meiner Schwester und mir oft von der Zeit, in der sie jede Nacht bei einem Mann lag, der sie liebte, und nie allein war. Augenblicke des Glücks, über die ich mir Gedanken machte. Warum war sie einsam, wenn sie doch mich hatte? Manchmal hörte ich sie im Wohnzimmer weinen, wenn sie glaubte, dass wir bereits schliefen. Das war ungewohnt und erschreckend. Ich dachte, Erwachsene seien dazu da, Kindern den Kopf zu tätscheln und ihnen zu erzählen, dass sie keine Angst haben müssten. ›Kleine Mädchen weinen nicht, nur Mama weint.‹ Vielleicht habe ich mich deswegen meiner Großmutter so verbunden gefühlt. Ihre Fantasiewelt gefiel mir besser als die Wirklichkeit.

Gemeinsam schmückten wir unsere Erfahrungen aus, wie es uns gefiel. Wir verstanden uns großartig und waren stets von unserer Art der Wahrheit überzeugt.

›Warum sitzt du denn den ganzen Nachmittag am Fenster?‹, konnte sie fragen.

›Ach, ich warte nur auf Papa. Der fliegt um diese Zeit meistens vorbei.‹

Großmutter nickte und setzte ihre Strickarbeit fort.

›Grüß ihn von mir‹, sagte sie.

Meine Mutter wusste nicht, dass Papa von Zeit zu Zeit den Himmel verließ, um mich zu besuchen. Von meinem siebten Geburtstag an nahm sie mich jeden Sonntag mit zu seinem Grab. Dann zündeten wir eine Kerze an und oder legten einen Kranz auf die kalte Erde vor den weißen Stein. Sie sah traurig aus. Doch ich wusste, er war es nicht.

Wenn er vorbeiflog, schaute er immer zu meinem Fenster herein. Was für ein Lächeln!

Ich erinnere mich nur an zwei Dinge aus der Zeit, als mein Vater noch lebte. Irgendjemand trug mich die Treppe hoch, mein Kopf ruhte an seiner Halsgrube – das muss er gewesen sein. Dann war da ein Mann, der mit mir über eine Landstraße spazierte. Er war groß gewachsen und trug eine braune Lederjacke. Er schwieg, doch unsere verschlungenen Hände gaben uns heimliche Signale. Ich spüre sie immer noch. Wenn ich die Augen schließe und mein Kopf vollkommen leer ist – nur Stille und mein Bewusstsein –, dann ist er bei mir. Meine Hand in seiner …

Wenn ich heute zum Himmel emporschaue, weiß ich, dass meine Muter da ist und Großmutter und viele andere, die ich liebe. In der Dämmerung blicke ich hinauf – und der Himmel ist voller Farben, von zartrosa bis knallrot. Es ist eine Schönheit, die mir den Atem raubt, verstärkt von der Gewissheit, wer gerade auf mich herabblickt – all die Unsichtbaren, sie werfen keinen Schatten.«

K. B.: »Als du Ingmar Bergmans Filmmanuskript *Die Treulosen* gelesen hast, warst du nicht gleich begeistert.«

L. U.: »Ich erkannte schon die Qualität, fand es aber sehr düster und in gewisser Weise äußerst unversöhnlich. Ich sah keine Hoffnung darin. Außerdem war es so persönlich, dass ich meinte, er hätte es selbst verfilmen sollen. Aber das wollte er nicht. Auch diesmal handelte es sich nicht um ein Drehbuch im herkömmlichen Sinne. Ich brauchte also lange Zeit, um den Film vorzubereiten. Vermutlich suchte ich nach einem Stoff, der lebensbejahender war. Doch ich war auch ungeheuer bewegt von Ingmars Vorlage, von den Linien seiner Erzählung, den Worten an sich.«

K. B.: »Versuchte er mit diesem Text, sich selbst zu ergründen?«

L. U.: »Das tut er doch immer. Nachdem ihm die Idee gekommen war, dass die Geschichte sich um eine Frau namens Marianne und einen Schriftsteller namens Bergman drehen sollte, ging ihm zufolge alles sehr rasch. Er hat das Manuskript binnen weniger Wochen geschrieben. Doch ich glaube, dass er diese Geschichte schon jahrelang mit sich herumgetragen hatte.«

K. B.: »Um die Handlung zu rekapitulieren: Bei *Die Treulosen* handelt es sich um eine bekenntnishafte Geschichte, deren erzählerischer Rahmen die Begegnung zwischen Marianne und dem älteren Schriftsteller Bergman ist. Während dieser Begegnung berichtet Marianne von ihrem Verhältnis zu zwei Männern: ihrem Ehemann Markus, einem erfolgreichen Dirigenten, sowie David, der ein Freund der Familie und Regisseur ist. Marianne und Markus leben in einer stabilen Ehe und haben eine neunjährige Tochter. Doch eines Abends, als Markus nicht zu Hause ist, fragt David Marianne, ob sie mit ihm schlafen will. Zunächst lehnt sie ab, fühlt sich jedoch mit einem Mal von ihm angezogen. Gemeinsam fahren sie nach Paris. Die plötzliche Leidenschaft löst bei Marianne ein emotionales Chaos aus – mit brutalen Konsequenzen. Würdest du sagen, dass die Tochter zum Opfer wird?«

L. U.: »Sie ist diejenige, die sieht und hört.«

K. B.: »Kam sie schon in Bergmans Originalmanuskript vor?«

L. U.: »Ja, aber nicht so ausgeprägt. Im Film kommt sie fast die ganze Zeit vor. Kinder bekommen nicht immer alles mit, aber sie sind da.«

K. B.: »Die große Stärke des Films ist seine Offenheit und

Ehrlichkeit gegenüber den Figuren, ohne dass du oder Bergman sie verurteilen würdet.«

L.U.: »Man kann sie nicht verurteilen, weil wir alle Elemente dieser Charaktere in uns tragen. Obwohl die meisten von uns nicht so weit gehen würden wie die Figuren im Film, so würden viele doch einräumen, mit dem Grundkonflikt vertraut zu sein. So ehrlich sollte man zumindest sein. Werden solche Konflikte nicht überhaupt mehr in Gedanken als in Wirklichkeit ausgetragen? Die Geschichte zeigt auch, wie leicht wir uns einreden, wir könnten uns gewisse ›Freiheiten‹ in einer Beziehung erlauben, solange wir nur vorsichtig genug sind. Wir vergessen dabei, dass alles, was wir tun, in unserem weiteren Leben von Bedeutung sein wird.«

K. B.: »Die drei Hauptpersonen tun ja Dinge, die schwer zu verzeihen sind.«

L.U.: »Vergebung gibt es immer. *Gott* vergibt. Wer sind *wir*, wenn wir nicht vergeben können?«

K. B.: »Glaubt Ingmar Bergman an Vergebung?«

L.U.: »Nicht, was seine eigene Person betrifft. Doch ich tue es. So wurde es ein Teil des Filmes.«

K. B.: »Du hast einmal gesagt, Treulosigkeit sei mehr als Untreue.«

L.U.: »Untreue fängt doch oft damit an, dass man glaubt, es würde nichts bedeuten. Dass die Sache nur vorübergehend sei und man sie nachher wieder vergessen könne. Aber man kann einer Person nicht nahekommen – ich meine, wirklich intim mit ihr werden, während der Dritte ahnungslos ist –, ohne dass dies Konsequenzen hat. Schmerzliche Konsequenzen. Damit betrügt man das Leben selbst, finde ich.«

K. B.: »Wenn man dem Nächsten gegenüber etwas verheimlicht – auch das ist wohl eine traurige Wahrheit –, dann beraubt man diesem Menschen die Möglichkeit, eine eigene Entscheidung zu treffen.«

L.U.: »Ja, das ist wahr. Treulosigkeit heißt auch, einen anderen Menschen zu berühren und sich von diesem berühren zu lassen – jetzt meine ich nicht sexuell –, und ihn danach zu vergessen. Zu vergessen, dass dieser Mensch, wenn auch nur für kurze Zeit, eine wichtige Rolle im Leben gespielt hat.«

K. B.: »Der Film hat einen unverkennbar eigenen Ton, einen langsamen Rhythmus, der mit der Zeit dein Markenzeichen geworden ist.«

L. U.: »So mag ich es, Geschichten zu erzählen. Es braucht seine Zeit. Zwischen Erzähler und Zuschauer muss Vertrauen aufgebaut werden. Der Beginn ist oft gemächlich.«

K. B.: »Was der heutigen amerikanischen Filmsprache zuwiderläuft, bei der es von der ersten Szene an mächtig zur Sache geht.«

L. U.: »Auch ich komme zu einem Punkt, an dem das Tempo erhöht wird. Doch immer nur so viel, dass der Zuschauer in der Lage bleibt, dem Gang der Handlung zu folgen und ein Teil von ihr zu sein. Ich folge diesem natürlichen Puls. Geht es zu schnell – insofern denkt der Regisseur für den Betrachter mit –, bleibt dir gar keine Zeit, eigene Gedanken zu entwickeln.«

K. B.: »Manche sagen angeblich, du würdest ›Filme für Erwachsene‹ drehen.«

L. U.: »Ja, das tue ich. Die Filme werden heutzutage ja immer kindischer. Das bedeutet aber keinesfalls, dass meine Filme nicht auch von jungen Leuten gesehen werden könnten. Junge Menschen sind oft erwachsen und werden mit der Zeit wieder kindisch. So wie ich.«

Liv schreibt: »Ingmar hat mir einmal erzählt, er habe sein Leben lang nach den fernen, hohen Bergen gesucht, die man nie erreichen könne, nach den endlosen Wolken und stillen Wäldern. Von einem hellen, hellen Frühling habe er geträumt. Er sagte, er habe das von seiner Großmutter gelernt, die mit ihm in fantastische Welten reiste. Als sie starb, habe er diese Reisen fortgesetzt, manchmal allein, manchmal in Begleitung.

Als wir uns begegneten, waren wir beide auf Reisen – auf der Suche nach dem Wunderbaren, wie unsere Großmütter es uns beigebracht hatten. Kaum möglich, dies zu beschreiben – die Worte verändern sich, sobald sie aufs Papier gelangen.

Sein Gepäck war schwerer als meines – einen Teil davon ließ er bei mir zurück, als wir uns trennten.

Mein Haus in den norwegischen Klippen gleicht dem Haus, das er einst für uns baute. Das hat er selbst gesagt, als er mich dort vor zwanzig Jahren besuchte. ›Wir tun genau dasselbe‹, sagte er. ›Wir finden Orte, um nah an der Erde, nah am Meer zu leben, nah an dem, was uns richtig und vorherbestimmt erscheint.‹«

K. B.: »Die Treulosen wurde ein internationaler Erfolg und von der New York Times zu einem der zehn besten Filme des Jahres 2000 erklärt. Doch zu Hause in Norwegen geschah etwas Unbegreifliches. Die Osloer Kinodirektorin Ingeborg Moræus Hansen, die auch für die Vermarktung der von ihr gezeigten Filme verantwortlich ist, ging mit *Die Treulosen* anlässlich der Premiere hart ins Gericht.«

L. U.: »Ja, das war merkwürdig.«

K. B.: »Mehr als merkwürdig. Zu *Dagsavisen* sagte sie: ›Es ist verwunderlich, dass Filmgenies wie Ingmar Bergman und Stanley Kubrick so weit sinken können. *Die Treulosen* machen mich fast aggressiv. Es ist ein viel zu privater Film, der sich fast ausschließlich um banale Probleme dreht.‹«

L. U.: »Starker Tobak.«

K. B.: »Als ich die Kritik las, fragte ich mich sofort, was *sie* eigentlich zu verbergen hat. Jemand Banalität vorzuwerfen, ist das Leichteste, was es gibt, aber was heißt das schon? Wenn Untreue banal ist, dann nur deshalb, weil sie so verbreitet ist. Doch wenn man keine Filme über die Dinge drehen kann, die ständig auf der ganzen Welt vorkommen – Geburt, Liebe, Verzweiflung, Angst, Tod –, worüber soll man dann Filme drehen? Untreue ist ein wesentliches Element vieler Filme von Ingmar Bergman und Woody Allen, außerdem ein Standardthema der Weltliteratur.«

L. U.: »Ich kann und *will* mich nicht rechtfertigen. Das verstehst du sicher.«

K. B.: »Dann lass *mich* das tun! Denn dieses Thema hat ja mit deiner Frustration über das Land zu tun, das du so sehr liebst. In Norwegen hat es viel unbegreifliche Kritik an dir gegeben. Und schließlich wurde einer deiner Filme von einer Kinodirektorin attackiert, die eigentlich dafür bezahlt wird, ihn zu promoten. Sie warf dir eine banale Thematik vor. Meiner Meinung nach zeigt das nur, wie sehr es dir immer wieder gelingt, ins Schwarze zu treffen; das zu thematisieren, was für viele von uns wichtig und beunruhigend ist. Es zwingt uns, tiefer in uns selbst hineinzuhorchen.«

L.U.: »Möglicherweise. Deshalb würde ich wohl auch gern einen weiteren Film in Norwegen drehen – in dem Land Regie führen, das ich am besten kenne.«

K.B.: »Ist das denn nicht möglich?«

L.U.: »Tja, möglich wäre es vielleicht. Aber plötzlich meldet sich Nora erneut zu Wort und meint, ich solle es gut sein lassen.«

K.B.: »Dennoch bist du eine der wichtigsten Botschafterinnen, wenn es darum geht, den norwegischen Film im Ausland bekannt zu machen. Jan Erik Holst vom Norwegischen Filminstitut wird nicht müde zu betonen, wie sehr du dich in der ganzen Welt – in den USA und England genauso wie in Venezuela und Kuba – für den norwegischen Film eingesetzt hast.«

L.U.: »Das ist eine Selbstverständlichkeit – und ein Vergnügen.«

Liv schreibt: »Es liegt etwas Schönes darin, nicht alt zu sein, sondern älter. Man hat mehr Frieden in sich. Man ist mit sich im Reinen, wenn man seine Entscheidungen trifft, und schert sich weniger darum, was andere über einen sagen oder denken. In gewisser Weise ist das Leben weniger problematisch als früher.

Ja, es ist ruhiger geworden um mich, und das ist gut so. Es gefällt mir. Ich kann mir selbst mehr Aufmerksamkeit schenken, anstatt nur ein Spiegel für andere Menschen zu sein, die an mir vorüberziehen.«

K. B.: »Du hast seit *Die Treulosen* keinen Film mehr gedreht?«

L. U.: »Nein. Ich kann nicht mit Leuten zusammenarbeiten, die mich verklagen wollen. Doch es gibt genug Angebote. Ich reiche Manuskripte ein und warte ab.«

K. B.: »Und schreibst Reflexionen über das Alter, über deinen geliebten Hund Kirr, der gestorben ist, über die Klippen bei Sandefjord, das Morgenlicht auf Key Largo und deine Großmutter.«

L. U.: »Ja. Das ist wichtig für mich. Außerdem darfst du nicht vergessen, dass ich einiges durchgemacht habe. Die Ärzte erschrecken mich immer noch mit meinen Zucker- und Cholesterinwerten, meinem ›undichten Herzen‹. Ich lache darüber. Es hält meine Entwicklung nicht auf. Ich bin ja schon quasi am Jüngsten Gericht vorbeigesegelt, und wenn man eine neue Chance erhält, sollte man die Angst besiegen und einfach darüber lachen. Es lässt mich jedoch auch daran denken, dass meine Zeit begrenzt ist und ich mir genau überlegen muss, wie ich sie nutze. Es gibt so vieles, das ich tun möchte: schreiben, etwas erschaffen. Wenn ich aber zu Hause in Oslo die Treppe in den zweiten Stock hinaufgehe, erinnere ich mich daran, in welchem Tempo ich sie früher hinauflief. Manchmal geht das immer noch. Und immer öfter kommt mir in den Sinn, wie meine Mutter diese Treppe in den letzten Jahren genommen hat. Anfangs war sie noch leichtfüßig und wollte ihren Koffer alleine tragen. Dann wurde sie allmählich langsamer. Und jetzt ist sie verschwunden. Nun bin ich es, die allmählich langsamer wird und hin und wieder stehen bleibt, um zu verschnaufen. Ingmar sagt, das Leben sei eine Reise, und man dürfe nicht allein ihr Ziel im Auge behalten, sondern müsse dem Aufmerksamkeit schenken, was am Wegesrand liegt. Ingmar ist in seinem Leben ja nicht viel gereist, abgesehen von den sonderbaren inneren Reisen, die ihn weit fort geführt haben. Kürzlich sagte er zu mir am Telefon: ›Ich gehe jetzt in die Schule des Lebens. Letzte Klasse.‹ Ich weiß, dass für ihn in der letzten Klasse viel Lektüre auf dem Programm steht. Große Bücher. Er liest sehr langsam. Er radelt auf seinen Wegen und geht auf Pfaden, die er nie zuvor betreten hat. Dort entdeckt er ständig Neues am Wegesrand. Und das Fantastische ist, dass wir weiterhin im Leben des anderen präsent sind.«

K. B.: »Er bat dich, in seinem letzten Film, *Sarabande*, mitzuspielen.«

L. U.: »Ja, und es war ein einziges Vergnügen. Die Dreharbeiten waren wunderbar, und dann zu erleben, dass Ingmar – dass dem Film – so viel Lob und Ehre zuteil wurde … Manchmal, wenn ich ihn anrufe – oder er mich –, dann reden wir darüber. Obwohl wir mehr von anderen Dingen sprechen. Wir sind beide gespannt auf die Zukunft. Außerdem lachen wir viel miteinander. Wir haben ja so viel zusammen erlebt. Waren Eltern, haben uns geliebt. Wir waren die besten Freunde. Und plötzlich höre ich mich sagen: ›Ich war deine Schauspielerin. Du warst mein Regisseur. Du warst mein Drehbuchautor. Ich war Regisseurin. Ist das nicht sonderbar? Denn du bist ein Genie, und ich bin nur Liv.‹ Da machte sich Nora wieder bemerkbar. Und weil er Ingmar Bergman ist, widerspricht er mir nicht. Er weiß ja, dass ich Recht habe. *Er* ist das Genie. Er machte eine kleine Pause und benutzte dann das Bild, von dem ich dir erzählt habe …«

K. B.: »Dass du seine Stradivari bist?«

L. U.: »Ja.«

K. B.: »Und seine Stradivari wollte er in seinem letzten Film entkleiden?«

L. U: »Dagegen ist ja an sich nichts zu sagen. Nackt bin ich hübscher als angezogen, musst du wissen. Ich habe mich nie gesonnt und nur wenige Falten. Ich bin weiß und schön. Lach nicht! Das wollte er mit dieser Szene allerdings nicht zeigen. Er wollte nicht, dass die Kamera mir schmeichelt. Die Kamera sollte mich nicht lieben. Sie sollte nur zeigen, wie traurig es ist, älter zu werden. Vielleicht ein wenig entwürdigend. Oder auch rührend. Und dazu war ich nicht bereit.«

K. B.: »Ihr habt euch gewaltig in die Haare gekriegt?«

L. U.: »Er saß am Tisch und hatte all seine Saftflaschen vor sich aufgebaut. Wir saßen um ihn herum und diskutierten über die Szene. Wir hatten verabredet, dass ich so eine Art Ganzkörperstrumpf tragen sollte. Da sagte er plötzlich: ›Du *musst* nackt sein.‹ – ›Nein‹, entgegnete ich. ›Du hast es aber zugesagt‹, schaltete sich ein anderer ein. ›Das ist eine Lüge!‹, widersprach ich. Aber das hätte ich nicht sagen sollen. Ingmar pfefferte das Drehbuch auf den Tisch und fegte damit die Saftflaschen zu Boden. ›Nimm dich in Acht!‹, sagte er. ›Du solltest dich selbst in Acht nehmen‹, erwiderte ich. Er starrte mich mit diesem gefährlichen Blick an. Da bekam ich es mit der Angst zu tun. ›Mach's gut‹, sagte ich und lief aus dem Raum. Er warf die letzte Saftflasche hinter mir her, sprang auf und setzte mir nach. Wir liefen durch das ganze Haus, während uns die Crew entgeistert zusah. Schließlich landeten wir in einem Zimmer, in dem die Masken- und die Kostümbildnerin saßen und eine rauchten. Sie waren meine besten Freundinnen am Set, also versteckte ich mich hinter ihnen. Als Ingmar ins Zimmer stürzte, versuchten die beiden uns festzuhalten, als wären wir Boxer in einem Ring. ›Ihr solltet jetzt besser gehen!‹, sagte Ingmar mit seiner gebieterischen Regisseurstimme. Darauf verließen sie den Raum. Ingmar und ich starrten uns an. Dann begannen wir zu lachen. Wir prusteten einfach los und konnten uns nicht mehr beruhigen.«

Liv schreibt: »Bevor sie schließlich in einem Altersheim aufgab, lebte meine Großmutter die meiste Zeit über in einer Welt der Fantasie, in der sie sich geliebt und niemals einsam fühlte. Natürlich war sie oft allein, wenn ich nicht da war. Ich war jung und fürchtete, die Einzige zu sein, die sie liebte. Ich fragte mich, wie sie nur damit zurechtkam, so viel allein zu sein. Damals wusste ich noch nicht, dass alt zu werden auch die Sehnsucht nach vielen Freunden und Verwandten umfasst. So viele von denen, die man geliebt hat, sind bereits verschwunden – und die Jungen leben ein so geschäftiges Leben.

Wären wir nur ein wenig einfühlsamer, würden wir nicht zulassen, dass sich so viele alte Menschen einsam fühlen.

Was für ein Gefühl muss es sein, keinen einzigen Menschen

zu haben, der dich umarmt, dir einen guten Morgen oder eine gute Nacht wünscht? Wenn du nur noch eine Tür anstarrst, die auf den Flur hinausgeht und sich niemals für denjenigen öffnet, den du am meisten vermisst.

Eines Tages betrat meine Großmutter ein Land der Träume, in dem kein Platz für mich war. Sie starrte an die Decke. Sie fragte mich, wer ich sei. Damals habe ich mich zum ersten Mal wirklich verlassen gefühlt – von einem Menschen, der immer noch am Leben war.

Sie hatte den Punkt im Leben erreicht, an dem man endlich das Buch öffnen darf, in dem die Antworten stehen. Doch es gab keine Antworten.

Dennoch glaube ich an die Ewigkeit – als reines und ewiges Licht. Eine freundliche Wolke, die der Wind vor sich hertreibt; als Freude, die schwebt und sich fortpflanzt; als Lächeln, das nie endet; als Sonnenaufgang, der dich für immer willkommen heißt.«

L.U.: »Man muss sich seine Menschen gut aussuchen. Man muss mit Bedacht reisen. Diejenigen meiden, die einen grau machen und nur herunterziehen wollen.«

K.B.: »Edvard Munch ist anderen Menschen schließlich vollkommen aus dem Weg gegangen. Auf dem Grabstein seines Hundes steht: ›Je mehr ich die Menschen kennen lernte, desto mehr liebte ich meinen Hund.‹«

L.U.: »Ich habe meinen Hund auch geliebt. Doch nicht anstelle von Menschen. Ich mag einfach ihre Seele, wenn ich das sagen darf.«

K.B.: »Du hattest stets ein sehr enges Verhältnis zu Tieren. Vielleicht hast du mir auch deshalb die Geschichte von Kissinger und dem Hund erzählt.«

L.U.: »Wenn ich irgendwohin eingeladen werde, wo es auch Tiere gibt, bin ich immer sehr froh.«

K.B.: »Seit dem Beginn unserer Gespräche bist du immer wieder auf Kirr zurückgekommen. Wer war Kirr?«

L.U.: »Ein brauner Dackel.«

K. B.: »Hellbraun oder mittelbraun?«

L. U.: »Hellbraun, Langhaar.«

K. B.: »Ihr Tod ist noch nicht lange her?«

L. U.: »Nein, drei Jahre. Vielleicht auch nur zwei. Sie wurde immer vergesslicher und sonderbarer. Manchmal stand sie vollkommen unbeweglich da und erinnerte mich an …«

K. B.: »An I-aah?«

L. U.: »Ja, an I-aah! Aus *Winnie Puh*. Kirr war wie I-aah!«

K. B.: »Hab's schon besser gehabt?«

L. U.: »Ja, hab's schon besser gehabt.«

K. B.: »Aber auch schlechter.«

L. U.: »Genau! Lass mich ein bisschen von Kirr erzählen. Ich habe ja schon so viel über sie geschrieben. Du kannst alle Unterlagen haben. Kirr hat oft in unserem Bett geschlafen. Doch in ihrem letzten Jahr ist sie inkontinent geworden. Wir mussten nachts aufstehen und ständig die Bettwäsche wechseln. Sie wurde so dünn. Alles wurde schwierig. Ich denke oft daran, wie wohl die letzte Reise sein wird. Für Kirr dauerte sie lange. Ich vergaß fast, wie sie einst gewesen war. Doch ich kann nicht vergessen, wie sehr sie sich im letzten Jahr verändert hat. Den Kontakt zu uns verlor. Orientierungslos war. Den Weg nicht mehr fand. Das ist es, woran ich mich heute am besten erinnere. Früher hingegen… du hättest sie erleben müssen, all ihre Kunststücke… wie sie besonders leckere Bissen versteckte, uns mit den Augen etwas signalisierte, wie sie buddelte. Tiefe Löcher hat sie gegraben, wozu eigentlich? Wir haben uns wirklich geliebt. Wir haben sie nicht besessen. Sie hat uns besessen. Sechzehn Jahre lang konnte ich nie das Haus verlassen, ohne Hundehaare an meiner Hose, meiner Jacke oder an meinem Pullover zu haben. Heute muss ich meine Kleider nicht mehr abbürsten, aber mein Gott, wie sehr ich diese Haare vermisse! Die Trauer um Kirr kann ich mit niemandem teilen. Nur mit Donald. Kirr mochte es, wenn ich schrieb, weil ich dann für lange Zeit so still saß, dass sie auf meinem Schoß einschlafen konnte. Und ich, aus Angst sie zu wecken, blieb oft länger am Schreibtisch sitzen als eigentlich nötig, was meiner Arbeit natürlich zugutekam. Aus demselben Grund liebte sie das Fernsehen, nicht wegen der Dinge, die auf der Mattscheibe vor sich gingen, sondern weil ich dann schön stillsaß.

Auch meine Mutter hat mich in den letzten Jahren nicht wiedererkannt. Diese Phase hat so lange gedauert – erinnere ich mich daran am besten? Manche ziehen sich zurück, wenn ihre Zeit zur Neige geht. Wie die Eskimos, wenn sie sich von ihren Kindern auf eine Eisscholle setzen lassen. Das ist so fürchterlich. Doch in gewisser Weise verstehe ich es auch. Sollte man sich zu einem bestimmten Zeitpunkt des Lebens auf eine Eisscholle setzen oder die Tür schließen? Eine enge Freundin von mir hat es getan. In ihren letzten beiden Jahren durfte sie niemand mehr besuchen. Damit wir sie so in Erinnerung behielten, wie sie früher war? Gerade das letzte Jahr meiner Mutter steht mir deutlich vor Augen. Doch ich kann mich an so vieles nicht mehr erinnern, als sie so alt war wie ich heute. Weil ich vieles an ihr nicht verstand. Als Kind wusste ich nicht, dass sie eine junge, schöne und wunderbare Frau war, die eine unglaubliche Vergangenheit und Zukunft hatte. Warum habe ich ihr nicht zugehört? Weil ich nur die Mutter und nicht die junge Frau in ihr sah. Was bleibt eigentlich von der Erinnerung an einen Menschen, wenn die letzte traurige Phase alles überschattet und du dich selbst ganz anders entwickelst? Darin liegt sicher der Grund, warum manche Leute die Tür hinter sich schließen. Bitte kein Mitleid! Oder was noch schlimmer ist: Wenn die Tür offen steht, aber keiner kommt.«

K. B.: »Und bei Kirr?«

L. U.: »Sie hätte die Tür ein Jahr früher schließen sollen.«

K. B.: »Bist du sicher?«

L. U.: »Nein, vielleicht nicht. Als wir *Kristin Lavranstochter* drehten, hatte Kirr ihren eigenen Stuhl, auf dem stand: Kirr – Regieassistent. Diejenigen, die mich nicht mochten und meiner Arbeit kritisch gegenüberstanden, hielten Kirr natürlich für die eigentliche Regisseurin.«

Liv schreibt: »Sie war immer ein bisschen beleidigt, wenn Donald und ich etwas ohne sie unternahmen. Dann stand sie manchmal mit dem Kopf zur Wand und drehte uns demonstrativ den Hintern zu. Als sie wirklich alt wurde, stand sie auch so da, weil sie nicht mehr wusste, wo sich die Tür befand. Während unserer sechzehn gemeinsamen Jahre bin ich ein wenig grau um die Schläfen geworden, doch sie wurde ganz weiß um die Nase und hinter den Ohren. In ihrem letzten Jahr konnte sie nicht mehr bellen. Wegen ihrer Arthritis wurde sie mehrfach operiert. Jedes Mal sagten die Ärzte, sie würde sich nicht mehr erholen, doch immer wieder tat sie es. Sprang wieder herum – sogar in ihrer letzten Nacht. Wir waren mit ihr im Garten, als sie plötzlich einen Satz machte. Am Morgen unternahmen wir die letzte gemeinsame Fahrt zum Tierarzt. Er hatte uns schon mehrmals gesagt, dass es an der Zeit sei. Aber wie sollten wir diese Entscheidung fällen? Vier Mal fuhren wir zu dritt zum Arzt, und jedes Mal fuhren wir zu dritt wieder nach Hause. Doch dann auf der letzten Fahrt… Ich glaube, sie hat es verstanden. Nach der ersten Spritze nahmen wir sie in den Arm und hielten ihren geliebten Kopf in unseren Händen. Donald weinte. Ich wollte damit warten, damit sie es nicht hörte. Doch dann entfernte sich ihre Seele, und zurück blieben nur ihr warmes Fell und zwei Menschen, die am Boden zerstört waren. Danach? Keiner unserer Gäste beklagte sich mehr über Hundegebell. Wenn wir spazieren gingen, zog niemand an einer Leine, und keiner bemitleidete mehr die ältere, scheinbar einsame Dame, die mit ihrem Hund spazieren ging. Sie hatten ja keine Ahnung!

Das Reisen wurde einfacher. Wir gingen abends aus, so lange wir wollten. Blieben morgens im Bett, so lange wir wollten. Setzten bei ungemütlichem Wetter keinen Fuß vor die Tür. Niemand besaß uns mehr. Doch es gab auch niemand, der uns liebte. Nicht auf diese Weise.«

K. B.: »Sind wir jetzt fertig?«

L. U.: »Das entscheidest du.«

K. B.: »Jetzt strahlst du eine Ruhe aus, als seiest du über alle Trivialitäten des Alltags erhaben. Doch du arbeitest ständig an neuen Projekten. Es gibt das Gerücht, du hättest das Drehbuch für einen isländischen Film geschrieben.«

L. U.: »Ja, aber es ist noch zu früh, um darüber zu reden.«

K. B.: »Aber es geht auf den Sommer zu. Für deinen europäischen Beitrag zum Weltkino hast du eine Auszeichnung des Europäischen Filmpreises entgegengenommen. Du wirst bald weitere Preise in verschiedenen Ländern bekommen. Du willst *Sarabande* weiter promoten und mehrere Monate zu Hause in deinem geliebten Norwegen verbringen. Am 17. Mai, dem Nationalfeiertag, wirst du in deiner Heimatstadt Oslo eine Rede halten. Der Königlich Norwegische St. Olavs Orden wird dich zum Kommandeur mit Stern ernennen. Doch wie ich dich kenne, ist dir etwas anderes viel wichtiger, nämlich die Freude am Leben selbst. Dass du bewusst die Gegenwart erlebst, von der du so gerne sprichst.«

L. U.: »Ja, das stimmt. Und diese Gegenwart kann mir nur der Tod rauben, und vielleicht nicht einmal der.«

Liv schreibt: »Jemand hat einmal zu mir gesagt: ›Solltest du im Leben je auf Abwege geraten, lege dein Ohr an die Erde und lausche auf das schlagende Herz.‹

Ich erinnere mich an meine erste Begegnung mit Sarajewo nach dem Krieg. Eine Stadt, die fast nur mehr aus Ruinen, Schotter, Mauerresten und Bombenkratern bestand. Schmale Wege führten durch die zerstörten Häuser hindurch. Meist regte sich kein Leben auf ihnen. Doch plötzlich hielt ich verwundert inne: Aus einer Ruine erhob sich ein einzelner Baum und streckte seine Zweige über sie hinweg.

Ja, das Leben ist stärker als der Vernichtungsdrang des Menschen. Dieser Baum wuchs in einer lebensfeindlichen Umgebung…

Auch solchen Menschen begegnen wir hin und wieder, nicht zuletzt unter den Wanderern. Nomaden, die sich ihre Hoffnung – und ihren Glauben – bewahren. Eine innere Kraft ermöglicht es ihnen, sich weiterhin zu wundern, im besten Fall zu lieben und ihren Weg fortzusetzen. Ihrem Hirten zu folgen.

Ich lernte mal einen Biologen kennen, der mir erzählte, er habe vorübergehend auf einer einsamen Insel gelebt, um Schildkröten zu studieren: ›Zwei Wochen war ich dort ganz allein und beobachtete also meine Schildkröten. Doch in meiner Einsamkeit spürte ich den warmen Sand des Strandes, vernahm das sanfte Plätschern der Wellen und war Tag und Nacht mit zirka 1700 Schildkröten beisammen, die ihre Eier legten. Ich erlebte, wie wir alle zu einer großen, zeitlosen Einheit verschmolzen. Ich *sah* die Geburt von Sand und Meer vor vielen Milliarden Jahren, *sah,* dass sie sich opferten für einen Hauch des Lebens – Pflanzen, die sich von der Sonne nährten. Und ich *sah,* wie die Erde sich in einem zweiten Ausbruch der Schöpfung in Tierleben verwandelte. Die Schildkröten, Krokodile und Affen, die ihre Tage auf der Insel mit mir teilten, waren der *lebende* Beweis dieses Ausbruches. Doch er war noch nicht vorbei – und ich, der Menschliche, tauchte in einem erneuten Ausbruch aus diesem Strom des Lebens auf. Und mit einem Mal weiß ich, dass dies alles zu einer Einheit geformt ist – von der ich ein Teil bin. Auf meiner Insel.‹

Ich hörte ihm zu und fragte mich, ob es das war, was Albert Schweitzer – der Held meiner Kindheit – bei seiner Begegnung mit der Natur und Bevölkerung Afrikas empfunden hatte. War es Erkenntnis und Ehrfurcht vor dem Leben, die Thomas Berry dazu veranlassten, alles Lebendige und nicht Lebendige auf eine Stufe zu stellen? Ein Verständnis dafür, dass *alles* einen lebendigen Puls besitzt: jedes Atom, jeder Stein, Zweige, Ameisen und Menschen?«

Die Zeit des Abschieds ist gekommen. Wir stehen auf. Ich empfinde ein bisschen Wehmut, weil es stets eine große Freude ist, in der Nähe von Liv Ullmanns Magnetfeld zu sein.

»Wir sehen uns ja in Oslo«, sagt sie. »In der Villa des Verlags.«

»Ja, man braucht nur über die Straße zu gehen, um zu deiner

Wohnung zu gelangen. Genau wie hier in Coconut Grove. Hast du immer dieses gleichzeitige Bedürfnis nach Abstand und Kontrolle?«

»Hm, darüber habe ich noch gar nicht nachgedacht«, antwortet sie lächelnd. »Außerdem will ich, dass du dieses Buch alleine schreibst. Ich will mich da überhaupt nicht einmischen, sonst fange ich nur an, zu zensieren und dich in deinen Möglichkeiten einzuschränken.«

»Schade«, entgegne ich.

»Aber so muss es sein!«, erwidert sie bestimmt.

»Ein weiteres unautorisiertes Buch über Liv Ullmann?«

Ich sehe einen Anflug von Unsicherheit in ihren Augen. »Wir reden später darüber«, sagt sie schließlich. »Und die Tagebuchauszüge, die du verwenden willst, muss ich mir ohnehin ansehen.«

Sie begleitet mich zum Hoteleingang, wie üblich. Morgen wird Donald sie abholen und nach Key Largo zurückfahren.

»Ich hab noch mehr Material für dich.«

Sie drückt mir einen Stapel Papiere in die Hand.

»Benutz es ruhig, wenn du es interessant findest.«

Ich gehe über die Straße zum Wyndham Grand Bay. Sie sieht mir nicht nach. Das weiß ich. Darum drehe ich mich auch nicht um und winke. Unsere Gespräche sind beendet. Wir treten unsere Heimreise an. Wir sind uns mit dem Ernst – und der Flüchtigkeit – begegnet, die eine Prämisse des Reisens selbst ist.

An der Rezeption sitzt mein Widersacher vor seinen Schlüsseln. Nun lächelt er zum ersten Mal, während er schwerfällig aufsteht. Ein demonstrativ liebenswürdiges und furchteinflößendes Lächeln:

»You are leaving us tomorrow, Sir?«

Ich nicke beklommen und stapfe dem Aufzug entgegen.

Ich lasse meinen Blick über die Grand Bay schweifen. Sehe die Surfer und Boote im rosa-bläulichen Licht verschwinden, die

Nacht bricht herein, der Wind flaut ab, die Krabbenfischer fahren hinaus.

Ein letztes Mal schaue ich zum Ritz Carlton hinüber. Ja, in einem der Fenster brennt Licht, und erneut frage ich mich neugierig, was sie bloß wieder zu Papier bringt.

Nacht im Hotel. Ich sitze an dem kleinen Schreibtisch inmitten eines Wirrwarrs von Unterlagen. Livs Papiere. Livs Notizen. Livs Skizzen. Plötzlich finde ich, wonach ich gesucht habe.

Liv schreibt: »Ein Brief an meine Enkelkinder:

Ich wünsche mir, dass ihr von Hoffnung erfüllt seid und anderen Menschen Hoffnung gebt. Ich wünsche mir, dass ihr Barmherzigkeit erfahrt und anderen gegenüber barmherzig seid. Was für *Frauen* wünsche ich euch? Ich wünsche euch Frauen, die stolz auf ihre Weiblichkeit sind – denn Empfindsamkeit ist ein Teil ihrer Existenz.

Ich wünsche euch Frauen, die sich ihrer Einzigartigkeit bewusst sind, die ihre Eigenheiten bewahren und nicht glauben, sich selbst unterschätzen zu müssen. Ich wünsche mir, dass ihr sie erkennt und ihren Mut würdigt, Milde zu zeigen, und ihren Mut, anderen durch ihre Nähe Sicherheit zu geben.

Was für *Männer* wünsche ich euch? Ich wünsche euch Männer, die wissen, dass ihre Stärke sich nicht nach ihrer Fähigkeit bemisst, zu erobern und zu dominieren. Ich wünsche euch Männer, die sich über die Möglichkeiten des Lebens neue Gedanken machen und sich trauen, das in Frage zu stellen, was nie in Frage gestellt wurde. Männer, die begreifen, dass Visionen wichtiger sind als Schlagworte. Und ich wünsche mir, dass ihr diese Fähigkeit teilt – dass ihr wagt, das zu teilen, was echt und lebensbejahend ist. Dass dies ein Teil von euch wird. Für immer.

Welche Welt wünsche ich euch? Ich wünsche euch eine Welt, in der Männer und Frauen niemals wichtige Entscheidungen treffen, ohne an die Konsequenzen für die folgenden Generationen zu denken.

Ich vertraue darauf, dass ihr als erwachsene Männer und Frauen zu einer Zeit zurückfindet, in der eure Herzen rein waren, in der ihr merkwürdige Bilder gemalt und mit den Blumen gesprochen habt. Als ihr glaubtet, ein Teil des Ganzen zu sein. Als ihr jemand ohne Furcht berühren konntet.

Meine Enkelkinder, so viele Möglichkeiten warten auf euch. Stimmen, auf die ihr hören müsst, Menschen dort draußen in der Welt, die euch nie wählen oder zujubeln werden. Menschen, die euch ganz einfach brauchen. Das fertige Porträt von euch, das ihr nie werdet verändern können – wie hübsch der *Rahmen* auch sein mag –, wird zeigen, wie besonnen ihr im Umgang mit anderen Menschen wart. Und wie ihr in Anbetracht eures Schicksals gelernt habt, den Weg zu euch selbst zu finden.

Schließlich hoffe ich, dass ihr versteht, dass ihr niemals nur Zeugen seid. Ihr seid Teilnehmer, und eure Teilnahme bemisst sich nach der Anzahl der Herzschläge – nicht nach eurem Besitz.

Meine Enkelkinder: Möget ihr dem Mitgefühl in eurem Leben einen Platz einräumen. Möget ihr verletzbar sein – und die Liebe lernen.

Großmutter.

PS: Und besucht mich hin und wieder, um die blaue Stunde mit mir zu teilen, so wie ich sie einst mit meiner Großmutter teilte.«

Epilog

Die Fliederzeit ist vorüber. Ich befinde mich in einem Garten am Bunnefjord außerhalb von Oslo. Neben mir im Gras steht immer noch eine große Tasche mit Blumenmotiv.

Doch jetzt ist es Herbst. Die Gartenmöbel werden hereingeholt. Im Irak sind letzte Nacht siebzig Menschen getötet worden. Chaos nach den Wahlen in Deutschland. Stürme sind unterwegs. Der Orkan Katrina hat gerade New Orleans verwüstet. Orkan Rita zieht über Florida hinweg. Doch Liv Ullmann ist nicht auf Key Largo. Sie ist in New York, der Stadt, in der sie mich am liebsten getroffen hätte.

Jetzt bekomme ich jede Nacht ein Fax von ihr. Glücklicherweise will sie nun doch lesen, was ich geschrieben habe. Jeden einzelnen Satz, nicht nur die Tagebuchauszüge. Aber sie hat mir versprochen, sich nicht allzu sehr in *meinen* Text einzumischen.

Sie versteht nicht, wie sehr ich mir wünschte, sie würde es tun.

Jetzt ist sie die Malerin, die mit entschiedenem oder vorsichtigem Pinselstrich ihr Porträt vervollständigt. Die Bildhauerin, die ihre eigene Skulptur bearbeitet. Sie will nichts verbergen, sondern ein möglichst klares und wahres Werk schaffen. Doch sie weiß auch, dass es niemals fertig werden wird.

Ich stehe unten am Wasser und packe alle Papiere zusammen, bevor der Regen kommt. Mit Mühe bringe ich alles in der Tasche unter. Dabei fällt mein Blick auf ein paar Zeilen, geschrieben anlässlich der alljährlichen Verleihung der Peer-Gynt-Statuette, die sie überreichte:

»Vor allem eine Eigenschaft ist es, die Peer Gynt auszeichnet: Er ist erwartungsvoll. Er erwartet stets, dass sich alles zum Besseren wendet. Und das ist ja keine schlechte Eigenschaft: davon auszugehen, dass die Zukunft die Gegenwart übertrifft. Vielleicht kann uns diese Erwartungshaltung, dieser Wunsch Peer Gynts – in Zeiten wie diesen – ins Gedächtnis rufen, was große Künstler wie Ibsen zu leisten vermögen. Wenn wir zuhören und lesen, können uns ihre Visionen mit einer Art Hoffnung für diese gewalttätige Welt erfüllen. Mit dem Glauben an die Würde des Menschen, an unsere vielfältigen Möglichkeiten und unsere Fähigkeit zur Erkenntnis, dass wir gemeinsam diese Erde bewohnen und füreinander Verantwortung tragen.

Davon wollte uns Ibsen erzählen – mit seinem Peer. Damit wir ihm zuhören und uns in ihm erkennen.

Ich erinnere mich an einen Tag in Kalkutta. Eine junge Frau lebte auf der Straße inmitten der Müllberge. Sie hatte Holz gesammelt, das sie sorgsam im Auge behielt – in der Hoffnung, später ein Feuer machen zu können, um sich eine Mahlzeit zuzubereiten. Ich betrachtete sie. Es begann zu regnen. Da bot sie mir an, unter ihr Tuch zu kommen. Sie hielt es vorsichtig über unsere Köpfe. Wir saßen darunter und schwiegen. Wir hatten zwar nicht dieselbe Sprache, doch waren wir – *in Freundschaft* – verbunden, weil sie mit ihrem Tuch den Regen von uns fernhielt. Wir wissen so wenig voneinander. Doch sie wusste, dass ich nass wurde – und sie mich beschützen konnte. Mit ihrem Tuch.«

Dann nehme ich die schwere Tasche und trage sie in mein Haus. Als ich mein Arbeitszimmer betrete, in dem ich dies alles schreibe, sehe ich, dass mein Fax 37 neue Seiten von Liv aus New York ausgespuckt hat. Was schreibt sie nur diesmal?

Ich lese. So viele Geschichten. So viele Wege. So viele Reisen.

Welchen soll ich folgen, am Ende dieses Buches?

Als könne es eine Begrenzung in ihrem Leben geben.

Es gibt nur lebendige Erinnerungen, plötzliche Assoziationen – und neue Anfänge.

Liv schreibt: »Ich reise. Reise die ganze Zeit. Wenn man mich fragt, wo ich zu Hause bin, weiß ich keine Antwort. Ich weiß nur, dass ich eine Art Nomadin bin. In den Erzählungen anderer erkannte ich mich wieder: Man denke sich ein Land mit hohen Bergen und weiten Hochebenen, mit Gebirgsseen und Flusstälern. Man stelle sich große Rentierherden, Wolfsrudel und Adler mit ihren mächtigen Flügelschlägen vor. Denke an die Jahreszeiten, die Kälte des Winters und die Fruchtbarkeit des Sommers. Das ist das Land der Samen in Finnmark. Jetzt bin ich hier, unter den Nomaden meines eigenen Volkes. Ich befinde mich nördlich des Polarkreises, wo die Samen auch heute noch jagen und leben, wie sie es vor 500 Jahren getan haben. Hier gibt es eine Kultur – nicht mehr so markant wie früher, doch sie existiert – voller Zauber und Mythen, die sich plötzlich in alles einfügt, was ich früher geschrieben habe.

Das Mitternachtslicht flammt über den Himmel. Glaube und Leben werden von der Natur bestimmt. Die Götter wohnen in verschiedensten Landschaftsformen. In all den Abenteuern und Sagen, denen ich lausche, meine ich meine Großmutter wiederzuhören. Hier werden weder Kamele noch Kühe oder Pferde heilig gehalten, sondern die Rentiere. ›Solange das Herz des Rentiers schlägt‹, heißt es hier oben, ›wissen wir, dass die Erde noch lebt.‹ Rhythmische Joiks und Trommelschläge lassen meinen Brustkorb erzittern. Und dies haben die Samen mich gelehrt:

Lange bevor du dich entschieden hast, in dieses Land zu kommen, warst du ein Teil von ihm. Mit allem in der Natur, mit allem im Leben, bist du verbunden. Selbst vor deiner Geburt warst du ein Teil des schlagenden Herzens im Zentrum der Erde. Wenn du mit deinem Herzen siehst, spürst du die unsichtbaren Stränge, die das Herz im Zentrum der Erde mit dir und allem Lebendigen verbinden. Und solange dieses Herz schlägt, wissen wir, dass die Erde lebt und wir miteinander verbunden sind …

Ich glaube, wir sind an das Ende unserer Reise gelangt. Hörst du es? Es ist das Geräusch des Nordlichts. Das Geräusch derer, die fort sind. Unsere Vorväter. Es ist Zeit für mich, vom Nordlicht emporgehoben zu werden – dem Wind zu folgen. Wir sind nicht verschwunden. Wir sind immer noch hier, wir sind in deinem Namen, sind Linien in deiner Hand, Geschichten, die du erzählst, Lieder, die du singst. Wir sind dein Lachen, wir sind im Herzen alles Lebendigen. Wenn du stirbst, fährt deine Seele in den Himmel. So entsteht das Nordlicht. Das Licht, das einst in den Augen unserer Ahnen existierte, tanzt nun für immer am nördlichen Himmel. Selbst wenn du dieses Land verlässt, bleibt es stets bei dir. Durch diese unsichtbaren Stränge bist du für immer mit der Natur verbunden. Solltest du also irgendwann im Leben auf Abwege geraten, dann lege dein Ohr an die Erde und lausche auf das Geräusch des schlagenden Herzens. Dieses Geräusch wird dir helfen, den Weg zu finden.«